JN297678

最新施設園芸学

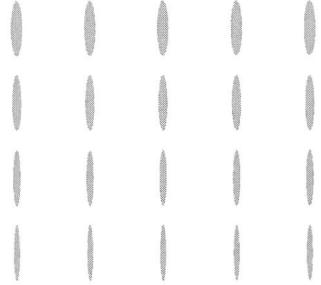

古在豊樹　後藤英司　富士原和宏
編著

朝倉書店

執筆者（執筆順）

古在豊樹* 千葉大学 学長

後藤英司* 千葉大学園芸学部 生物生産科学科

富士原和宏* 東京大学大学院農学生命科学研究科 生物・環境工学専攻

位田晴久 宮崎大学農学部 食料生産科学科

髙垣美智子 千葉大学園芸学部

林 真紀夫 東海大学開発工学部 生物工学科

北宅善昭 大阪府立大学大学院生命環境科学研究科 緑地環境科学専攻

丸尾 達 千葉大学園芸学部 生物生産科学科

松尾英輔 東京農業大学農学部 農学科

雨木若慶 東京農業大学農学部 農学科

* ：編著者

序

　本書は，『施設園芸学（1983年刊，矢吹万寿ら著）』の全面改訂版である『新施設園芸学（1992年刊，古在豊樹ら著）』を今回さらに全面改訂したものである．

　旧版は，高度な内容を平易かつ正確に解説したことから，園芸関係者はもとよりそれ以外の方々にも広く読まれ，好評を博した．本書では，旧版出版以降の施設園芸学研究の進展と施設園芸技術の発展の成果を全面的に取り入れて，内容の大幅な刷新を図った．

　まず，旧版の中心的部分であった，施設園芸の概況，基本用語，園芸植物の生理・生態特性，園芸施設の物理環境調節，施設園芸作物の栽培管理に関する内容は，最新情報に置き換え，また記述に工夫を凝らし，高度な内容を理解しやすくした．ついで，施設園芸学およびその技術の新しい領域として，閉鎖型植物生産システム，栽培支援IT（情報）システム，園芸療法，宇宙農場，環境影響による遺伝子発現，バイテク利用，都市環境園芸などに関して，最新情報を平易に解説した．

　施設園芸の研究と技術は，過去15年間に大きく進展し，またその応用範囲が，園芸分野だけでなく，農林業全般，都市緑化，砂漠緑化，家庭園芸，工場的植物生産システム，さらには植物関連科学技術にまで取り入れられている．本書は施設園芸を学ぶ人々だけでなく，上記関連分野を学ぶ人々にも有用である．

　本書では，施設園芸技術が，本来，環境保全的，省資源的，省スペース的，省力的な特質を有することから，地球環境保護に貢献する技術であり，また，人間の生活の質を向上させ，さらには人間の心を豊かにする技術でもあることから，21世紀において今後益々重要性を増す技術であることが示されている．施設園芸技術のこれらの特質を本書によって理解していただければ筆者らの望外の喜びである．

　本書は10名の専門家諸氏によって書かれた．著者間での記述内容の部分的重

複や表記法と体裁の不統一については，編集時に各著者の担当部分のまとまりなどに配慮しながら修正したが，まだ不十分な箇所や編著者の思い違いもあるかも知れない．読者のご叱正を賜り，改訂の機会に参考にしたい．

　本書の刊行にあたっては，朝倉書店編集部の諸氏にたいへんお世話になった．厚くお礼申し上げる．

2005 年 12 月 24 日

編著者　古在豊樹　後藤英司　富士原和宏

目　　次

1. 緒　　論 ……………………………………………………［古在豊樹］… 1
　1.1　はじめに …………………………………………………………………… 1
　1.2　施設内環境の特徴とその利用 …………………………………………… 1
　1.3　園芸施設関連用語 ………………………………………………………… 3
　1.4　わが国における施設園芸の現況 ………………………………………… 4
　1.5　施設園芸における石油エネルギーおよびプラスチック使用量 ……… 7
　1.6　施設園芸技術の新展開 …………………………………………………… 8
　1.7　物理量，単位，および物理学用語 ……………………………………… 9
　　1.7.1　基本物理量と基本単位 ……………………………………………… 9
　　1.7.2　放　射 ………………………………………………………………… 10
　　1.7.3　放射束，光量子束，照度ならびにそれらの測定器 ………………12
　　1.7.4　速　度 ………………………………………………………………… 14
　　1.7.5　モル濃度および容積モル濃度 ………………………………………15

2. 園芸植物の生理・生態特性 ……………………………………………………16
　2.1　はじめに …………………………………………………［後藤英司］… 16
　2.2　呼吸と光合成 ……………………………………………［後藤英司］… 16
　　2.2.1　呼　吸 ………………………………………………………………… 16
　　2.2.2　光合成 ………………………………………………………………… 18
　　2.2.3　光合成速度に及ぼす環境要素 ………………………………………20
　　2.2.4　葉の CO_2 拡散モデル ………………………………………………23
　　2.2.5　CO_2 収支 ……………………………………………………………24
　2.3　蒸　散 ……………………………………………………［富士原和宏］… 25
　　2.3.1　蒸散に関係する諸量 …………………………………………………25
　　2.3.2　葉からの蒸散における水の移動経路 ………………………………27

2.3.3　気孔蒸散とクチクラ蒸散における駆動力と抵抗 ……………28
　2.3.4　蒸散速度を表す式 …………………………………………29
　2.3.5　蒸散に影響を及ぼす環境要素 ……………………………30
2.4　成　　　　長 ……………………………………[位田晴久]… 32
　2.4.1　栄養成長・生殖成長 ………………………………………32
　2.4.2　シンク・ソース …………………………………………32
　2.4.3　成長解析 …………………………………………………33
　2.4.4　転　流 ……………………………………………………34
　2.4.5　養分吸収 …………………………………………………36
　2.4.6　養分欠乏症と生理障害 ……………………………………42
2.5　光／温度形態形成 ………………………………[位田晴久]… 42
　2.5.1　発　芽 ……………………………………………………43
　2.5.2　球根類の休眠と打破 ………………………………………46
　2.5.3　花　成 ……………………………………………………46
2.6　栄 養 繁 殖 ………………………………………[高垣美智子]… 52
　2.6.1　挿し木 ……………………………………………………52
　2.6.2　接ぎ木 ……………………………………………………54
　2.6.3　分　球 ……………………………………………………55
　2.6.4　栄養繁殖による苗生産 ……………………………………55

3.　園芸施設の物理環境調節 ………………………………………58
3.1　はじめに …………………………………………[古在豊樹]… 58
3.2　湿り空気の物理的性質と伝熱 ……………………[林真紀夫]… 58
　3.2.1　乾き空気と湿り空気 ………………………………………58
　3.2.2　湿り空気の諸量 ……………………………………………59
　3.2.3　湿り空気の諸関係 …………………………………………61
　3.2.4　湿度測定 …………………………………………………64
　3.2.5　空気への伝熱 ………………………………………………65
3.3　空 気 流 動 ………………………………………[北宅善昭]… 65
　3.3.1　個葉のガス交換に及ぼす気流の影響 ………………………65

- 3.3.2 個体群のガス交換に及ぼす気流の影響 …………………………… 67
- 3.3.3 温室内の気流環境 ……………………………………………………… 68
- 3.4 温度（暖房・保温・換気・冷房） ……………………[林真紀夫]… 71
  - 3.4.1 暖　房 …………………………………………………………………… 71
  - 3.4.2 保　温 …………………………………………………………………… 78
  - 3.4.3 換　気 …………………………………………………………………… 83
  - 3.4.4 冷　房 …………………………………………………………………… 89
- 3.5 光 …………………………………………………………[古在豊樹]… 94
  - 3.5.1 影響因子 ………………………………………………………………… 94
  - 3.5.2 屋外日射 ………………………………………………………………… 96
  - 3.5.3 被覆材の光学特性 ……………………………………………………… 97
  - 3.5.4 温室の日射透過率 ……………………………………………………… 99
  - 3.5.5 直接光床面平均日量透過率 …………………………………………… 99
  - 3.5.6 直達光量透過率の床面分布 …………………………………………… 101
  - 3.5.7 直達光床面平均透過率の日変化 ……………………………………… 102
  - 3.5.8 連棟数，奥行および屋根傾斜角 ……………………………………… 102
  - 3.5.9 東西棟と南北棟 ………………………………………………………… 104
  - 3.5.10 散乱光透過率 ………………………………………………………… 105
- 3.6 CO_2 ……………………………………………………[北宅善昭]… 108
  - 3.6.1 温室内の CO_2 濃度 …………………………………………………… 108
  - 3.6.2 CO_2 濃度の調節 ……………………………………………………… 110
- 3.7 根圏環境 ………………………………………………[北宅善昭]… 114
  - 3.7.1 根圏水分 ………………………………………………………………… 114
  - 3.7.2 根圏温度 ………………………………………………………………… 115
  - 3.7.3 根圏ガス ………………………………………………………………… 116
- 3.8 苗および収穫物の貯蔵環境調節 ……………………[富士原和宏]… 119
  - 3.8.1 貯　蔵 …………………………………………………………………… 119
  - 3.8.2 貯蔵と環境要素 ………………………………………………………… 119
  - 3.8.3 低温貯蔵 ………………………………………………………………… 121

4. 施設園芸作物の栽培管理 …………………………………………125
4.1 はじめに …………………………………………[丸尾　達]…125
4.2 育苗システム ……………………………………[丸尾　達]…127
4.2.1 育苗の歴史と意義 …………………………………127
4.2.2 育苗産業の現状 ……………………………………128
4.2.3 苗生産に関連するキーテクノロジー ………………131
4.3 栽培システム ……………………………………[丸尾　達]…135
4.3.1 施設内栽培システム …………………………………135
4.3.2 整枝・誘引，自動スペーシングシステム …………136
4.3.3 照明システムとトータルエネルギーシステム ……137
4.3.4 養液栽培システムと養液土耕システム ……………138
4.3.5 収穫・選果・調整システム …………………………141
4.4 環境保全型の病虫害防除法 ……………………………………143
4.4.1 生物的防除 …………………………………[高垣美智子]…143
4.4.2 物理的防除 …………………………………[高垣美智子]…145
4.4.3 電解水による植物病害防除 ………………[富士原和宏]…147
4.5 施設野菜・薬用植物・ハーブの特徴と栽培管理 ………[丸尾　達]…150
4.5.1 施設果菜類 ……………………………………………150
4.5.2 施設葉菜類 ……………………………………………162
4.5.3 ハーブ・山菜・薬用植物 ……………………………165
4.6 施設花卉・施設果樹 ………………………………[高垣美智子]…168
4.6.1 施設花卉 ………………………………………………168
4.6.2 施設果樹 ………………………………………………172

5. 施設園芸学における新領域 ……………………………………179
5.1 はじめに …………………………………………[古在豊樹]…179
5.2 閉鎖型植物生産システム …………………………[古在豊樹]…180
5.2.1 開放型生産システムと閉鎖型生産システム ………180
5.2.2 閉鎖型植物生産システム ……………………………181
5.2.3 閉鎖型植物生産システムによる高品質苗生産 ……186

5.3	栽培支援ITシステム ………………………………[後藤英司]… 193
	5.3.1　環境調節 ……………………………………………………194
	5.3.2　栽培管理と生育診断 …………………………………………196
	5.3.3　トレーサビリティシステム …………………………………197
5.4	園芸福祉と園芸療法―暮らしにおける園芸の活用―……[松尾英輔]… 198
	5.4.1　園芸療法から園芸福祉へ ……………………………………198
	5.4.2　園芸療法とは …………………………………………………201
	5.4.3　園芸療法士の仕事内容と園芸福祉士などのそれとの比較 ………202
	5.4.4　園芸療法領域における活動の場や補助器材・装置 ……………203
5.5	宇宙農場 ………………………………………………[北宅善昭]… 205
	5.5.1　閉鎖生態系生命維持システム …………………………………205
	5.5.2　宇宙農場での植物生産 …………………………………………207
	5.5.3　閉鎖生態系構築の仕組み ………………………………………209
5.6	環境影響による遺伝子発現 …………………………[後藤英司]… 211
	5.6.1　環境変化に対する遺伝子レベルの応答 ………………………211
5.7	施設園芸におけるバイテク応用 ……………………[雨木若慶]… 214
	5.7.1　バイオナーサリーシステムの概要 ……………………………215
	5.7.2　組織培養の基本的留意事項 ……………………………………215
	5.7.3　無病苗生産 ………………………………………………………216
	5.7.4　マイクロプロパゲーション（ミクロ繁殖）……………………217
	5.7.5　高付加価値化のための有用微生物の利用 ……………………219
	5.7.6　今後の課題 ………………………………………………………219
5.8	都市環境健康園芸学とその展開方向 ………………[古在豊樹]… 219
	5.8.1　都市環境健康園芸学とは ………………………………………219
	5.8.2　現代都市におけるストレスの諸側面と人生における価値観 ………220
	5.8.3　問題解決のキーワード …………………………………………221
	5.8.4　都市環境健康園芸の注目すべき新しい側面 …………………222
	5.8.5　植物資源の環境利用と石油資源節減 …………………………224
	5.8.6　環境健康都市における植物生産の総合的役割 ………………226
	5.8.7　都市環境健康学ならびに都市環境健康園芸学の研究課題例 ………227

5.8.8　都市環境園芸学と複雑系理論 …………………………………………229

巻末付録：湿り空気線図 ………………………………………………………………232
索　　引 …………………………………………………………………………………233

1　緒　　論

1.1　はじめに

　施設園芸業は，露地作物の収穫端境期である冬期，夏期などに，新鮮な園芸生産物を消費者に提供する役割を担って発達し，最近では収穫期間の拡大，生産量の増大，生産物の多様化と高品質化などに対応することによって，わが国における園芸業の重要な一分野を形成している．他方，わが国における施設園芸学の研究は，1960年以降における園芸施設面積の急増に伴って本格的に始まり，その後，現在に至るまで着実に進展している．

　施設園芸学は，園芸学の一分野として位置づけられている．また，施設園芸では施設や設備を多用することから，施設園芸学では工学的，物理的内容をやや含んでいる．

　本書では，園芸作物の環境反応に関する事項ならびに施設園芸に特有な栽培管理，環境管理および作業管理に関する事項，さらには施設園芸の最新技術の動向について述べる．

1.2　施設内環境の特徴とその利用

　気温，相対湿度，二酸化炭素濃度，空気流速（風速）などは，特別な環境調節を行わなくても施設内外で異なっている．暖房機や保温装置を備えていない場合でも施設内が施設外の気温より高いなど，施設内外で上記環境要素が異なるのは，被覆資材が施設内外の空気交換を抑制していることが主因である．他方，光環境，放射環境が施設内外では異なるのは，被覆資材の放射特性（反射率，透過率など）および施設構造に主因がある．さらに根圏環境も施設内外で異なる．施

設内の環境は，上記要因のほかに，施設内作物の栽植密度や仕立て方などの存在様式にも影響される．上記の原因が複雑に影響して，施設内外では，作物の遺伝的特性が同じでも，その生育は異なる．

実際には，施設内環境は作物の成長（growth）や発育（development）だけでなく，作物の生理的・生態的特性にも影響を及ぼす．施設内環境の特徴と施設内作物の環境に対する反応の特徴の両方を活かし，さらに，もし必要であれば，環境調節機器を利用して環境を改善し，作物の成長および発育を制御することが施設園芸技術である．

施設内の地上部および根圏部環境を適切に調節することにより，栽培時期の調節，栽培必要日数の短縮，栽培回数の増大，ひいては収量の増大，品質の向上などを計ることができる．また降雨を遮断し，施設内外空気の交換を抑制し，さらには根圏部を一般土壌と隔離できることから，農薬，肥料，植物成長調節物質などの化学合成物質の施設外への移動を抑制することができる．天敵昆虫利用による虫害防除や，花粉媒介昆虫利用による受粉促進などによって，上記化学合成物質の使用量抑制が容易になる．

すなわち，施設園芸では，原理的に石油由来化学物質などの使用量，灌水量などを節減することができる．また，被覆資材と施設構造の工夫によって，環境調節機器やその運転のための人為エネルギー（商用電力，石油など）の使用を最小限にし，しかも露地では適切な環境下での栽培が困難な時期，あるいは地域で作物を栽培することができる．言いかえれば，施設園芸は，省投入資源・持続的農業（low input sustainable agriculture）あるいは受動的農業（passive agriculture；人為エネルギーを極力使用しない農業）の一形式になりうる．

ところが，現実には，わが国ならびに欧米の施設園芸業が，1960～1990年の石油多消費にもとづく経済成長に歩調を合わせて発展してきたこともあって，上述した施設園芸の本質的特徴と意義に関する理解は不十分である．そのために，根圏土壌における塩類集積に伴う作物生理障害，受粉不十分による果実未発達，病原性土壌微生物による病害，環境不良に起因する作業者の健康障害などを引き起こしている場合がある．施設園芸において使用されるプラスチック廃棄物の再生処理方法や再利用方法の開発も不十分である．

これらの問題は施設園芸技術の未成熟，施設園芸学の未発達の故に生じている

のであり，原理的には今後解決しうる問題である．21世紀に向けて，石油エネルギーなどの施設への投入をゼロに近づけ，またそれにより施設から自然界への環境汚染物質の流出をゼロにする方法，例えば，「閉鎖型植物生産システム（closed plant production system）」（本書5.2節参照）の開発による高品質植物の生産は，施設園芸学における重要研究課題として位置づけられる．

1.3 園芸施設関連用語

施設園芸（protected cultivation あるいは greenhouse horticulture）における施設（structure）とは，園芸作物の栽培・育苗空間を提供する構造物を意味する．ただし，広義には，栽培・育苗施設に加えて，園芸生産物の選別，加工，貯蔵などのための施設も園芸施設に含まれる．

栽培施設とは，一般には，作物を生育させる目的で建てられた「日射を透過する資材で被覆した構造物」を意味する．被覆資材の種類によってガラス室（グラスハウス），プラスチックハウスなどと分類される．施設園芸分野では，ガラス室とプラスチックハウスを総称して温室（greenhouse）と呼ぶ．日射を透過しない施設内で人工光を利用した育苗あるいは栽培が一部で行われているが，現在では，これらの施設面積を園芸施設面積に含めていない．

ハウスはプラスチックハウスの略称として用いられる．ハウスは，用途によって，育苗ハウス，栽培ハウスなどと分類される．作物が雨に濡れるのを防ぐことを直接目的として使用する施設を雨よけ施設（rain shelter）と呼び，農林水産省統計では，ハウスと区別している．

温室，ハウスおよび雨よけ施設は，人間が出入りできる大きさの栽培・育苗構造物を指し，それ以下の大きさの栽培・育苗用仮設構造物を「トンネル」と呼んでいる．トンネルは，葉物野菜の栽培以外では，作物の生育初期にだけ用いられることが多い．

通気性かつ光透過性の高いプラスチック被覆資材を用いて，防虫，防風，高相対湿度維持などの目的で，作物を被覆すること，または被覆したものを「べたがけ」と呼ぶ．簡易な支持材・構造材で被覆材と作物の間にわずか空間を設ける場合を「浮きがけ」，それらを用いずに，被覆材を作物に直接的に被覆する場合を

「じかがけ」と呼んで区別することがある．

　地面に接するように直接的にフィルム資材などで被覆することを「マルチング」または「マルチ」と呼ぶ．最近では，環境保全と省力の観点から，マルチ資材として生分解性プラスチックフィルムが一部で用いられている．生分解性プラスチックフィルムとは，デンプン，糖などを原料としたポリ乳酸からつくられたフィルムであり，土壌中の微生物により，使用開始後数ヶ月以内に CO_2 と水に分解するものをいう．石油を使用せず，また環境を汚染しない農園芸用資材として注目されている．

　トンネル，べたがけ，およびマルチは，温室内で用いられる場合と露地で用いられる場合がある．本書では，後者の場合は対象としない．マルチを含めて，プラスチックフィルムを使った栽培を総称してプラスティカルチュアー（plasticulture）と呼ぶことがある．

　本書では，「成長（growth）」および「発育（development）」を以下のような意味で用いる．「成長」は，細胞の大きさの拡大および細胞数の増大に伴う，植物体の大きさの非可逆的増大を意味し，量的側面が強い概念である．乾物重，生体重，葉面積などは成長に関する変数である．「発育」は，形態形成（morphogenesis）と分化（differentiation）を含む，質的側面が強い概念である．形態形成とは，細胞，組織および器官の形態学的，解剖学的変化を伴う，生物形態の変化を強調した概念である．分化とは，細胞，組織および器官の生理学的，生化学的機能が変化し，特定の機能を有するようになることを強調した概念であり，結果的に組織構造や生物形態が変化する．発育概念には，発芽，花芽形成，開花，果実形成，発根，塊根形成などが含まれる．

　「生育」は，英語では「growth and development」であり，成長と発育の両方を含む概念を表す用語である．

1.4　わが国における施設園芸の現況

　2002年現在，わが国における耕地面積は476万 ha（国土の12.8％）であり，うち水田面積が261万 ha，畑地が215万 ha である．畑地のうち，牧草地が64万 ha，野菜用が62万 ha，果樹用が29万 ha，工芸作物用が19万 ha である．

2003年現在，農家戸数は298万戸，そのうち専業農家は81万戸である．また，農業就業人口は368万人であるが，このうち207万人が65歳以上である（農林水産統計，2004）．

2002年の農業総産出額は約8.9兆円であり，そのうち米が約2.2兆円（25%），園芸作物が約3.3兆円（37%），畜産が約2.4兆円（27%）である．残り1兆円は麦類（2%），豆類（1%），イモ類（2%），工芸作物（3%）などである．園芸作物（約3.3兆円）の内訳は，野菜が2.1兆円，果樹が約0.75兆円，花卉が約0.45兆円である（表1.1）．

露地栽培収穫量と施設栽培収穫量の和に対する施設栽培収穫量の比率は，2000年現在，イチゴ99%，トマト70%，ピーマン68%，キュウリ67%、スイカ30%，ナスで36%である（表1.2）．なお露地栽培作付面積と施設栽培作付面積の和に対する施設栽培作付面積の比率は，2000年現在，イチゴ98%，トマト56%，ピーマン39%，キュウリ42%，スイカ27%，ナス13%である．

2000年現在，日本人は年間約100 kgの野菜を消費し，そのうち58 kgが生鮮野菜である．年間の1人当たり生鮮野菜支出額は約21,000円であり，内訳はト

表1.1 日本における農地面積とその内訳（農林水産統計，2003）

項 目	面積（ha）	項 目	面積（ha）
国 土	37,790,000	園芸施設	53,100
耕 地	4,760,000	ハウス	50,700
水 田	2,610,000	ガラス室	2,300
畑 地	2,150,000	野 菜	36,600
牧草地	640,000	果 樹	8,700
野 菜	620,000	花 卉	7,800
果 樹	290,000	雨よけ施設	14,100
工 芸	190,000	トンネル	45,000
		べたがけ	6,800

表1.2 園芸作物の収穫量，作付面積に対する施設栽培収穫量，施設面積の比率（農林水産統計，2000）

	イチゴ	トマト	ピーマン	キュウリ	スイカ	ナ ス
収穫量比率（%）	99	70	68	67	30	36
作付面積比率（%）	98	56	39	42	27	13

マト約 2,000 円，キュウリ約 1,200 円，バレイショ・ネギ約 900 円，ホウレンソウ約 800 円などである．生鮮果樹の 1 人当たり年間支出額は約 13,000 円，花卉への年間 1 人当たり支出額は約 3,600 円である．

わが国の温室面積は，1960 年には 1,700 ha であったが，1965 年に 5,000 ha，1975 年に 23,000 ha，1985 年に 40,000 ha，1991 年に 47,000 ha，2001 年には 53,100 ha に達した．温室面積 53,100 ha のうち，36,600 ha は野菜用，8,700 ha は果樹用，7,800 ha は花卉用である．地方別に見ると，2001 年では，北海道 3,200 ha，東北 5,500 ha，関東 13,300 ha，北陸 1,000 ha，東海 4,000 ha，近畿 2,700 ha，中国・四国 6,500 ha，九州・沖縄 16,700 ha である．

温室のうち，ハウスは 50,700 ha を占め，ガラス室は 2,300 ha を占めるにすぎない．他に，雨よけ施設が約 14,100 ha あり，うち野菜用は 8,200 ha，果樹用は 4,700 ha，花卉用は 1,200 ha である．トンネル栽培面積は 45,000 ha (98% が野菜用) である．べたがけ栽培面積は 6,800 ha であり，その 8% が温室内利用で，残りは露地栽培利用である．温室，雨よけ施設，トンネルおよびべたがけの面積を加えると約 11 万 ha となり，園芸用畑地の 10% 強が被覆されている．

なお，1999 年現在，養液栽培装置を備えた温室面積は約 1,100 ha である．二酸化炭素施用装置を備えた温室面積は 860 ha，細霧冷房装置を備えた温室面積は 900 ha 程度と見積もられる（表 1.3）．

1999 年現在，花粉交配用ミツバチを利用する温室の栽培延面積は 12,350 ha であり，メロン 5,749 ha，イチゴ 4,691 ha である．花粉交配用ミツバチはスイカ，

表 1.3　園芸施設面積 (53,516 ha, 1999 年) に対する各種装置の利用面積とその比率（農林水産統計，2002 他）

	面積 (ha)	比率 (%)
保温カーテン	23,521	43.9
暖房機	23,175	43.3
養液栽培装置	1,056	2.0
CO_2 施用装置	856	1.6
細霧冷房装置	900	1.7
ミツバチ*	12,350	—
マルハナバチ*	2,225	—

＊：ミツバチとマルハナバチの面積は栽培延面積．

カボチャ，トマトなどにも利用されている．蜜の出ないトマトのような花の花粉交配用にはマルハナバチが利用され，その栽培延面積は2,225 haとなっている．なお，栽培延面積とは，作付回数に栽培面積を乗じたものである．

1999年現在，温室面積53,516 haのうち，保温カーテンを備えた温室面積は，23,521 ha（約44%），また暖房機を備えた温室の面積は23,175 ha（約43%）である．暖房用燃料に石油（重油）を用いる温室の面積は22,245 ha（約42%）である．床面積比率では，暖房機の66%は温風式，30%は温湯式，残りは電熱式，蒸気式，太陽熱利用式，地下水利用式，産業廃棄物利用式などである．太陽熱，地下水熱，廃棄物など，石油以外の熱源を用いて暖房している温室は700 ha程度にすぎない．バイオマスエネルギー，自然エネルギー，廃棄物エネルギーを利用した，より効率的な環境調節方法の開発が必要とされている．

1.5 施設園芸における石油エネルギーおよびプラスチック使用量

温室暖房に使用される石油（重油）は年間100万トン程度と推定される．この使用量は農業における年間石油使用量約1,000万トンの約10%，日本における年間全石油使用量2.7億トンの0.37%に当たる（表1.4）．また，日本の年間総エネルギー使用量（石油，石炭，天然ガス，原子力，水力を含む）約2兆MJ（メガジュール）（石油換算5.3億トン）の0.18%に当たる．2002年現在，この年間総エネルギー使用量のうちの1.8%（99%が石油）を農林水産業が消費している．なお，総年間エネルギー使用量の内訳は，2002年現在，石油50.7%，石炭19.3%，ガス13.7%，原子力11.7%，水力3.3%，新エネルギー他1.3%である．

表1.4 日本における年間エネルギー消費量概略値とその内訳（エネルギー・経済統計要覧2004年版他）

	消費量（万t）	Aに対する比率（%）	Bに対する比率（%）	備考
全エネルギーの石油換算値（A）	約53,000	100	—	石油，石炭，天然ガス，原子力他
全石油（B）	約27,000	51	100	
農林水産業用	約1,000	1.8	3.7	97%以上が石油
施設園芸暖房用	約100	0.18	0.37	95%以上が石油

要約すると，日本人は，1人当たり，毎年，石油換算約 5,000 kg のエネルギーを消費し，約 2,700 kg の石油を使い，農業には約 100 kg の石油を使い，園芸施設の暖房には約 10 kg の石油を使用している．

農業では，石油は燃料としてだけでなく，農薬，化学合成肥料，プラスチック製品の原料としても用いられている．わが国全体の年間のプラスチック使用量は約 1,000 万トン，プラスチック廃棄量は約 350 万トン，プラスチック再生量は約 100 万トンである．他方，施設園芸において産業廃棄物として排出されるプラスチック類は，2001 年現在，169,000 トンである．そのうち塩化ビニルフィルムは 85,000 トン，ポリエチレンフィルムは 68,000 トンである．これら使用済みプラスチックのうち，37％ が再生処理，32％ が埋立処理，12％ が焼却処理されている．

石油，石炭，天然ガスなどを消費すれば，消費量に応じた二酸化炭素が排出され，また環境汚染の原因となるので，環境保護，省資源のために，これらの消費は極力抑制する必要がある．

1.6　施設園芸技術の新展開

施設園芸技術は，最近，他の技術との融合を通じて，多方面への展開を見せている．第一に，施設農業あるいは環境調節農業（controlled environment agriculture）ともいうべき分野が展開しつつある．例えば，施設園芸技術として開発された培養苗生産技術が，露地作物一般の苗あるいは植林用樹木苗の生産技術として普及している．第二に，プラスチックフィルム・トンネルの利用は食用作物，工芸作物，飼料作物などに及んでいる．第一と第二の展開は，林業の一部の農業化，農業の一部の園芸化といえる．第三に，きのこ，薬用植物，工芸作物などの施設内生産が増大しつつある．第四に，砂漠緑化，都市緑化，建物緑化，建物内緑化，グリーンインテリアなどに施設園芸技術が応用されている．第五に，人工光型植物（苗）工場，宇宙農場技術の基礎を提供している．第六に，環境が植物に与える影響，環境と植物の相互作用を研究するための基礎研究に応用されている．第七に，植物あるいは園芸作業が人間の心と体の機能改善に及ぼす影響を研究する，園芸療法研究に応用されている．（これらの詳細については，本書第 5

章にまとめて紹介した.）

以上のように，施設園芸技術は単に園芸生産物の収量増大，品質向上あるいは労働軽減，収益増大に貢献するだけでなく，農園芸業の新しい可能性を提供し，また生活環境改善，地球環境保護の基盤技術を提供している．

1.7 物理量，単位，および物理学用語

1.7.1 基本物理量と基本単位

数値を用いて物理量の大小を表現するときの基準の大きさを単位という．2つ以上の数値の大小を比較するには，単位が同一でなければ意味がない．また，ある物理量を表現するのに適切な単位を用いなければ，誤解を生じる．現在，世界各国で国際単位系（SI）の導入が進められ，JIS（日本工業規格）の単位表現もSIに準拠している．

SIにおける基本単位は，m（メートル，長さ），kg（キログラム，質量），s（秒，時間），A（アンペア，電流），K（ケルビン，熱力学温度），mol（モル，物質量），cd（カンデラ，光度）の7つである．

そのほかの単位は，基本単位を乗法と除法の数学記号を用いて組み合わせてつくられる組立単位である．組立単位には，J（ジュール：エネルギー，仕事，熱量の単位），W（ワット：仕事率，工率の単位），Pa（パスカル：圧力の単位）などの有名な物理学者の姓にちなんだ，固有の名称を与えられたものや，rad（ラジアン，平面角），sr（ステラジアン，立体角）などがある．なお，1 rad = 57.3°（π rad = 3.14 rad = 180°）である．

加速度は速度（$m \cdot s^{-1}$）の時間変化率であるから，その単位は $m \cdot s^{-2}$ である．力（N：ニュートン，力の単位）は，質量（kg）に重力の加速度（$m \cdot s^{-2}$）を乗じたものであるから，その単位は $m \cdot kg \cdot s^{-2}$ である．仕事（J）は力（N）に距離を乗じたものであるから，その単位は $N \cdot m$ すなわち $m^2 \cdot kg \cdot s^{-2}$ である．仕事率（W）の単位は $m^2 \cdot kg \cdot s^{-3}$ すなわち $J \cdot s^{-1}$ である．圧力（Pa）は面積当たりの力であるから，$m^{-1} \cdot kg \cdot s^{-2}$ または $N \cdot m^{-2}$ である．明るさの組立単位である lx（照度）は，$m^{-2} \cdot cd \cdot sr$ または $lm \cdot m^{-2}$（lm：ルーメン，光束の単位）と表される．

組立単位を記述する際，$J \cdot s^{-1}$ などの基本単位間の「・」印（中黒）は付けな

くてもよい．また，負の指数（べき乗）で表示する代わりに斜線（/）を用いてもよい．例えば，mol・l^{-1}は，mol l^{-1}およびmol/lと同等である．またmol・m^{-2}・s^{-1}は，mol m^{-2} s^{-1}およびmol/(m^2 s)と同等である．なお，"l"はリットル（liter）であるが，1（イチ）と紛らわしいので，斜体のlで表記したり，Lとも書かれる．

基本単位などにm（ミリ），μ（マイクロ），n（ナノ）およびp（ピコ）が付くと，それぞれ10^{-3}，10^{-6}，10^{-9}および10^{-12}を意味し，またk（キロ），M（メガ），G（ギガ）およびT（テラ）が付くと，それぞれ10^3，10^6，10^9および10^{12}を意味する．

SI単位であるJと非SI単位であるcalの間には，1 J = 0.2390 calの関係がある．従来から用いられている非SIの単位系としては，長さ，質量および時間の基本単位にcm, gおよびsを用い，組立単位にcal（カロリー）などを用いるCGS単位系がある，また基本単位にm, kgおよびsを用い，組立単位にkcalなどを用いるMKS単位系，さらには基本単位に長さ，力，および時間を選び，m, kgf（キログラム重），およびsを用いる工学単位系などがある．古い教科書や論文では，非SI単位が使用されていることが多いので，注意が必要である．

1.7.2 放　　　射

放射（radiation）とは電磁波を放出すること，あるいは放出された電磁波の総称であり，物体はその温度が絶対零度でない限り，放射を発散する．放射エネルギーは真空中でも伝達される．時間当たり，面積当たりの発散放射エネルギー量（放射束）は絶対温度の4乗に比例する．式で書くと，以下のようになる．

$$E = \varepsilon \cdot \sigma \cdot T^4$$

ここで，Eは放射束（W・m^{-2}），ε（イプシロン）は放射率，σ（シグマ）はステファン－ボルツマン定数（5.67×10^{-8} W・m^{-2}・K^{-4}），Tは絶対温度（K）である．放射率は放射物体の放射特性により異なり，0～1の値をとるが，水，植物，土，ガラスなどのεは約0.95である．

例えば，$\varepsilon = 1$とすると，Tが250 K（-23℃），300 K（27℃），350 K（77℃），および400 K（127℃）のとき，Eは，それぞれ222 W・m^{-2}，460 W・m^{-2}，851 W・m^{-2}，および1504 W・m^{-2}である．他方，日射束は，東京の夏における晴

天日の正午付近で 1,000 W·m^{-2} 程度である．すなわち，地球上の地面，建物，人間，植物などがその絶対温度に応じて発散している放射エネルギー量は，かなり大きい．

地球の地表面にある物体および大気は，昼間（年平均 12 時間）にそれらが受けた日射エネルギーのほぼ全量を，全日（24 時間）かけて，放射エネルギーとして宇宙空間に放出している．冬から夏にかけては前者が後者よりやや大きく，夏から冬にかけては前者が後者よりやや小さい．そして，年間では，地球が受けた日射エネルギーのほぼ全量が，地球から長波放射エネルギー（後述）として宇宙空間に捨てられる．

物体から発散される放射の波長別の強さは，絶対温度 T により定められ，波長に関して左右非対称になる（図 1.1）．この場合の波長別放射束が最大となる波長 λ_m（nm，ナノメートル）は，絶対温度 T（K）に反比例し，以下の式で表される．

$$\lambda_m = 2,898 \times 10^7 / T$$

例えば，T が 6,000 K，1,000 K，300 K のとき，λ_m は，それぞれ 483 nm，2,898 nm，9,660 nm となる．

太陽から地球に届く放射を日射，短波放射または太陽放射という．日射の波長域は約 300〜3,000 nm であり，その波長別エネルギー密度が最大の波長は 500 nm 弱である（図 1.1 参照）．地上に達する日射は，大気圏通過時における気体と

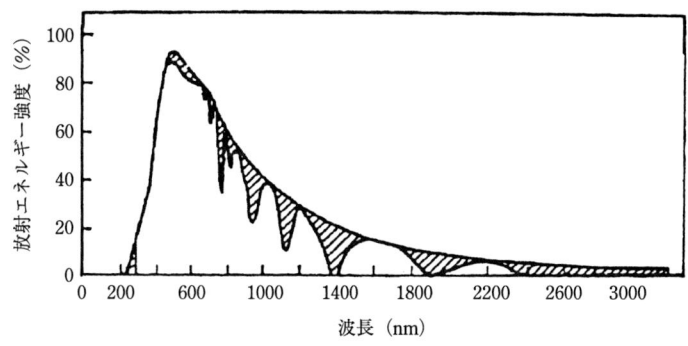

（斜線部は大気圏中で吸収・散乱される部分）
図 1.1　日射の波長別エネルギー強度曲線

塵埃による日射の吸収と散乱の影響を受けてなめらかな曲線にはならないが，大気圏外日射の曲線はほぼなめらかである．光合成に有効な波長域（400〜700 nm）の放射を光合成有効放射（photosynthetically active radiation）と呼び，PARと略記する．日射エネルギーのうちのPARエネルギーが占める割合は50％弱である．植物は波長700〜800 nmの波長にも感じるので，波長域400〜800 nmの放射を植物の生理的有効放射（physiologically active radiation）と呼ぶ．

　光（light）は狭義には可視域の放射（波長＝380〜760 nm）を意味し，広義には日射（solar radiation）の波長域をも含んだ放射を意味する．波長域250〜380 nmの放射を紫外（ultra violet）放射，700〜760 nmを遠赤（far red）放射，760 nm以上を赤外（infra red）放射，さらには3,000 nm以上の放射を長波（long wave）放射という．紫外放射は，その波長域により，UV-A（320〜400 nm），UV-B（280〜320 nm），UV-C（190〜280 nm）に分けられている．UV-Cは，大気圏のオゾンに吸収されて，地上には届かない．なお，上記の波長域は学術分野によってやや異なることがある．

　光は粒子または量子（quantum）としての性質と波（wave）としての性質をあわせもつ．波としての光の特徴は，その波長（wave length）で表される．光の粒子を光量子（photon）と呼ぶ．光化学反応は光量子が分子と作用して生じる．各光量子がもつエネルギーはその振動数（wave number）に比例する．振動数は波長の逆数であるので，光量子の性質を，便宜的に振動数ではなく波長で表すことが多い．

1.7.3　放射束，光量子束，照度ならびにそれらの測定器

　単位時間当たり，単位面積当たりに入射する，またはその面を通過する放射エネルギー量は，放射束（radiant flux または radiation flux），または放射フラックス，放射照度などと呼ばれ，その単位は $W \cdot m^{-2}$ である．なお，$1\ W \cdot m^{-2} = 1.43\ cal \cdot cm^{-2} \cdot min^{-1} = 0.86\ kcal \cdot m^{-2} \cdot h^{-1}$ の関係がある．

　単位時間当たり，単位面積当たりに入射または通過する光量子のモル数を光量子束（photon flux）と呼び，単位は $mol \cdot m^{-2} \cdot s^{-1}$ である（$1\ mol = 6.023 \times 10^{23}$）．光合成に有効な波長域に関する光量子束を光合成有効光量子束（photosynthetic photon flux）と呼び，PPFと略記する（図1.2（a））．

光量子当たりのエネルギー量は波長に反比例する．波長 400 nm（青）の光量子が有するエネルギーは，波長 700 nm（赤）の光量子が有するエネルギーの 1.75 倍（= 700/400）である．したがって，PPF 計（光合成有効光量子束計）の波長 400 nm における感度は，波長 700 nm における感度の 0.57（= 1/1.75 = 400/700）となっている（図 1.2 (b)）．

植物群落は，光合成有効光量子を，各光量子の保有エネルギーにかかわらずほぼ均等に吸収するので，その正味光合成速度は PPF 計の値とほぼ一対一に対応する．葉は光合成有効光量子のうち，波長 500 nm 付近をやや反射または透過するとはいえ，その正味光合成速度は PPF 計の値とおよそ一対一に対応する．他方，葉から取り出したクロロフィル自体は，波長 480 ～ 650 nm にほとんど光合成反応しないので，一般には，その純光合成速度は PPF 計の値と一対一に対応しない．

照度は人間の眼に感じる明るさを表す物理量である．人間の眼は，同じ光強度の光エネルギーが網膜に照射された場合，緑（波長 550 nm 付近）を明るく感じ，青や赤を暗く感じる．照度計の波長別感度曲線は人間の眼の標準比視感度曲

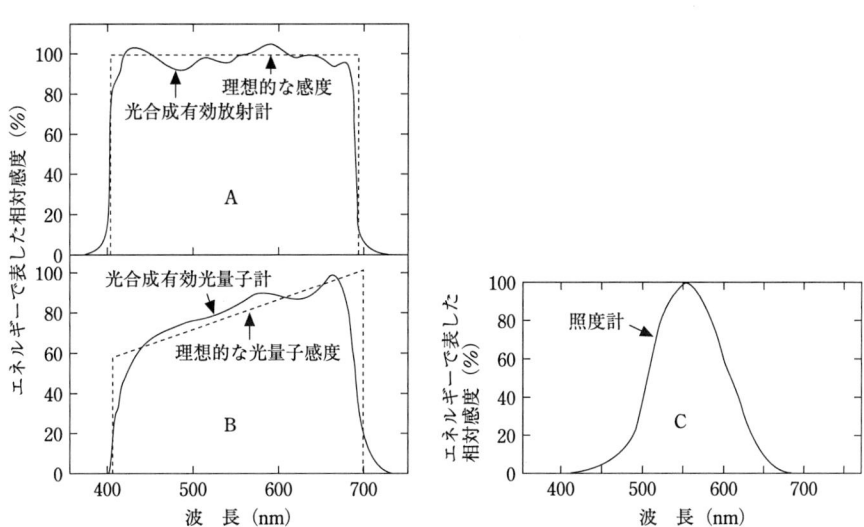

図 1.2 (a) 光合成有効放射（PAR）計，(b) 光合成有効光量子束（PPF）計，および (c) 照度計の相対波長感度曲線（ライカ社製品カタログより引用）

表 1.5 種々の光源に対する PAR，PPF および照度の換算計数値（McCree, 1972）

換算単位	光源			
	全天日射	メタルハライド	蛍光灯	白熱電球
$W \cdot m^{-2}/klx$	3.97	3.13	2.73	3.96
$\mu mol \cdot m^{-2} \cdot s^{-1}/klx$	18.1	14.4	12.5	19.9
$\mu mol \cdot m^{-2} \cdot s^{-1}/W \cdot m^{-2}$	4.57	4.59	4.59	5.02

PAR，PPFの定義については本文を参照のこと．

線と合うようになっている（図1.2 (c)）．人間が感じる明るさが波長によって異なるために，一般に，照度は PPF とは比例関係にない．これらの換算には，放射源の波長組成を考慮する必要がある（表1.5）．例えば，蛍光灯を測定したところ，照度が1 klx だったとしたら，そのときの PAR は 2.73 $W \cdot m^{-2}$ である．光源の種類ごとに表1.1 に示す換算係数値が異なるのは，光源の種類によって波長別のエネルギー密度が異なるからである．なお，表1.5 の換算計数値は一例であり，実際は光源のワット数，使用時間などによって少しずつ異なる．

以上のことから，植物の光環境の測定と評価に関しては十分な注意が必要である．植物の光環境をエネルギー収支との関連でとらえる場合は放射束で表示するべきである．葉温，蒸散，熱伝達などはエネルギーの流れで決まるからである．他方，光合成など植物生理との関連でとらえる場合には光量子束で表示するべきである．葉内における光合成過程は，関係する分子と光量子が直接的に関与する光化学反応であり，波長 400 〜 700 nm の範囲では，各光量子が有するエネルギーに依存しないからである．

1.7.4 速 度

単位時間当たりの物質またはエネルギーの通過量，移動量または蓄積量を速度（rate）という．例えば，純光合成速度（または正味光合成速度，net photosynthetic rate），呼吸速度（respiration rate），成長速度（growth rate）などである．他方，純光合成量，呼吸量，成長量，日射量などと「量」という場合は，1時間当たり，1日当たり，または1年当たりなどの時間概念が含まれていない（ただし，純光合成量，放射量を，それぞれ純光合成速度，放射束密度などの意味で，

不適切に「量」を用いている場合があるので注意が必要である)．速度をある基準の量で除したものを，相対速度 (relative rate) と呼ぶ．例えば，相対成長速度 (relative growth rate) などである．

1.7.5 モル濃度および容積モル濃度

1モルの溶媒の中に含まれる物質量を表すモル濃度 (molar concentration) のSI単位は $mol \cdot mol^{-1}$ で表示される．また単位容積中に含まれる物質量を示す容積モル濃度 (volumetric molar concentration) の SI 単位は, $mol \cdot m^{-3}$, $mol \cdot l^{-1}$ などと表示される．

比較的希薄な物質の濃度の表示は，非 SI 単位である百万分率 ppm (parts per million) で表示されることがあるが，ppm の使用は好ましくない．ppm は weight/weight または volume/volume で表示されている場合, $\mu mol \cdot mol^{-1}$ で表示された場合と数値は同じになるが，ppm が weight/volume で表示されている場合, $\mu mol \cdot mol^{-1}$ への変換には，単位容積当たりの質量を表す換算係数を乗じる必要がある．ppm 表示では，それが容量と質量のいずれを基準とした濃度なのかが不明確であるので，SI 単位での表示が望ましい．

例えば，空気の二酸化炭素 (CO_2) 濃度が 400 ppm であるとは, $1 m^3$ の空気に 400 ml の CO_2 が含まれていることであり，volume/volume である．他方，NAA（植物成長調整物質の一種）濃度が 1 ppm の水溶液とは，通常, $1 m^3$ の水に 1 g の NAA を溶かした水溶液を意味し，weight/volume である．

2 園芸植物の生理・生態特性

2.1 はじめに

　植物の生育は環境の影響を受ける．種子繁殖では発芽後，栄養成長期に根，茎，葉を増加し，生殖成長期に花芽形成，開花を経て種子をつくる．植物の一生における基本的生理作用には，呼吸，光合成，代謝，転流，蒸散，養水分吸収，形態形成などがある．呼吸と光合成を植物体と大気の間の O_2 および CO_2 の移動現象としてみると，これらの作用の大小を定量的にとらえやすい．蒸散作用は植物体と大気の間の水の移動現象である．転流は光合成産物の供給器官から受容器官への移動であり，光合成速度や成長速度と関係がある．根における養水分吸収は，根圏環境の影響を受けるだけでなく，蒸散速度とも関係がある．形態形成は植物の生活環において重要な作用であり，光や温度などの環境の影響を強く受ける．

　本章では，呼吸，光合成，転流，蒸散，養水分吸収，形態形成について生理生態学的に説明し，環境要因がこれらの作用に及ぼす短期的および長期的な影響を解説する．これらの知識は，園芸施設の物理環境調節（3章）や栽培管理（4章）の理解に不可欠である．最後に，園芸植物でしばしば利用される繁殖方法である栄養繁殖について，繁殖方法とその生理・生態的特性を説明する．

2.2 呼吸と光合成

2.2.1 呼　　吸

a. はじめに

　呼吸（respiration）は，植物体の代謝過程に必要なエネルギーをつくる作用で

あり，必要不可欠な生命活動である．一般に呼吸は光合成と逆の反応であると説明することが多いが，呼吸に使われる基質（呼吸基質）は光合成産物と同一とは限らない．炭水化物が呼吸基質となる場合には，呼吸は次式で表される．

$$C_6H_{12}O_6 + 6O_2 \longrightarrow 6CO_2 + 6H_2O \qquad (1)$$

呼吸によって得られるエネルギは一時的に ATP として蓄えられて，最終的に生命維持や成長に利用される．呼吸で放出される CO_2 と吸収される O_2 の比（放出 CO_2 ／吸収 O_2）を呼吸商（respiratory quotient）と呼ぶ．植物体内で呼吸基質として使用されるのはおもにグルコースであるが，ショ糖またはデンプンの分解で得られる糖なども使用される．炭水化物が呼吸基質の場合は呼吸商は1になる．しかし老化した器官や種子では，脂質，タンパク質または有機酸も呼吸基質として使用される．脂質やタンパク質が呼吸基質の場合には呼吸商は1未満に，有機酸が呼吸基質の場合には呼吸商は1以上になる．

McCree は，呼吸を光合成産物から新たな組織・器官を合成するための呼吸と，現存する組織の維持に必要な呼吸に分けて考え，前者を成長呼吸（growth respiration），後者を維持呼吸（maintenance respiration）と呼んだ[3]．一般に，新しい組織・器官をつくる栄養成長期には成長呼吸の割合が多く，生殖成長期に入ると維持呼吸の割合が増加する．成熟した種実や老化葉を多く含む植物体では，維持呼吸の割合が大きい．

b. 環境の影響

呼吸速度は温度の影響を受け，0〜35℃ 程度の温度範囲においては，呼吸速度は指数関数的に上昇する．温度が 10℃ 上昇したときの呼吸速度が何倍になるかを示す値を温度係数 Q_{10}（キューテン）で表す．Q_{10} は2前後という報告が多い．例えば，10℃ の呼吸速度を1とすれば，20℃ で2，30℃ で4になる．

生育中の植物において，呼吸が増加すると呼吸基質をより消費するために成長が低下する．しかし呼吸を抑制することは必ずしも作物生産にとって有利ではない．光合成を行わない暗期は，低温にするほど呼吸を抑制できると考えやすい．しかし暗期にも新しい組織をつくるための細胞分裂が行われており，暗期の転流や葉・茎の成長は翌日の明期の光合成量の増加に結びつくため，呼吸を抑制し過ぎると結果的に生育が遅れることになる．したがって，高い成長速度を維持するための適当な温度範囲が存在する．

呼吸は酸素を利用するため，式（1）の呼吸速度は O_2 濃度の影響を受ける．葉，茎，花器などの地上部器官は空気中の O_2 を吸収する．施設内の O_2 濃度が生育中の植物の呼吸を抑制するほどに低下することはなく，通常，酸素欠乏は起こらない．他方，地下部の根および地下茎は，土耕栽培では土壌間隙中の O_2 を，養液栽培では培養液中の溶存酸素を吸収する．通気性の低い土壌ではしばしば酸素濃度が低下する．また養液栽培でエアレーションが不足すると溶存酸素濃度が低下しやすい．根が酸素不足になると，根の活性が低下して養水分の吸収が減少したり，根腐れが生じたりするため，根圏の酸素管理は重要である．

生育中の植物の呼吸速度は，空気中の CO_2 濃度の変化の影響はほとんど受けない．一方，果実では，CO_2 濃度を 10% 以上に高めると呼吸を抑制できることが知られており，貯蔵期間中の重量の減少を抑えるために，高 CO_2 濃度処理が有効とされている．

2.2.2 光合成
a. はじめに

光合成（photosynthesis）は，空気中の CO_2 と光エネルギーを用いて，炭水化物を生成する作用である．一般に次式で表す．

$$6\,CO_2 + 6\,H_2O \longrightarrow C_6H_{12}O_6 + 6\,O_2 \qquad (2)$$

光合成は，大別すると，光エネルギーを化学エネルギーに変換する過程と，固定されたエネルギーを用いて CO_2 から炭水化物をつくる過程に分けられる．前者が行われる場を光化学系，後者が行われる場を炭素同化系と呼ぶ．光化学系は光化学系 II と I からなり，光合成色素のクロロフィル（chlorophyll）が光エネルギーを受け取り，それを化学エネルギーに変換する．そのため，一般にクロロフィル量が多い葉では光エネルギー利用効率が高い．炭素同化系の炭素固定経路であるカルビン回路では，Rubisco（ribulose 1,5-bisphosphate carboxylase/oxygenase；通称，ルビスコ）という酵素が炭酸固定を行う．Rubisco は葉に多量に含まれる可溶性タンパク質である．個葉のクロロフィルや Rubisco の含有量は，植物体が吸収する窒素量と相関があるため，個葉の光合成能力を高く維持するためには成長に合わせた窒素施肥が重要になる．これらの含有量は，一般に葉の展開終了時に最大となり，老化に伴い分解されて低下する．

b. CO_2交換速度

 光合成速度(photosynthetic rate)は式(2)の反応速度であるから,いずれか1つの物質に注目してその変化量で表せばよい.水と炭水化物は体内に多量に存在するため変化量の測定は難しく,実際に測定可能なのは空気中から吸収されるCO_2か,空気中に放出されるO_2の濃度である.空気中のCO_2濃度の測定は赤外線式CO_2濃度計で容易に測定できるため,通常は,CO_2の吸収速度を測定する.この測定法は同化箱法と呼ばれ,透明容器に植物個体や葉を入れて一定流量の空気を流し,容器の入口と出口のCO_2濃度差を測定して植物個体や葉のCO_2吸収速度を算出する(図2.1).

 同化箱法で得られるCO_2吸収速度は光合成でCO_2が吸収される速度と呼吸でCO_2が放出される速度の差であるため,CO_2交換速度と表現する.CO_2交換速度は,一般に単位時間当たり,単位葉面積当たりの葉面のCO_2の交換量(吸収量または放出量)で示す.CO_2の量にmol,葉面積にm^2,時間に秒を使用して,$mol \cdot m^{-2} \cdot s^{-1}$の単位で表すことが多い.また$CO_2$の量に質量を用いて$kg \cdot m^{-2} \cdot s^{-1}$で表すこともある.古い文献では,慣用的に$CO_2$の量に質量,葉面積に$dm^2$,時間にhを用いて$mg \cdot dm^{-2} \cdot h^{-1}$で表記する例が多い.

 CO_2交換速度は,純光合成速度(net photosynthetic rate),見かけの光合成速度または正味光合成速度とも呼ばれ,次式で表される.

$$CO_2交換速度 = 総光合成速度 - 呼吸速度 \quad (3)$$

ここで総光合成速度(gross photosynthetic rate)とは真の光合成速度とも呼ばれるもので,実際に葉で行われる光合成の速度のことである.葉では呼吸も同時に

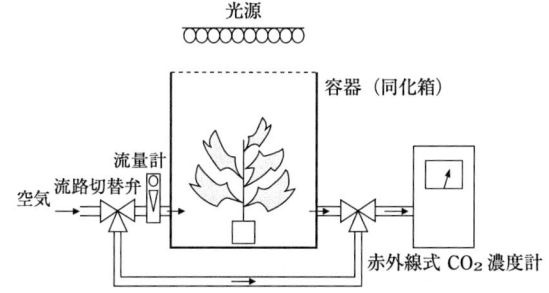

図2.1 同化箱法による純光合成速度の測定の概念図

行っているため総光合成速度を測定するのは不可能である．実際に葉の気孔を通して出入りする CO_2 の量は光合成から呼吸を差し引いた量であり，CO_2 交換速度の大小が乾物生産に直接関係する．暗期は光合成を行わないので，CO_2 交換速度＝呼吸速度となる．

2.2.3 光合成速度に及ぼす環境要素
a. 温　　度

光合成は生化学反応であり，いくつかの物質生成や分解に伴い，多くの酵素がかかわっているため，総光合成速度は温度の影響を受ける．純光合成速度が最大となる温度を至適温度といい，一般に 25～40℃ の範囲にある．したがって，総光合成速度は温度の影響を受け，最大値は常温よりもやや高温になることが多い．図2.2 は葉温が呼吸速度と総光合成速度に及ぼす影響，図2.3 は葉温が純光合成速度に及ぼす影響の概念図である[2]．呼吸速度はある程度の温度範囲までは，葉温が上がると指数関数的に増加する（図2.2）．他方，総光合成速度は 30～35℃ で最大値をとる．総光合成速度から呼吸速度を引いたものが純光合成速度であるから，図2.3 の葉温と純光合成速度の関係が求まる．実際，個葉の純光合成速度を測定すると，25～30℃ に最大値をとることが多い．至適温度は，遺伝的な要因が支配的であるが，実際には生育温度でも変化する．同一品種でも，低温下で生育した植物は，高温下で生育した植物に比べて，低温域で高い純光合成速度を示すことが多い．

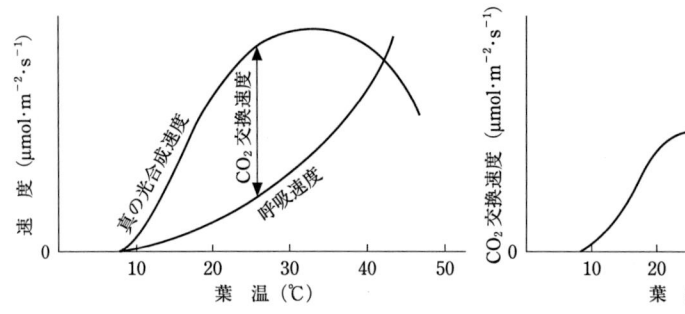
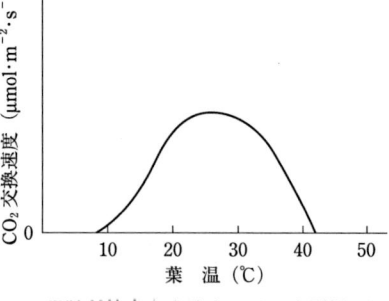

図 2.2　葉温が呼吸速度および総光合成速度に及ぼす影響の概念図（狩野[2]をもとに作図）

図 2.3　葉温が純光合成速度に及ぼす影響の概念図（光強度と CO_2 濃度が十分に高いとき）（狩野[2]をもとに作図）

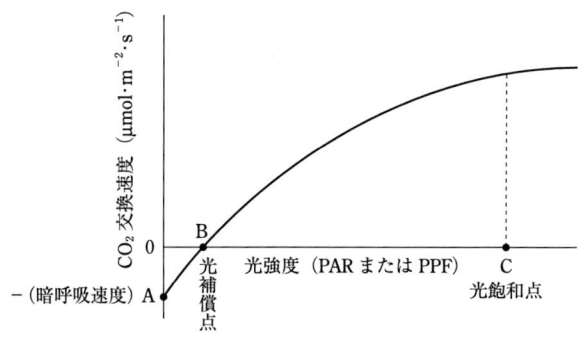

図 2.4 光強度が CO_2 交換速度に及ぼす影響

b. 光　強　度

　光強度が純光合成速度に及ぼす影響を表すグラフを光-光合成曲線と呼ぶ（図2.4）．この曲線は，同化箱法を用いて異なる光強度で CO_2 交換速度を測定することにより得られる．CO_2 交換速度が正の場合は葉面において CO_2 が吸収される，負の場合は CO_2 が放出されることを意味する．光強度が 0 の場合は暗期であり，CO_2 交換速度の絶対値は呼吸速度に等しくなる．低い光強度域では呼吸速度が総光合成速度を上回るので CO_2 交換速度が負の値を示す．CO_2 交換速度が見かけ上ゼロになる点を光補償点（light compensation point）と呼ぶ．多くの植物の常温付近における光補償点は光合成有効光量子束（PPF）で $10 \sim 20\ \mu mol \cdot m^{-2} \cdot s^{-1}$ である．光強度が光補償点よりも大きくなるにつれて，CO_2 交換速度は直線的に増加する．これは，光合成が光強度に律速される段階である．

　光強度がある程度以上になると CO_2 交換速度の増加が緩やかになり，それ以上光強度を高めても CO_2 交換速度は増加しなくなる．この現象が見られ始めたときの光強度を光飽和点（light saturation point）と呼ぶ．光飽和する原因は，強光下では光合成が CO_2 に律速されるためである．個葉の光飽和点は多くの植物で PPF で $500 \sim 1{,}000\ \mu mol \cdot m^{-2} \cdot s^{-1}$ である[4]．この光強度は，直達日射の PPF（$2{,}000\ \mu mol \cdot m^{-2} \cdot s^{-1}$ 程度）に比べると低い．群落内では，上位層の葉は直達光を受けるため，光飽和点以上の光強度を受けやすい．しかし中位層および下位層の葉は，上位層の葉から透過または散乱した光のみを受光し，葉の相互遮蔽もあるため，光飽和に達しない弱光環境にある．そのため，群落としての光飽和点は

個葉よりもかなり高く,直達日射の PPF でも飽和しないこともある.

c. CO_2 濃度

現在の空気中の CO_2 濃度は,約 370 μmol·mol^{-1} である.多くの C_3 植物の個葉の純光合成速度は,光および養水分が十分であれば,CO_2 濃度がこの2倍に高まると 30〜60% 増加する[4].図 2.5 は,異なる光強度下における CO_2 濃度が CO_2 交換速度に及ぼす影響の例である[1].C_3 植物の純光合成速度が高 CO_2 濃度下で増加するのは,光呼吸が抑制されるためである[2].他方 C_4 植物は,CO_2 濃縮機構を備えているため,葉緑体内の CO_2 濃度が高く,少ない水と窒素で効率よく光合成を行う能力をもっている.

一般に,畑,森林,草原,緑地などの CO_2 濃度は,日中光合成により低下して,夜間に上昇する.換気が十分でない温室,ビニルハウスなどの施設内では,日中の施設内 CO_2 濃度は,外気の CO_2 濃度よりも低下しやすい.そこで施設園芸では,日中の CO_2 濃度の低下を防ぐ目的または成長促進の目的でしばしば CO_2 施用を行う(3.6 節参照).

d. 空気湿度と土壌水分

光合成に利用される水は植物体内の水のごく一部であり,通常の生育下で体内

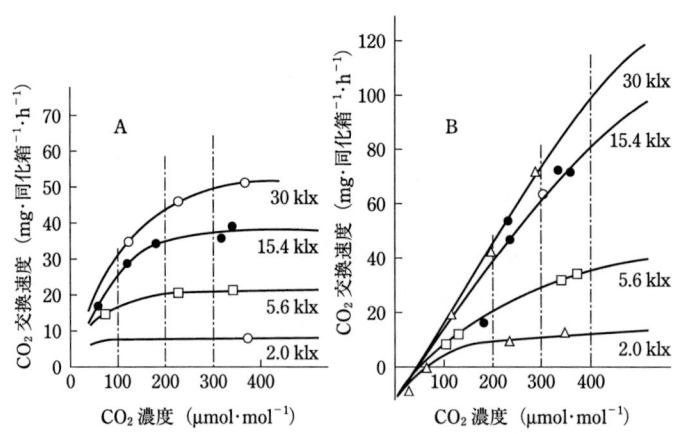

A がダリルグラス(C_4 植物),B がオオムギ(C_3 植物).やや古い研究結果なので,光強度の単位に照度を用いている

図 2.5 異なる光強度下における CO_2 濃度が CO_2 交換速度に及ぼす影響
(Akita *et al.*[1] をもとに作成)

の水不足が原因で光合成が抑制を受けることはない．空気湿度は，光や CO_2 と異なり直接には光合成に影響を及ぼさない．しかし 2.3 節で述べるように，低湿度条件下では飽差が大きくなり蒸散が増えやすくなる．蒸散は植物体にとって必要であるが，蒸散が過剰になると，植物は蒸散を抑制するために気孔を閉鎖する．その結果，気孔内外の CO_2 拡散が抑制されるため，葉内の CO_2 濃度が下がり総光合成速度が低下する．土壌水分が不足する条件では，植物体は気孔を閉じて蒸散による体内の水分損失を防ごうとする．その結果，低湿度条件と同様に純光合成速度が低下する．これらについては 2.3 節で説明する．

2.2.4 葉の CO_2 拡散モデル

光合成で利用される CO_2 は，大気中から気孔を通って葉緑体内の炭素固定経路の部位まで移動する．このようなガスの移動をガス拡散（gas diffusion）という．CO_2 が大気から葉緑体まで拡散する経路には，複数の抵抗が存在する（図2.6）．抵抗は物質移動のしにくさの指標であり，2 点間の濃度差が一定の場合，拡散速度は抵抗に反比例する．

葉面上には葉面境界層（leaf boundary layer）という薄い空気層があり，この部分を CO_2 が拡散する際の抵抗を葉面境界層抵抗（leaf boundary layer resistance）と呼ぶ．CO_2 はクチクラ層をほとんど通過できないので，もっぱら気孔を通って葉内に入る．この部分の抵抗を気孔抵抗（stomatal resistance）と呼ぶ．

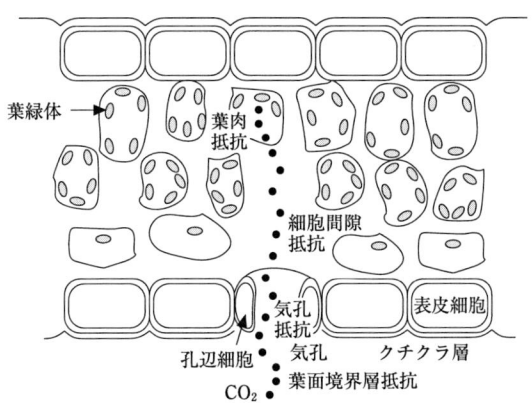

図 2.6 葉外から葉緑体までの CO_2 拡散の概念図

気孔に入ったCO_2は，気孔腔を経て細胞間隙に入り，葉肉細胞の表面まで移動する．この部分の抵抗を細胞間隙抵抗（intercellular air space resistance）と呼ぶ．大気中から葉肉細胞の表面までの経路は気相である．葉肉細胞の表面でCO_2は液相に溶けて，細胞壁，細胞膜，細胞質を通り葉緑体に到達する．この液相の抵抗を葉肉抵抗（mesophyll resistance）と呼ぶ．総光合成速度は，大気と葉緑体でのCO_2濃度差に比例し，4つの抵抗の和に反比例する．

　純光合成速度を高く維持して高い成長速度を得るためには，光合成をCO_2の拡散現象ととらえて，環境要因と抵抗値の関係を理解したうえで，CO_2拡散を促進する条件を探ることが重要である．ここでは，大気と葉緑体内のCO_2濃度差は一定であると仮定する．細胞間隙抵抗は葉面境界層抵抗と気孔抵抗に比べて小さく，通常は無視できる．また葉肉抵抗は液相の抵抗であり，環境変化の影響は受けない．そのため実質的にCO_2拡散に影響を及ぼすのは葉面境界層抵抗と気孔抵抗である．

　葉面の空気流動が低下すると葉面境界層抵抗が大きくなる．また群落状態の中位層，下位層の葉の表面は空気流動が不足していることが多い．施設内では風が吹かないため，自然環境に比べて群落内外の空気流動が乏しく，葉面境界層抵抗が大きくなりやすい．このような場合に葉面境界層抵抗を小さくしてCO_2拡散を促進するためには，換気やファンによる室内の空気攪拌が有効である．詳しくは3.3節で説明する．

　気孔は前述のように，空気湿度や土壌水分の影響を受ける．蒸散を抑制する場合にはその開度が小さくなる．高温下や強光下でも，蒸散抑制のために開度が小さくなりやすい．気孔開度が小さいことは気孔抵抗が大きいことを意味するため，CO_2拡散が抑制されていることも意味する．したがって純光合成速度を低下させないためには，湿度と土壌水分を適値に維持し，適度な蒸散と光合成のバランスを保つことが必要である．

2.2.5　CO_2 収　　支

　光合成は明期にのみ行われるが，呼吸は1日中行われている．明期を12 hとし，個葉の総光合成速度が$8\ \mu mol\cdot m^{-2}\cdot s^{-1}$であり，呼吸速度が$2\ \mu mol\cdot m^{-2}\cdot s^{-1}$であると仮定すると，純光合成速度は$6\ \mu mol\cdot m^{-2}\cdot s^{-1}$である．明期の12 hの

間，この速度で CO_2 を吸収するならば，積算 CO_2 吸収量は 259.2 $\mu mol \cdot m^{-2}$ となる．一方，暗期の 12 h の間，2 $\mu mol \cdot m^{-2} \cdot s^{-1}$ の速度で CO_2 を放出するならば積算 CO_2 放出量は 86.4 $\mu mol \cdot m^{-2}$ となる．その結果，個葉の日積算 CO_2 固定量は 172.8 $\mu mol \cdot m^{-2}$ になり，総光合成で得た CO_2 の 50% しか葉に蓄積しないことがわかる．これは個葉の例であり，実際には茎，根，花器などの非光合成器官ではほとんど呼吸しか行わないため，葉で吸収した CO_2 が植物体全体で固定される割合は 50% を下回ることになる．前項で述べたように呼吸を抑制することは難しいため，日積算 CO_2 固定量を増やすには，総光合成速度を高める，明期を延長するなどの方法をとる．

2.3 蒸　　　散

蒸散（transpiration）とは，植物体内の水が水蒸気として大気中へ移動することをいう．蒸散は，植物体に入射する放射（日射）エネルギーにより上昇した植物体温の低下や，根からの土壌水の吸収，土壌水に溶解した状態での無機塩類の吸収，およびそれら無機塩類の各細胞・器官への輸送などに寄与している．

蒸発には蒸発面およびそれに接する大気の物理的環境が影響を及ぼすのに対して，蒸散ではそれに加えて，植物が有している蒸散調節機能や蒸散部位の形態・構造も関与する．蒸散は，大気に接しているすべての部位（組織・器官）から行われうるが，量的に主要な部位は葉である．ここでは，まず蒸散に関係する諸量を簡単に説明し，続いて葉からの蒸散における水の移動経路，蒸散の駆動力と抵抗，蒸散速度を表す式，および蒸散に影響を及ぼす環境要素を述べる．蒸散に関する詳細や蒸散と関係の深い吸水・水分生理に関する内容については，洋書教科書の翻訳本などの他書の関連する章[5〜9]を参照されたい．

2.3.1 蒸散に関係する諸量
a. 水ポテンシャル

土壌（soil）―植物（plant）―大気（atmosphere）と続く水移動の連続体（continuum）は，それぞれの頭文字をとって SPAC と呼ばれている．この連続体の中での水の移動を統一的に扱う上での重要な量が水ポテンシャル（water potential）である．ある点における水ポテンシャル勾配が与えられれば，その点での水移動の方向はその勾配に従うと判断できる．つまり，水ポテンシャルの大きい方から小さい方へと水が移動する（流れる）と判断することができる．水ポテンシャルは，化学ポテンシャル（chemical potential）の概念を用いて次式で定義される．

$$\Psi_w = \frac{\mu_w - \mu_{wo}}{V_w} \qquad (1)$$

ここで，Ψ_wは対象物の水ポテンシャル［Pa］または［J·m^{-3}］，μ_wは対象物の水の化学ポテンシャル［J·mol^{-1}］，μ_{wo}は対象物と同温度で大気圧下（101.3 kPa）にある純水の化学ポテンシャル［J·mol^{-1}］，V_wは液体の水の部分モル体積（partial molar volume；25℃のとき1.807 × 10^{-6}）［m^3·mol^{-1}］である．なお，化学ポテンシャルとは，定温定圧可逆過程において，その物質1 molがなしうる仕事能力（ポテンシャル）を表す状態量（quantity of state）をいう．

純水の化学ポテンシャルは最大値0をとると定義されるので，水ポテンシャルの値は常に0（対象物が純水のときのみ）または負の値となる．Pa = N·m^{-2} = J·m^{-3}であるから，水ポテンシャルの単位は，圧力および単位体積当たりのエネルギーの単位と同じである．

また，式(1)は，水が液体であっても気体（水蒸気）であっても成り立つ．気体の水ポテンシャルは，相対湿度（relative humidity）RH［%］が与えられれば，次式で計算できる．

$$\Psi_w = \frac{RT}{V_w} \ln \frac{RH}{100} \qquad (2)$$

ここで，Rは気体定数（gas constant）8.314［J mol^{-1}·K^{-1}］，Tは絶対温度［K］（T = 273.2 + t，tはセルシウス温度［℃］）である．なお，"ln"は"log$_e$"と同じであり，自然対数を表す．

b．水蒸気濃度，飽和水蒸気濃度および相対湿度

水蒸気濃度（water vapor concentration）とは，空気1 m^{3}に含まれる水蒸気のmol数をいい，単位は［mol·m^{-3}］である．空気がその温度における最大限の水蒸気を含んでいるときの水蒸気濃度をとくに飽和水蒸気濃度（saturated water vapor concentration）といい，その値は25℃においては1.277 mol·m^{-3}（= 3167

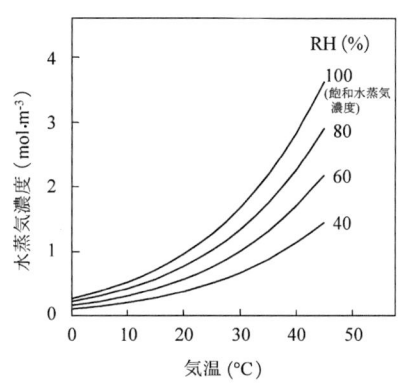

図 2.7 相対湿度（RH）が異なる湿り空気の気温と水蒸気濃度の関係

Pa）である．相対湿度一定の条件下では，気温が高くなると水蒸気濃度の値は大きくなる（図 2.7）．

また，水蒸気濃度 C [mol·m^{-3}] と水蒸気圧（water vapor pressure）P [Pa] との間には，気体の状態方程式に従って次の関係式が成り立つ．

$$C = \frac{P}{RT} \tag{3}$$

従来，相対湿度 RH [％] は，その気温における水蒸気圧の飽和水蒸気圧（water vapor pressure）に対する百分率として定義されているが，式（3）を用いれば，次式のように表せる．

$$\mathrm{RH} = \frac{C}{C_s} \times 100 \tag{4}$$

ここで，C_s はその気温における飽和水蒸気濃度 [mol·m^{-3}] である．

2.3.2 葉からの蒸散における水の移動経路

葉からの水の移動には，気孔（stoma, stomata）を通る経路とクチクラ層（cuticle layer）を通る経路の 2 つがあり，前者を気孔蒸散（stomatal transpiration），後者をクチクラ蒸散（cuticlar transpiration）という．気孔蒸散では，まず水はおもに葉肉細胞（mesophyll cell）の細胞壁から水蒸気となって細胞間隙（intercellular space）へ移動した後，細胞間隙から気孔を通って外界である大気

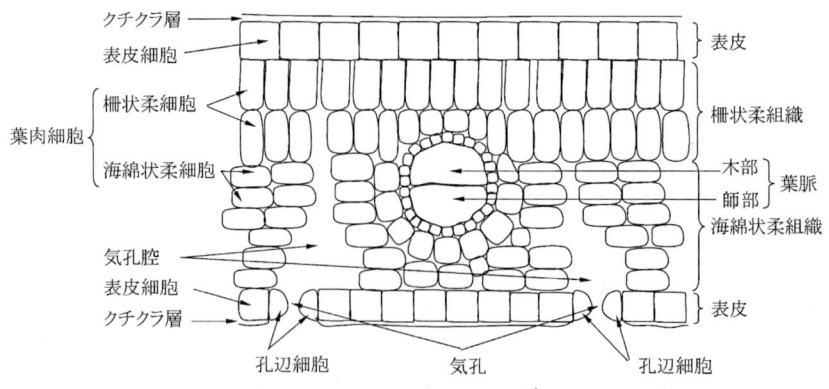

図 2.8 C₃植物の葉の断面の模式図（原[10]をもとに作図）

へと移動する（図2.8）．他方，クチクラ蒸散では，水は表皮細胞の細胞壁からクチクラ層を通り水蒸気となって大気へと移動する．

2.3.3 気孔蒸散とクチクラ蒸散における駆動力と抵抗
a. 気 孔 蒸 散

　気孔蒸散の駆動力は，細胞間隙に接している葉肉細胞の細胞壁面の水蒸気濃度と大気（限定的に，自由大気あるいは乱流大気と呼ばれる）の水蒸気濃度の差である．葉肉細胞の細胞壁面の水蒸気濃度は，葉肉細胞の細胞壁面の水ポテンシャルと平衡する水蒸気濃度と等しく，さらにその水蒸気濃度は，細胞間隙の水蒸気濃度とほぼ等しいとみなしてよい．これは，細胞間隙に接している葉肉細胞の細胞壁表面積が細胞間隙体積に対して十分に大きいために，細胞間隙から気孔を通って大気に水蒸気が拡散し続けても，すみやかに葉肉細胞の細胞壁面から細胞間隙に水蒸気が補給され続けるからである．また，葉肉細胞の水ポテンシャルの一般的な変動範囲に対する平衡水蒸気濃度の変動範囲は，葉温（葉肉細胞表面温度）が一定であると仮定すれば，その温度の飽和水蒸気濃度の数％以内である．このため，気孔蒸散を考える場合，細胞間隙の水蒸気濃度は，その葉温における飽和水蒸気濃度であると仮定してさしつかえない．

　気孔蒸散における抵抗は2つに分けて考える．1つは水蒸気が細胞間隙から気孔を通過して気孔外に到達するまでの拡散抵抗であり，これは気孔抵抗（stomatal resistance, r_s) と呼ばれる．その値は，気孔開度（stomatal aperture）が大きくなれば小さくなり，気孔開度が小さくなれば大きくなる．もう1つは，気孔外から大気中に到達するまでの拡散抵抗であり，これは葉面境界層抵抗（leaf boundary layer resistance, r_b）と呼ばれる．葉面境界層（leaf boundary layer）とは，葉面に接しており攪拌されていない空気の層であり，この境界層が厚いほど葉面境界層抵抗は大きくなる．

b. クチクラ蒸散

クチクラ蒸散の駆動力は，表皮細胞（epidermis cell）の細胞壁面における水蒸気濃度と大気の水蒸気濃度の差である．クチクラ蒸散では，水あるいは水蒸気が表皮細胞の外側にあるクチクラ層を通過する必要がある．クチクラ蒸散における1つの抵抗は，このクチクラ層を通る経路の水蒸気に対する抵抗であり，クチクラ抵抗（cuticlar resistance, r_c）と呼ばれる．もう1つの抵抗は，クチクラ層表面から大気中に到達するまでの拡散抵抗である葉面境界層抵抗である．クチクラ抵抗は気孔抵抗よりもかなり大きいため，クチクラ蒸散は同じ葉の気孔蒸散の10〜20分の1程度（植物種や環境によっても異なる）であると推定されている[6]．

2.3.4 蒸散速度を表す式

葉肉細胞と表皮細胞の水ポテンシャル差は十分小さいと考えられることから，両細胞壁面における水蒸気濃度は等しいと仮定できる．そこで，これらの細胞壁面をまとめて単に葉面と呼ぶことにすれば，気孔蒸散とクチクラ蒸散を合わせた蒸散の駆動力は，葉面における水蒸気濃度 C_l [mol·m^{-3}] と大気の水蒸気濃度 C_a [mol·m^{-3}] の差である $C_l - C_a$ となる．他方，これに対する全抵抗 r [s·m^{-1}] は，水蒸気の経路として並列である気孔抵抗 r_s [s·m^{-1}] とクチクラ抵抗 r_c [s·m^{-1}] に，葉面境界層抵抗 r_b [s·m^{-1}] を加えたものとなるから，次式で表すことができる．

$$r = 1/\left(\frac{1}{r_s} + \frac{1}{r_c}\right) + r_b = \frac{r_s r_c}{r_s + r_c} + r_b \tag{5}$$

したがって，葉面積（片面）1 m^2 当たり1 s 当たりの水のモル数で表した蒸散速度（transpiration rate）T [mol·m^{-2}·s^{-1}] は，次式のようになる．

$$T = \frac{C_l - C_a}{r_s r_c / (r_s + r_c) + r_b} \tag{6}$$

また，水蒸気濃度 C_l, C_a [mol·m^{-3}] のかわりに水蒸気圧 P_l, P_a [Pa] を用いると，式 (3) より次式のようになる．

$$T = \frac{P_l - P_a}{[r_s r_c / (r_s + r_c) + r_b] RT} \tag{7}$$

一般に気孔抵抗 r_s に比べてクチクラ抵抗 r_c はかなり大きいことから，全抵抗 r および蒸散速度 T は，それぞれ式 (5) および式 (6) より

$$r = r_s + r_b \tag{8}$$

$$T = \frac{C_l - C_a}{r_s + r_b} \tag{9}$$

と，簡略化することができる．

2.3.5 蒸散に影響を及ぼす環境要素

蒸散に影響を及ぼす環境要素は，結果として式 (9) にある葉面水蒸気濃度，大気水蒸気濃度，気孔抵抗および葉面境界層抵抗の少なくともいずれか1つに影響を及ぼすものと考えてさしつかえない．大気水蒸気濃度は環境要素そのものであるので，そのまま蒸散に影響を及ぼす環境要素であり，それ以外では，光強度（光量子束密度，放射照度），気温，風速，土壌の水ポテンシャル，地温などがあげられる．

種々の環境要素が蒸散速度に及ぼす影響の理解のために，環境要素のレベル変化が蒸散速度に及ぼす影響の単純な例を図 2.9 に示す．この図は，植物が周囲との熱および物質の交換について定常状態にあるときに，ある環境要素のレベル変化に対する比較的短い時間スケールでの蒸散速度への影響を単純化して示したものである．また，環境要素への応答の結果として植物の水分状態が変化すると，そのことによって気孔抵抗，葉面水蒸気濃度，葉面境界層抵抗（葉の萎凋による形態変化の結果として）が変化するため，環境要素のレベルを一定に維持しても，その影響の程度は時間とともに変化する．

一般に，環境要素のレベル変化が蒸散速度に及ぼす影響は複数の並列過程を経る例が多い．また，環境要素のレベル変化が蒸散速度の増加と低下の両方の原因

図 2.9 環境要素レベルの変化が蒸散速度に及ぼす影響の単純な例を示す模式図

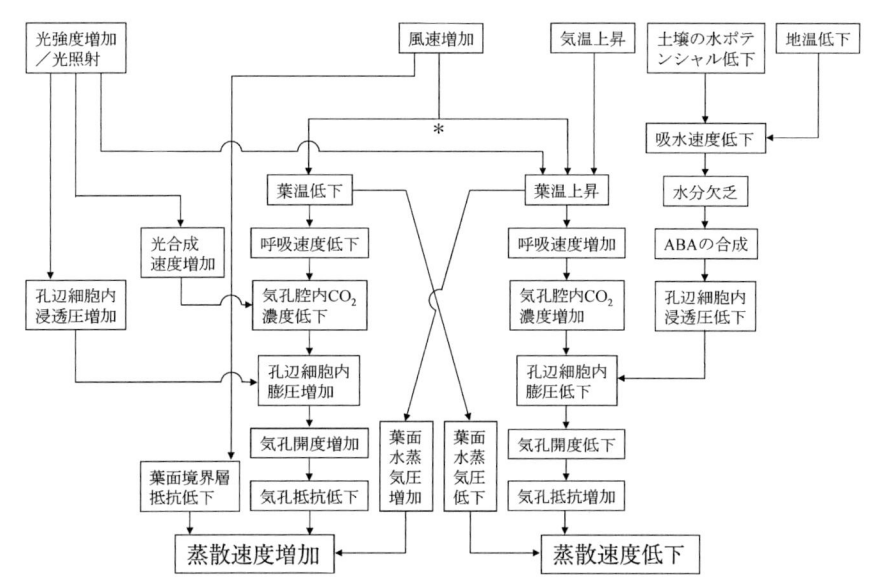

＊葉から大気への対流熱伝達量（顕熱＋潜熱）が増加するならば葉温は低下し，熱伝達量が低下するならば葉温は上昇する．

となる場合もある．例えば光強度の増加あるいは光照射は，1つの過程としては，孔辺細胞内浸透圧増加，孔辺細胞内膨圧増加，気孔開度増加，気孔抵抗低下を経て，蒸散速度を増加させる．しかし同時に別の過程として，光合成速度増加を経て蒸散速度増加に至る過程，葉温上昇から葉面水蒸気圧増加を経て蒸散速度増加に至る過程，さらには葉温上昇から呼吸速度増加を経て蒸散速度低下に至る過程もある．

風速増加は，葉面境界層抵抗低下を経て蒸散速度を増加させる過程だけでなく，葉温への影響を経て蒸散速度に影響を及ぼす過程もある．葉温への影響を経る過程では，条件によってその後2つの過程に分かれる．風速増加により葉から大気への対流熱伝達量（顕熱＋潜熱）が増加するならば葉温は低下し，逆に対流熱伝達量が低下するならば葉温は上昇することになる．このように，ある環境要素のレベル変化が蒸散速度に及ぼす影響は，条件によって異なる場合もある．

他方，土壌の水ポテンシャルおよび地温の低下は，根からの吸水速度低下，植物体の水分欠乏，アブシジン酸（ABA）合成，孔辺細胞内浸透圧低下を経て，蒸

散速度を低下させる．これらは，環境要素のレベル変化が単一の過程であり，蒸散速度の増加あるいは低下のいずれか一方の結果に至る例である．

なお，孔辺細胞内浸透圧の増減は，孔辺細胞内のカリウムイオン（K^+），リンゴ酸およびショ糖濃度の増加・低下に起因すると理解されているが，それらをすべて記載すると図が複雑になること，および現時点では未解明の部分もあるため，それらに関するステップは図から省略している．孔辺細胞内浸透圧の調節機構に関する研究成果は着実に蓄積されていることから，近い将来，その詳細が明らかにされるものと思われる．

2.4 成　　　　長

2.4.1 栄養成長・生殖成長

発芽・萌芽から花芽の形成までは，葉，茎，根などの栄養器官のみの成長であり，これを栄養成長（vegetative growth）という．それに対し，花芽分化以降の花や果実のような生殖器官の発達を生殖成長（reproductive growth）と呼ぶ．

施設栽培においては，収穫期間を延長することにより増収を図ることが近年多くなってきている．トマトやピーマン，キュウリのように栄養成長と生殖成長が同時に進行する作物では，長期にわたり栄養成長と生殖成長のバランスをうまくとる必要がある．スイカ，メロンなどでは，栄養成長に好適な条件では草勢が強くなり過ぎる（草ぼけ，つるぼけ）ため，草勢を抑え着果・品質の向上を図ることが重要である．

2.4.2 シンク・ソース

成熟葉のような光合成産物の供給器官をソース（source），果実，根，貯蔵根，塊茎，展開中の葉，成長点などのように光合成産物を利用して成長したり集積する受容器官をシンク（sink）と呼ぶ．作物の乾物生産速度と光合成速度はソースとシンクの相互作用によって規制されていると考え（source-sink theory），シンクを収穫対象とする場合の摘心・摘果などの作業の生理的意義の論拠としてきた．光合成産物の転流がシンク能により支配される例や，トマトの果房と近接葉間のソース・シンク単位などがよく知られている．シンク能は光合成のほか葉に

おける硝酸還元も制御している．しかしその制御機構についてはまだ十分明らかにされていない．

2.4.3 成長解析

施設園芸作物の生産において適切な作物管理指針を得るには，露地作物以上に作物生育に及ぼす環境要因の影響を把握し，それにもとづき環境を制御する必要があり，それが施設園芸の醍醐味でもある．すなわち，生育段階に応じた適切な管理により，さらに収量や品質を高められる可能性があるということである．

個体の成長は細胞，組織，器官と同様に，初期は指数的に増加するが，中期から成長速度は鈍化し，全過程としてはS字型曲線となることがよく知られている．

成長解析において広く用いられている相対成長速度（relative growth rate；RGR）は，t_1, t_2 に採取した個体の重量，それぞれ W_1, W_2 より

$$\text{RGR} = \frac{\ln W_2 - \ln W_1}{t_2 - t_1} \tag{1}$$

と表せる．通常，展葉後最大となり，その後，器官の分化時に極大が認められるものの漸減していく．環境条件値は異なるので，適正な管理により高く推移させることができる．

相対成長速度は次式のように表すこともできる．

$$\text{RGR} = \frac{1}{W} \cdot \frac{dw}{dt} = \frac{L_A}{W} \times \frac{1}{L_A} \cdot \frac{dw}{dt} \tag{2}$$

ここで，dw/dt：成長速度，L_A：葉面積．

葉面積比（LAR）は，個体全乾物中当たりの葉面積で L_A/W と割り算するのではなく，次式より求める．

$$\text{LAR} = \frac{\ln W_2 - \ln W_1}{W_2 - W_1} \cdot \frac{L_{A2} - L_{A1}}{\ln L_{A2} - \ln L_{A1}} \tag{3}$$

$(1/L_A) \times (dw/dt)$ は従来，純同化率（NAR）と称されたが，全葉面積当たりの個体乾物重増加率で，光合成のみならず，養分吸収量によっても変化し，

$$\frac{1}{L_A} \cdot \frac{dw}{dt} = \frac{W_2 - W_1}{t_2 - t_1} \cdot \frac{\ln L_{A2} - \ln L_{A1}}{L_{A2} - L_{A1}}$$

より求められる．

葉面積比は，相対葉面積 L_A/L_W と葉重比（LWR）= L_W/W の積として表すことができ，それを式（2）に代入すると

$$\mathrm{RGR} = \frac{1}{W} \cdot \frac{dw}{dt} = \frac{1}{L_A} \cdot \frac{dw}{dt} \times \frac{L_A}{W} = \frac{1}{L_A} \cdot \frac{dw}{dt} \times \frac{L_A}{L_W} \times \frac{L_W}{W}$$

$$= \frac{1}{L_W} \cdot \frac{dw}{dt} \times \frac{L_W}{W} \qquad (4)$$

高野[11]は（4）の最後の式（葉重当たり個体重の成長速度と葉重比の積）は，施設栽培のように葉面積が大きくなり，下葉の受光量が少ない場合，すなわち葉面積の割に光合成速度が低い場合にも，適切なパラメーターであるとしている．

2.4.4 転　　　流

光合成により生産された同化産物のソースからシンクへの移動を転流（translocation）と呼ぶ．それの異なった器官への移動が分配（distribution）である．転流は通常，師部の師管を通って行われる．転流物質の大部分はショ糖であるが，ラフィノース，スタキオースなど他の糖や糖アルコール，アミノ酸，アミド，有機酸などの有機物，およびカリウム，イオウ，リン酸などの無機物も含まれる．移動には葉序が大きく関与しており，通常は下向き移動をする．若い組織や果実はシンク能が高く，若いシュートの上向き移動の師管流の他，下向き移動した師管から道管へ移行し，蒸散流（respiration stream）により運ばれるものも利用する．

転流速度は植物種や環境条件により異なるが，$0.4 \sim 1.1 \mathrm{~m \cdot h^{-1}}$ とされており，蒸散流の $1 \sim 2 \mathrm{~m \cdot h^{-1}}$ より遅い．トウモロコシのように $1.5 \sim 2.1 \mathrm{~m \cdot h^{-1}}$ のものもある．移動はマスフローにより起こり，それは糖の濃度勾配によるとする圧流説のほか，電気浸透説や原形質流動説などが考えられている．さらに重なり合った師管細胞膜を通した能動的輸送ポンプも働いているとする複合説[12]もある．一般に $20 \sim 30$℃ で転流は促進され，特に $23 \sim 25$℃ で転流が多くなるといわれており，ハウス変温管理では前夜半の温度をそれに近く保つことにより，すみやかに転流させている．サツマイモのような塊根では，転流した糖をデンプン化させるためイモ部は 17℃ くらいの冷温がよいとされる．

5段階の夜温条件下で栽培しているトマトの第10葉に $^{14}CO_2$ を吸収固定させ，12時間の暗期後，処理葉からどの器官に分配されたかを調べたところ，低夜温では根への分配が，高夜温では上部への分配が多い傾向がみられた（表2.1）．

同じくトマトで，夜温18℃では5時間後の果実への分配率は45%と夜温8℃の15%に比べ高く，夜温が高いほど転流はすみやかであったが，16時間後には13℃も含め3区とも約55%であった[13]．一方，ワタで不適な温度条件下では総乾物生産はそれほど変わらなかったものの，果実部への分配が激減したという報告もある（表2.2）．

転流速度はそのほか，光強度が大きいほど大きく，水分の影響はほとんど受けないとされる．

表2.1 夜間気温がトマトの光合成産物の分配に及ぼす影響（分配率%）(伊東, 1976)

夜温(℃)	根	処理葉以下		処理葉以上	
		茎葉	果実	茎葉	果実
7	15.8	23.3	38.5	11.8	10.6
10	28.6	19.6	23.2	9.0	19.6
13	23.1	15.4	17.3	15.4	28.8
16	15.5	13.8	15.5	20.7	34.5
19	8.7	15.3	20.1	26.3	29.6

表2.2 昼／夜温がワタの乾物生産分配に及ぼす影響 (Reddy et al., 1991)

乾物生産 (kg·m^{-2})	処理温度（℃ 昼／夜温）			
	20/10	25/15	30/20	35/25
全植物体	2.26	2.84	3.11	2.68
茎葉	1.68	2.16	1.62	2.27
筋（ボール）	0.18	0.33	1.31	0.05
根	0.29	0.27	0.17	0.29

2.4.5 養分吸収

作物体重量の約70〜90%は水分で，残りの乾物中では炭素が40〜45%，酸素も40〜45%，水素が約6%を占め，これらは主として空気中の二酸化炭素および吸収した水に由来する．培地から吸収した養分元素は乾物中の4〜8%で，

その中では窒素が1.5～3%と最も多い．成葉乾物中では，各元素の含有率は作物により異なる（表2.3）．これら無機元素含有率は，培養液組成を考えるにあたって有力な指針となる．

　植物体に含まれる60種以上の元素の内，すべての植物の生育に不可欠な16元素が必須元素（essential element）で，炭素，酸素，水素を除いた13元素のうち，窒素，リン，カリウム，カルシウム，マグネシウム，イオウの6元素を多量要素（macronutrient），鉄，マンガン，ホウ素，亜鉛，銅，モリブデン，塩素の7元素を微量要素（micronutrient）と呼ぶ．

　養分元素を含む化合物は土壌中の水に溶けて陽イオン（cation：H^+, K^+, Ca^{2+}, Mg^{2+}, NH_4^+, Fe^{3+}, Fe^{2+}, Mn^{4+}, Mn^{2+}など）と陰イオン（anion：OH^-, Cl^-, NO_3^-, PO_4^{3-}, SO_4^{2-}など）に分かれる．陽イオンは，マイナスに帯電した土壌粘土鉱物の表面に吸着保持され，施肥量が多い場合には土壌溶液に溶出する．陰イオンは一般に吸着されずに土壌溶液に溶解している．しかし，リン酸イオンは粘土鉱物に強く吸着されるため，土壌溶液中のリン濃度は非常に低い．

　土壌が陽イオンを交換・保持する能力を陽イオン交換容量（塩基置換容量, cation exchange capacity；CEC）と呼び，粘土鉱物の種類，有機物含量によって異なる．有機物分解産物の腐植物質はCECが大きい．したがって，有機物を多く含む土壌は，降雨で土壌から陽イオンが流亡するのを防ぐ能力が高く，保肥力が高いといえる．

　根のまわり数mmの土壌を根圏土壌，根と根圏土壌を含む範囲を根圏と呼ぶ．作物は，根の成長点近傍や根毛より根圏土壌溶液に溶解しているイオンを吸収する．土壌粘土鉱物に保持されている陽イオンも作物の吸収に応じて土壌溶液に溶出してくる．しかし，土壌のCECを超える過剰な施肥が行われると，吸着保持できないため土壌溶液中のイオン濃度が増加し，土壌溶液浸透圧が高くなり，根は吸収できないばかりか，場合によっては根の水分が土壌へ滲出し脱水状態となる．これを塩類濃度障害と呼ぶ．塩類濃度障害では吸水阻害，高濃度イオンの過剰吸収，高濃度イオンによる他イオンの拮抗的吸収阻害などが起こる．

　施設土壌では降雨による流亡や溶脱が少ないことや施肥量が多くなりがちなことから，土壌溶液濃度が露地土壌より高く，塩類濃度障害を起こしやすい．土壌溶液中の総イオン濃度の指標として電気伝導度（electric conductivity；EC）が使

表 2.3 いろいろな作物の適正体内無機成分濃度（成葉乾物中%, ppm）[14]

作物	サンプリング時期	%				
		N	P	K	Ca	Mg
タマネギ	生育中期	2.00-3.00	0.25-0.40	2.50-3.50	0.60-1.50	0.25-0.50
セルリー	生育中期	2.80-4.00	0.30-0.60	3.50-6.00	0.40-1.50	0.25-0.60
カリフラワー	花蕾形成開始期	3.00-4.50	0.40-0.70	3.00-4.20	1.00-1.50	0.25-0.50
キャベツ	結球期	3.70-4.50	0.30-0.50	3.00-4.00	1.50-2.00	0.25-0.50
ピーマン	生育中期	3.00-4.50	0.30-0.60	4.00-5.40	0.40-1.00	0.30-0.80
スイカ	生育中期	2.00-3.00	0.20-0.45	2.50-3.50	1.50-3.50	0.40-0.80
キュウリ	果実形成期	2.80-5.00	0.30-0.60	2.50-5.40	5.00-9.00	0.50-1.00
レタス	結球期	4.50-5.50	0.45-0.70	4.20-6.00	1.20-2.10	0.35-0.60
トマト	1, 2段果房着果期	4.00-5.50	0.40-0.65	3.00-6.00	3.00-4.00	0.35-0.80
ホウレンソウ	収穫期	3.80-5.00	0.40-0.60	3.50-5.30	0.60-1.20	0.35-0.80
イチゴ	シーズン中期	2.50-3.20	0.25-0.40	1.50-2.50	0.80-1.50	0.25-0.60
ブドウ	開花期	2.30-2.80	0.25-0.45	1.20-1.60	1.50-2.50	0.25-0.60
キク	開花期	3.50-5.50	0.30-0.50	3.30-5.00	0.50-2.00	0.30-0.60
カーネーション	開花前先端部	2.80-4.20	0.25-0.45	2.50-5.00	1.00-2.00	0.25-0.50
ガーベラ	開花期	2.20-3.60	0.20-0.40	3.20-5.20	0.80-2.00	0.20-0.40
バラ	開花期	2.80-4.50	0.25-0.50	1.80-3.00	1.00-1.50	0.30-0.60

作物	サンプリング時期	ppm				
		B	Mo	Cu	Mn	Zn
タマネギ	生育中期	30-50	0.15-0.30	7-15	40-100	20-70
セルリー	生育中期	30-80	0.50-1.50	6-12	40-100	30-70
カリフラワー	花蕾形成開始期	30-80	0.50-1.00	5-12	30-100	30-70
キャベツ	結球期	25-80	0.40-0.70	5-12	30-100	20-60
ピーマン	生育中期	40-80	0.20-0.60	8-15	30-100	20-60
スイカ	生育中期	30-80	0.20-1.00	5-10	30-100	20-70
キュウリ	果実形成期	40-80	0.80-2.00	7-15	60-120	35-80
レタス	結球期	25-60	0.20-1.00	7-15	30-100	30-80
トマト	1, 2段果房着果期	40-80	0.30-1.00	7-15	40-100	20-70
ホウレンソウ	収穫期	40-80	0.30-1.00	7-15	40-100	20-70
イチゴ	シーズン中期	30-70	0.20-1.00	7-15	40-100	20-70
ブドウ	開花期	30-60	0.15-0.50	6-12	30-100	20/25-70
キク	開花期	25-70	0.15-0.40	5-12	50-120	25-80
カーネーション	開花前先端部	30-80	0.25-1.00	8-15	40-120	25-80
ガーベラ	開花期	20-50	0.20-0.60	5-12	30-100	25-80
バラ	開花期	30-70	0.20-1.00	7-15	35-120	25-80

われ，土壌診断や養液栽培の養液管理に利用されている．単位は $S·m^{-1}$ である．ちなみにトマトは砂土では 0.08，腐植質埴壌土では 0.15 $S·m^{-1}$ 以上で生育阻害が起こるとされる．

養分吸収に関与する環境要素としては，根圏の温度，酸素分圧，養分濃度，全塩類濃度，pH，土壌水分などのほか，光強度，気温，湿度などがあげられる．

土壌溶液中のイオン濃度が高いときには吸収に対する温度の影響は少ないが，低濃度のときには影響が大きい．低温時に肥効を大きくするには高温時に比べ施肥量を大きくしなければならない．ただし，冬季に生育が停滞し，養水分吸収量が激減しているものに対しては過度の施肥は禁物である．

また適地温は，根系の発達を促し養水分吸収を増加させるほか，土壌中に有機態あるいは不溶性塩類の形で多く存在する養分の可溶化を促進するのに欠かせない土壌微生物の活動を活発にする．

最近有機肥料の利用が増加しており，肥培の失敗がよくみられるので注意すべきであろう．アンモニア化成菌による有機態窒素のアンモニア態化は 30〜45℃で，アンモニア態から硝酸態への硝酸化成は 25〜30℃ でよく行われる．後者は 15℃ 以下や 40℃ 以上で著しく抑制され 50℃ 以上で停止する．有機リン化合物の無機化は 30℃ 以下で抑制され，そのため可給態リンが少ないことが，低温下でリンの吸収が減少することと合わせ，低温下でリン栄養を不良にしている．

温度の高いとき，光強度が強いときに NO_3，PO_4 などは吸収されやすく，養液栽培では養液の pH が上昇する．作物別では，ナス，トマトでは pH が上昇しやすく，キュウリ，メロンなどでは上昇しにくい．

施設内では降雨がないので土壌はアルカリ化しやすい．したがって施肥にあたっては塩基含量に注意を払い，作物に好適な pH の範囲（表 2.4）に保つ必要がある．

養分吸収は生育に伴って変化するが，連続吸収型（生育後期まで茎葉が成長し続けるもの．例えばトマト，ナス，キュウリ，キャベツ，ホウレンソウなど）と，山型吸収型（生育のある段階で茎葉の成長がほぼ停止し，養分が貯蔵部に移行するもの．例えばダイコン，ダイズ，トウモロコシ，サツマイモ，タマネギなど）に大別できる．後者では生育末期まで肥効が持続すると，茎葉の成長が続き収穫部位の成長が抑制され減収となる．

表 2.4 作物別最適 pH 領域一覧

pH	群		作物		
7.0 —	A群 ↑	A群	アルファルファ エンドウ	サトウキビ	ビート ホウレンソウ
6.5 —×	↓ B群 ↑	B群	アスパラガス アズキ インゲン ウド エダマメ オオムギ オウトウ オクラ カーネーション カボチャ カリフラワー カンピョウ キク キュウリ クワ コムギ コンニャク サトイモ	シクラメン シュンギク スイカ スイートコーン ゼラニウム セルリー ソラマメ ソルゴー ダイズ タバコ トウガラシ トウモロコシ（飼料） トマト ナス ニラ ネギ ハクサイ	パセリ ハトムギ バラ ピーマン ブドウ フリージア ブロッコリー ポインセチア 白クローバ ミツバ ミョウガ メロン モモ ユリ ライムギ ラッカセイ レタス
6.0 —×	C群 ↑ ↓ D群 ↑				
5.5 —×	↓ E群 ↑	C群	イチゴ イネ エンバク キャベツ コカブ	ゴボウ コマツナ サラダナ ダイコン	タマネギ ニンジン ヒエ フキ 赤クローバ レンコン
5.0 —	↓	D群	イタリアンライグラス ウメ オーチャードグラス サツマイモ	ショウガ ソバ トールフェスク ナシ	ニンニク ジャガイモ ラッキョウ リンゴ
		E群	アザレア クリ	チャ	パインアップル ブルーベリー

〔pH の判定基準〕
A群：中性に近い pH 領域で生育のよいもの　　　　　　　適 pH 6.5〜7.0
B群：微酸性の pH 領域で生育のよいもの　　　　　　　　〃 pH 6.0〜6.5
C群：微酸性〜弱酸性の広い pH 領域で生育のよいもの　　〃 pH 5.5〜6.5
D群：弱酸性の pH 領域で生育のよいもの　　　　　　　　〃 pH 5.5〜6.0
E群：比較的酸性側の pH 領域で生育のよいもの　　　　　〃 pH 5.0〜5.5
(「昭和57年度分析機器システム開発委員検討資料」(財)農産業振興奨励会，昭和58年4月より)

なお，近年，養分吸収や転流を制御する遺伝子の研究が進み，硝酸や硫酸のイオントランスポーター遺伝子，師管へのスクロースの取り込みに働くスクローストランスポーター遺伝子などが単離されている．さらに養分の過不足を感知する遺伝子や，光合成産物の分配を制御する遺伝子などにも目が向けられている．これらにより養分吸収や転流のメカニズム解明が進み，安定的に高品質・高収量をあげるための施設環境制御技術の開発が期待される．

2.4.6 養分欠乏症と生理障害

養分の種類により再移動性に差があり，大きいものとして窒素，リン，カリウム，マグネシウム，中程度のものとしてイオウ，鉄，マンガン，亜鉛，銅，モリブデン，きわめて小さいものとしてカルシウム，ホウ素があげられる．再移動性

表 2.5 無機成分の欠乏症状[15]

1. 主として古い葉にあらわれる
    N…葉は黄緑色ないし淡緑色になり，やがて落葉する．葉は小さく，成長も遅れる．花芽形成が不十分で花も小さく，花色が劣る．根は割合よく伸びるが，細根が少ない．
    P…葉は暗緑色となり，下位葉にしばしばアントシアニジン色素を生じ，赤紫色を呈する．下葉から落葉する．茎は細く，植物体の生育は抑制される．花芽形成は強く障害される．根の発達は悪い．
    K…葉は葉縁および先端部が褐変し，落葉する．茎葉にクロロシス（chlorosis）症状を示す．花は小さく，花色も淡くなる．根は長いが細根は少ない．
    Mg…葉は葉脈を残して黄化ないしクロロシス症状を示し，ついで中肋部が壊死（necrosis）し，葉がまきこむ．根は短い．
    Zn…葉がクロロシス症状を呈し，小型になる．葉脈間に斑点状の壊死を生じる．新葉はロゼット状になって，株は矮性となる．根はあまり阻害されない．
    Mo…葉脈を残して先端部や周辺部は黄化あるいは黄色の斑点ができるが，やがて葉縁から枯死する．しばしばさじ状の奇形葉を生ずる．
2. 主として若い葉にみられる
    Ca…茎の先端部の葉は葉縁部および先端部が褐変枯死する．根も短く，先端部が枯死する．
    Fe…若い葉はクロロシスを示し，葉脈もやがて同様に黄白化する．成長は衰え，花は小さく，花色も白っぽい．根は短く褐色である．
    Mn…若い葉，ときには古い葉でも葉脈間にクロロシス症状があらわれ網状となる．黄脈間の黄変部はやがて斑点状に壊死する．
    S…若い葉から淡黄色になるが，葉脈にそって緑色が残る．生育は不良となり，根は白く細根が多い．
    Cu…若い葉の葉縁部が黄色く縁どられ，先端部は枯れる．成長点が枯れ，ついで弱い側芽が多く形成され，その葉も同様に症状が現れる．花芽形成が阻害される．
3. 若い葉にも古い葉にもあらわれる
    B…若い葉および芽は萎縮褐変して枯死する．古い葉は硬化し，葉柄がコルク化してもろくなる．根は短く褐色である．

表2.6 主な施設野菜の生理障害と発生条件（位田作成）

野菜名	障害名	主な症状	発生条件（助長条件も含む）
キュウリ	重合果，球形果	果実が不整形	花の分化発育中の高温
	くびれ果	果実が不整形	花の分化発育中の乾燥，高温等によるB吸収阻害
	曲がり果	果実が湾曲する	着果負担大，養水分不足，日射不足，高温，小子房
	肩こけ果	果実の果柄まわりの果肉が少ない	Ca不足
	先細り果	果実の果頂近くの果肉が少ない	水分不足による肥大不良
	かんざし症	小果が叢生する	育苗時の低温，根傷み
	白変葉	葉脈間が黄白化する	カチオン（特にK，NH_4-N）との拮抗によるMg欠乏
	グリーンリング	葉脈間が黄白化し，葉縁の緑色が残る	P過剰によるMg欠乏，低温
	黄化葉	葉脈間が黄化する	P過剰によるZn欠乏
	葉脈褐変症	葉脈に沿って褐変，小斑点	P過剰によるKの吸収低下
	褐色葉枯症	葉脈が褐変し葉脈間も黄化	排水不良土でのMn過剰，強酸性土，有機肥料多用
メロン	発酵果	果肉が水浸状に変色して発酵	N過多，Kの過剰吸収によるCa欠乏，日照不足，低温，土壌水分過多，強勢台木の使用
	果面汚点症	白変期に果面に緑色小斑点を生じる	多肥，水分過多でのNO_3-Nの過剰吸収，日照不足
	緑条症	果柄から放射状の濃緑色の条斑	N過多，水分過多，強勢台木の使用
	肩こけ果	果柄まわりの果肉が少なく洋梨状	Ca不足
	葉枯症	着果節前後の葉に褐変枯死斑点	KあるいはCa過剰によるMg欠乏，着果過多
	葉枯症	葉縁部から褐変	K欠乏
	褐色斑点症	下位葉に褐色斑点を生じる	床土の蒸気消毒によるMn過剰
スイカ	肉質劣変果	果肉の肉質不良，糖・ペクチン不足	同化機能低下，多湿，高夜温，NH_4-N過多，Ca過多
	葉枯症	着果節前後の葉に黒褐色小斑点	KあるいはCa過剰によるMg欠乏，N不足，着果過多
トマト	つるぼけ症	栄養成長王政で結実不良	N過多，水分過多
	乱形果	果実が不整形，子室過多のものも	育苗時の低温，多N，定植後の急激な伸長
	空洞果	子室に空隙を生じる	高濃度オーキシン処理，日照不足，多肥，水分過多，密植
	尻腐れ果	果頂部がえそを起こして黒変	高温・乾燥時のNあるいはK過剰によるCa不足
	条腐れ果	果実の表皮に沿った維管束部が褐変	日照不足，K欠乏，NH_4-N過多，低温，水分過多，通風不足
	裂果	花弁痕離脱層の小亀裂が発達	土壌水分・湿度の急激な変動
	あみ入り果	果実に網目もしくは部分着色不良	土壌乾燥，老化苗定植，NH_4-N過多，P・Kの吸収低下
	グリーンバック	へたから果実の肩にかけ緑色が残る	高N/K，乾燥
	グリーンゼリー	着色してもゼリー部が緑色のまま	高N/K，単為結果果実
	異常茎	茎に条が入り亀裂・中空となる	多NによるCaやBの吸収抑制，水分過多，若苗定植
ナス	石ナス	果頂部がへこみ，固い果実となる	低温による不受精，日照不足，乾燥，多肥，短花柱花
	つやなし果	表皮細胞発達不良でつやのない果実	水分不足，高温，多肥
ピーマン	尻腐れ果	果頂部がえそを起こして黒変	高温，乾燥時のNあるいはK過剰によるCa不足
	アントシアン果	果実表面にアントシアン発色	低温，強光，P不足
	奇形果	果実先端がとがり，種子がごく少ない	高温，低湿，根の弱りによる草勢不良
イチゴ	乱形果	鶏冠果や帯状果が発生	多灌水時の多N，乾燥時の多K・多Ca
	奇形果	受精不良による奇形果が発生	低温による不稔，N過多，日照不足，着果過多
	チップバーン	葉縁が褐変し，葉がよじれる	N過剰によるCa欠乏，昼間高湿

の大きい養分では欠乏症はまず下位葉に認められることが多いのに対し，小さい養分では上位葉や成長点，果実などに現れる．作物種，栽培条件によって違いはあるが，一般的な養分欠乏症を表 2.5 に示した．

作物が生育中の種々の物理化学的環境ストレスに対応できない場合に生じる生理的異常を生理障害（physiological disorder, physiological injury）という．温度異常，日照不足，土壌養水分の過不足，土壌 pH などが関与し，単独の要因によるものもあるが，多くはいくつかが関連して代謝異常を起こした結果であることが多い．表 2.6 におもな施設野菜の生理障害の例をあげる．対策を講じる場合は，土壌分析を行うなど圃場の土壌条件を把握し，さらに類似病虫害も検討した上で行う必要がある．

2.5 光／温度形態形成

植物に対する光の影響は，1) 光合成による同化産物の生産，2) 光量・光質による形態形成や発芽，3) 日長による花成や休眠の誘導に大別でき，1) はエネルギー源として強い光を必要とするが，2)，3) の多くは比較的弱い光で発現する（図 2.10）．

光形態形成（photomorphogenesis）は，植物が光をシグナルとして受容し，種子発芽，子葉の展開，葉緑素合成，節間伸長，花成などの植物の質的な変化を誘起する光反応（移動できない植物体がいかにその生育環境に応じて個体を形成するか）で，赤色・遠赤色光反応，青色光反応，近紫外光反応などがある．

光受容体のおもなものはフィトクロム（phytochrome）と呼ばれる分子数が約 12 万の青色の色素タンパク質で，生理的に活性な赤色光吸収型 P_r として合成され，遠赤色光吸収型 P_{fr} もよく知られている．P_r と P_{fr} は，光の吸収により可逆的に相互変換する．すなわち P_r は赤色光により P_{fr} に変わる．一方 P_{fr} は遠赤色光により急速に P_r に変わるほか，暗黒下で徐々に P_r に変わり，分解も起こる．その他，青色光受容体としてはクリプトクロム（cryptochrome）とフォトトロピン（phototropin）が知られるが，胚軸伸長阻害，子葉開閉，子葉展開といった光形態形成に関わっているのはクリプトクロム cry 1, cry 2 で，フォトトロピン phot 1, phot 2 は光屈性，気孔開口，葉緑体光定位運動のような運動応答および

2.5 光／温度形態形成

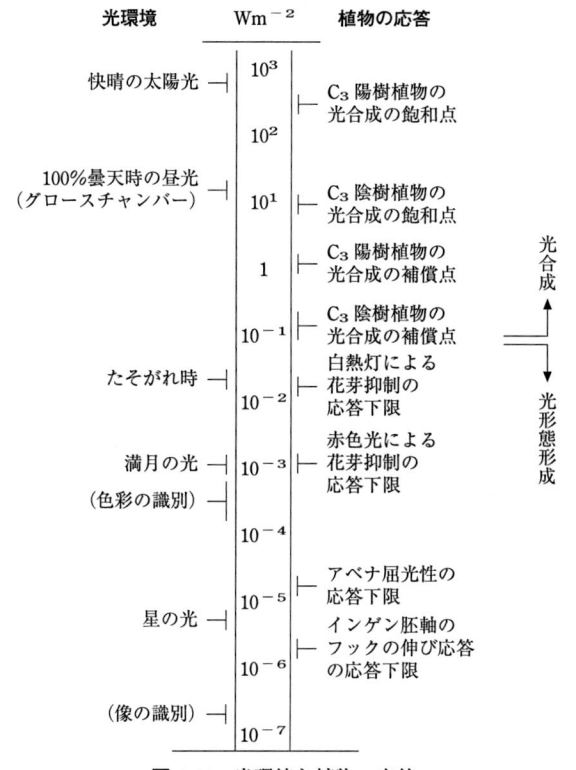

光環境	Wm^{-2}	植物の応答	
快晴の太陽光	10^3	C$_3$ 陽樹植物の光合成の飽和点	
	10^2		
100%曇天時の昼光（グロースチャンバー）	10^1	C$_3$ 陰樹植物の光合成の飽和点	
	1	C$_3$ 陽樹植物の光合成の補償点	光合成
	10^{-1}	C$_3$ 陰樹植物の光合成の補償点	
たそがれ時	10^{-2}	白熱灯による花芽抑制の応答下限	
満月の光	10^{-3}	赤色光による花芽抑制の応答下限	光形態形成
（色彩の識別）	10^{-4}		
	10^{-5}	アベナ屈光性の応答下限	
星の光	10^{-6}	インゲン胚軸のフックの伸び応答の応答下限	
（像の識別）	10^{-7}		

図 2.10 光環境と植物の応答

子葉展開に関与している（図2.11）[16]．シロイヌナズナの突然変異体の実生を用いた実験で，横から青色光を照射したとき，正常個体は光の方向に向かって伸長する光屈性を示す（図2.12）．青色光受容体をすべて欠失した変異体実生は光屈性を示さない．しかし，青色光受容体のうち，クリプトクロムだけをもつ実生は成長方向がランダムになり，時に回転するものもみられる．

2.5.1 発　　　芽

胚珠（ovule）は花の子房中にあり，胚嚢とそれを包む珠心，それらを被う珠皮からなる．胚嚢内で卵核と精核が受精融合し接合子ができる．これが細胞分裂し発達して，幼芽（plumule），子葉（cotyledon），胚軸（hypocotyl），幼根（radicle）を分化し，胚（embryo）が形成される．他方，2つの極核と精核が受

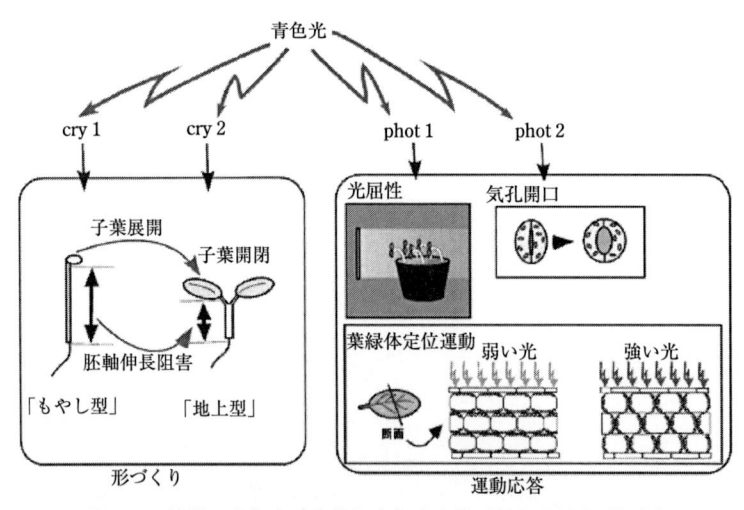

図 2.11 植物の青色光受容体と青色光応答（理化学研究所提供）

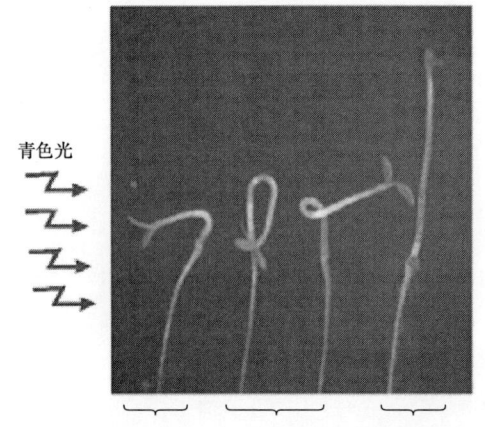

図 2.12 青色光受容体の有無が芽生えの方向（光屈性）に及ぼす影響（理化学研究所提供）

青色光受容体をすべてもつ野生型は正常な光屈性を示す．一方，それらをすべて欠失した変異体は光屈性を示さず，またクリプトクロムだけをもつ変異体では成長方向がランダムになる．

		野生型	クリプトクロムのみをもつ変異体	すべて欠失した変異体
もっている青色光受容体	cry 1	○	○	×	×
	cry 2	○	×	○	×
	phot 1	○	×	×	×
	phot 2	○	×	×	×

精して胚乳（endosperm）が形成される．胚乳がよく発達した有胚乳種子と，胚に吸収されてしまった無胚乳種子がある．胚には養分が蓄積され，やがて発育を

停止し，水分，代謝活性が低くなり，種皮に包まれた種子が完成する．

多くの種子は完熟当初は休眠しており，ある程度の時間の経過後，休眠が破れて発芽できるようになる．種子が吸水すると貯蔵養分が可溶化され，胚が成長を始め，幼根が伸長し種皮を破って出てくる．この過程が発芽（germination）である．出芽（emergence）は，覆土した中から芽が地上に出てくることをいう．

a. 光

種子の発芽には温度，水分，酸素が不可欠であり，光については多くは明暗いずれでも発芽するが，光により発芽が促進される明発芽種子（光発芽種子，好光性種子）や，光により発芽が抑制される暗発芽種子（好暗性種子）がある．

　　明発芽種子：レタス，ゴボウ，シュンギク，ミツバ，パセリ，セルリー，ニンジン，ブラシカ類，シソ，キンギョソウ，ペチュニア，シネラリア，ストケシア，インパティエンス，トルコギキョウ，イワタバコ科，タバコ，ツツジ類，マツ，スギ，モミ　など．

　　暗発芽種子：ダイコン，トマト，ナス，ピーマン，ウリ類，ネギ，タマネギ，ニラ，ハゲイトウ，ヒナゲシ，ジニア，ベニバナ，ブロムグラス　など．

ホウレンソウ，マメ類の発芽は光の影響を受けない．明発芽種子では覆土を薄めにするが，ジベレリンや，有機質に富む土壌中の微生物の介在によっては暗所でも発芽する．光感受性は発芽の第2段階，すなわち急速な物理的吸水後の，吸水の一時的停止状態に入り急激に高まるが，乾燥種子，あるいはその前の種子成熟段階の光条件によっても影響されることがある．

光の影響は波長によって異なり，一般的に赤色光は発芽を促進し，遠赤色光は発芽を抑制する．種子に赤色光，遠赤色光を交互に照射すると，最後に照射した光の影響を受ける．この反応は種子中のフィトクロムによる光形態形成であり，レタスでの例がよく知られる．白熱電球の光は遠赤色光成分が多いので，発芽には抑制的である．

b. 温　　度

種子の発芽適温は作物の種類のみならず，品種や休眠の程度によっても異なる．多くの作物にとって20〜30℃ が適温といえるが，低温性作物では15〜20℃ が，高温性作物では25〜30℃ が発芽適温である．一般に発芽適温は，吸

水後の代謝における酵素反応が関与しており，生育適温より2～5℃程度高い．中にはナスのように変温を要求するものもあり，採種後間もなく休眠が深いときはよりその傾向が強い．

種苗法にもとづく発芽試験の例を表2.7（種子発芽試験法）に示す．その他，休眠打破のための温度処理として，ホウレンソウは乾燥時の高温（60℃で数日），シソ，バラ，果樹，林木などでは膨潤後の低温（湿った用土と種子を交互に層状にし，0～5℃で数日ないし3ヶ月おく層積法（stratification）が有効である．また，発芽時の温度処理として，45℃・2日程度の乾燥で種子の含水量を5%以下にした後，75℃で数日，通風乾燥し，種子の殺菌やウィルス不活性化を図ることがある．

2.5.2 球根類の休眠と打破

球根類の多くは季節の変化に応じた生活環を示す．秋植え球根類は春に旺盛な成長をみせ開花に至り，夏には球根を形成して枯死し休眠に入る．一方，春植え球根は春から夏に成長し開花後，秋から冬に球根を形成して休眠に入る．球根形成は不適環境への適応と考えられ，球形成条件は休眠誘導条件ともいえる．休眠打破に特定の温度条件を要求せず，ある程度の時間経過後，覚醒する種類もあるが，一般的に夏季に休眠する種類には高温，冬季に休眠する種類には低温を処理することにより，人為的に休眠を打破することができる．原産地により温度反応に違いが見られ，その特徴を表2.8に示す．その他，ジベレリン，エチレン，温湯なども種類によっては休眠打破に有効である．

2.5.3 花　　　成

花成に関する用語の定義は必ずしも統一されていないが，ここでは一般的な考え方を述べる．花成（flower formation）は栄養成長から生殖成長への成長相の転換を意味しており，形態的には花芽形成開始（flower bud initiation）と，花芽分化・発達（flower bud differentiation and development）の2つの段階を含む．開花（flowering）は花成後に起こる別の現象と見なしている．生理的には幼若相（juvenile phase：どのような条件におかれても花芽形成しない相）から成熟相（adult phase：花熟相）に達した植物体の葉において，環境要因によって花成

表 2.7 野菜種子発芽試験法[†]

種類	温度（℃）	締切日数 発芽勢	締切日数 発芽率	光線	休眠 期間（日）	休眠 打破	備考
ダイコン	25	3	6	D	90	0.2T	
カブ	25	2	6	—	90	0.2T, L	
ハクサイ	25	2	6	—	90	0.2T, L	
カラシナ	25	2	6	—	90〜200	0.2T＋P-3	
キャベツ	25	3	10	—	90	0.2T, L	
メキャベツ	25	3	10	—	90	0.2T, L	
カリフラワー	25	3	10	—	90	0.2T, L	
ブロッコリー	25	3	10	—	90	0.2T, L	
レタス	20	3	7	L	90	0.2T, L	休眠打破にはP-3も有効
シュンギク	20	4	10	—	90	0.2T	
ゴボウ	25	6	12	L	全期	0.2T, L	
セルリー	20	10	21	L	—	—	
ミツバ	20〜30	10	16	L	—	—	
パセリー	20	10	21	—	—	—	
ニンジン	25	6	10	—	—	—	金時は発芽率締切日数14
ホウレンソウ	20	7	14	—	90	高温	水分過多とならないよう注意
ネギ	20	6	12	—	—	—	
タマネギ	20	6	12	—	—	—	
ニラ	20	7	14	D	—	—	
アスパラガス	20〜30	7	21	—	—	—	
ナス	30〜20	7	12	—	—	100GA	
トマト	25	5	12	—	—	—	
トウガラシ	25	6	14	—	—	—	
キュウリ	25	3	7	—	—	—	
メロン	25	3	7	—	—	—	
マクワウリ	25	4	7	—	—	—	
スイカ	30	4	7	D	—	—	
カボチャ	30	4	7	D	—	—	
インゲンマメ	25	4	8	—	—	—	
エンドウ	20	4	8	—	—	—	
ソラマメ小粒種	20	4	8	—	—	—	置床前に必ず種子消毒を行う
ソラマメ大粒種	20	7	10	—	—	—	
スイートコーン	30	4	7	—	—	—	

[†]
1. 100粒×4区，あるいは50粒×8区など計400粒で試験する．
2. 発芽床はシャーレにろ紙2枚を敷いたものを使用する．径12cmのシャーレには8m*l*（例外としてホウレンソウは6m*l*，スイートコーンは12m*l*），径9cmのシャーレには4m*l*の水を加える．豆類は砂まきにする．
3. 0.2Tはチオ尿素の0.2％溶液，100GAはジベレリンの100mg/*l*溶液，P-3は5℃で3日冷却，Lは好光性，Dは嫌光性であることを示す．20〜30は20℃で16時間，30℃で8時間の変温を，30〜20は30℃で16時間，20℃で8時間の変温意味する．
4. ホウレンソウ種子の高温処理は60℃，2日間とする．

〔農林水産省種苗課より〕

表 2.8 球根類の原産地の気候型と休眠覚醒温度ならびに萌芽期（青葉）

原産地の気候型		休眠覚醒温度	萌芽期	球根形成期	球根形成要因	作型	おもな種類
地中海気候型		高温	秋～冬	春～初夏	低温, 長日	秋植え	フリージア, 球根アイリス, 球根オキザリス, ニンニク, タマネギ
ステップ気候型		高温後低温	冬～早春	春～初夏	低温, 長日	秋植え	チューリップ, クロッカス, *Allium moly, A. rosenbachianum*
熱帯高地気候型		低温	春	夏～秋	短日, 涼温	春植え	ダリア, グラジオラス, 球根ベゴニア, ジャガイモ
大陸東岸気候型	樹林下矮性	高温後低温	早春	春～夏	低温, 長日	秋植え	カタクリ, バイモ, アマナ
	開放地高性	低温	春	夏～秋		秋植え	ユリ類

刺激物質が生成される過程, すなわち花成誘導 (flower induction), および茎頂がそれに反応して花芽原基をつくる体制となる花芽誘起 (floral evocation) 過程も含まれる. 形態的変化に先立つこれらの生理的転換は重要であることから, 花成誘導に関わる主要因である日長ならびに温度についてまず述べる. (表 2.9)

a. 光周性

適当な光周期が与えられたときに起こる生物の反応性が光周性 (photoperiodism) である. 植物では花芽形成, 肥大器官形成, 休眠誘導などが知られ, 光の受容部位は葉である. フランスの Tournois (1914) が夜を長くするとカナムグラで開花が早まることを発見しているが, 光周性の概念の確立はアメリカの Garner と Allard (1920) のタバコやダイズでの一連の実験による.

1日の明期の長さ, 日長 (daylength) がある長さ (限界日長, critical daylength) より短くなると花芽を形成し, 開花する種類が短日植物 (short day plant), 日長が長くなると花芽を形成し, 開花する種類が長日植物 (long day plant), 日長に関係なく, ある大きさになれば開花する種類が中性植物 (day neutral plant) である. これらはさらに質的, 絶対的 (qualitative, obligate) なものと, 限界日長がなくどちらかの日長条件下で, より開花が早まる量的, 相対的 (quantitative, facultative) なものとに分けられる. 近年の育種では, 質的なもの

2.5 光／温度形態形成

表 2.9 花成の主要因（位田作成）

花成の主要因			野菜	花き
日長	短日		シソ，ダイズ，ショクヨウギク，スイートコーン，イチゴ	質的：アサガオ，ポインセチア，カランコエ，秋ギク，寒ギク
				量的：コスモス，マリーゴールド，ケイトウ，サルビア，夏ギク
	長日		ホウレンソウ，タカナ，シュンギク，レタス，ハツカダイコン	質的：ホワイトレースフラワー，フクシア，マーガレット
				量的：シュクコンカスミソウ，カーネーション，キンギョソウ
	中性*		トマト，ナス，ピーマン	バラ，シクラメン，チューリップ
温度	低温	種子春化型	ハクサイ，カブ，ツケナ類，ダイコン	スターチス・シヌアータ，スイートピー
		植物体春化型	キャベツ，ネギ，タマネギ，セルリー，ニンジン，ゴボウ	ダイアンサス，リンドウ，フウリンソウ
	高温		レタス，ニラ，ラッキョウ	オーニソガラム・アラビカム，アリウム・コワニー

＊花成の主要因ではないが光周性の参考としてあげた．

が改良され，量的なものや中性のものが増加している．

　開花制御には日長処理が行われるが，これには栽培地における自然日長（日の出から日没まで，図 2.13）に，植物が感応する弱光条件である薄明薄暮の約 40 分を加えて考える．短日植物の開花抑制や長日植物の開花促進には長日処理が行われ，明期延長の他，暗期の最中に短時間の照明を行う暗期中断（night interruption；光中断，light break），暗期中断を数分間ずつ断続して行い経費節減を図る間欠照明などがあるが，いずれも 50 lx 以上が必要とされる．暗期中断の効果があるのは，明期ではなく暗期の長さに植物が感応しているからである．

　なお，日長に対する反応はある程度の齢に達してから起こり，温度によって限界日長が変化するものも多い．

　光周期が葉で感知され，その情報を茎頂に送る因子としてフロリゲン（florigen：花成ホルモン）が約 70 年前に想定されたが，正体が不明であった．最近になって主にシロイヌナズナ（*Arabidopsis thaliana*）を用いた複数の研究から，FT 遺伝子の転写産物（RNA）がフロリゲンであることが示されつつある．すなわち，葉で日長が受容された後，葉の維管束（師部）の細胞で FT 遺伝子が働き

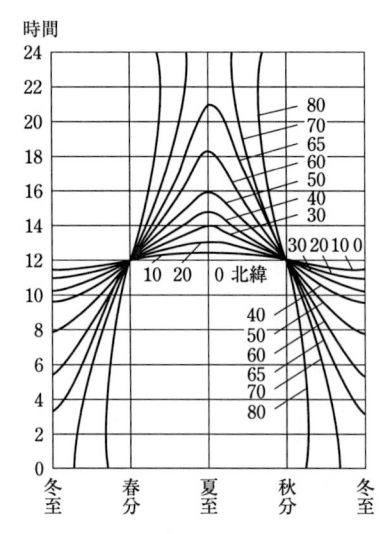

図 2.13 緯度の異なる地帯における自然日長の季節変化
図中数字は緯度.

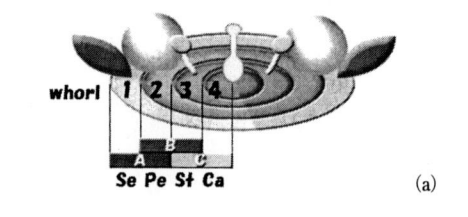

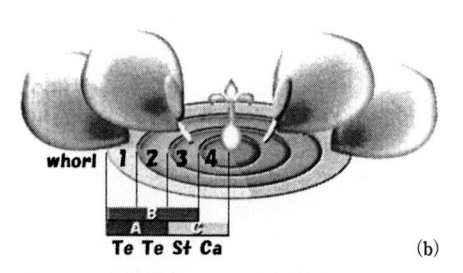

図 2.14 高等植物における花器官の形質決定に関するモデル（菅野ら，2005）
(a) ABC モデル，(b) 改変 ABC モデル.
Se：がく片，Pe：花弁，Te：花被片，St：雄ずい，Ca：心皮.

FT タンパク質がつくられ，芽で FT タンパク質が FD タンパク質と結合しその働きを調節し，FD タンパク質が AP1 遺伝子をオンにすることで花芽形成が開始されるというものである[17), 18)]（Abe ら，2005；Wigge ら，2005）. これらの遺伝子はイネなど他の植物にもあり，花芽形成を人為的に制御する方法の開発につながることが期待される.

また，植物がく片，花弁，雄ずい，心皮（雌ずい）の順に外側から器官分化が起こるが，これについても花器に異常が見られるシロイヌナズナ突然変異体の研究から，器官決定は 3 種類の機能をもつ遺伝子群によって制御されているという ABC モデルが提唱された[19)]（図 2.14 (a)）. 一方，花被にがく片と花弁の区別がないものが多い単子葉植物では B 機能遺伝子が外側の花被でも機能するという改変 ABC モデルも提唱[20)]（図 2.14 (b)）されている. 両モデルは現在，多くの花で器官決定の仕組みを説明できるとして認められており，八重化など利用価値は高いと考えられる. これらの遺伝子の発現に環境要因がどのように関与するかが解明されれば，今後，より的確な施設環境制御が可能となるであろう.

b. 春　化

多くの植物では，生殖成長に入るために一定期間の低温にあう必要がある．Lysenko（1929）は春播きしても出穂しない秋播きコムギの催芽種子へ低温処理すれば出穂することを報告し，春化（vernalization）と名付けた．Miller（1929）は結球したキャベツが 15℃ 以下におかれたときのみ抽台開花することを見いだしている．広義の春化として，低温以外の花成要因を含めることもあるが，一般的には低温による花成誘導をさし，感応部位は胚や頂端分裂組織である．春化刺激は炭水化物代謝との関係が深く，接ぎ木によって伝達される．

吸水させた種子の段階以降いつでも低温に感応する種子春化型（seed vernalization）と，植物体が一定の大きさに達して以降低温に感応する植物体（緑植物）春化型（green plant vernalization）とがある．春化のための低温要求は，$-5 \sim 15$℃ と種類によって大きく異なるが，$3 \sim 8$℃ が最も有効とされている．花成に低温が必要な質的低温要求作物と，低温感応によって花芽分化が促進されるが必ずしも必要でない量的低温要求作物とがある．どちらの低温要求型でも，低温による春化を受けている間に高温に当たると低温の効果が打ち消され，花芽ができなくなる．これを脱春化（devernalization：春化消去）という．春に収穫するダイコンやハクサイなどのトンネル栽培は保温による低温回避のほかに，昼間に高温になることによる脱春化を利用したものである．一方，スターチス・シヌアータの夏季の育苗時には，春化が安定するまでは高温に合わせないようにし，脱春化を防いでいる．

レタスは，$20 \sim 25$℃ 以上の高温にある期間当たると花芽ができる．そのため，暖地では 4～7 月は播種危険期となり，高温期の栽培は高冷地に限られる．

c. 温　周　性

生活環の中で温度の周期性を要求する性質を温周性（thermoperiodicity）という．中性植物であるトマトで，昼夜一定の温度より夜温の低い方が 1 日当たりの成長量が大きいことを Went が認め提唱した[21]．'較差' のみならず，高温・低温の '水準'，長期的にみて温度が上昇傾向にあるのか下降傾向にあるのかの '傾向' が影響するが，生活環である時期に特定の温度を要求する性質のように概念が拡大されている．チューリップの開花調節における段階温度処理や，ナス科野菜で春季育苗時後半に行う夜冷育苗も温周性を利用した技術である．

その他,温度が関与する形態形成として,先に述べた春化以外に DIF などがある.ちなみに DIF とは昼間と夜間の温度差（DIFference）のことで,Heins らが昼温,夜温と茎の伸長成長との関係を調べて名付けたものである[22].DIF（=昼温－夜温）が増加するほど節間伸長は促進され,逆に負になるほど節間伸長は抑えられる.草丈を伸ばすには,夜温を下げ昼温を上げて DIF を大きくすればよい.逆に,通常の栽培においては正の DIF であるのを,ゼロ DIF（昼夜同温）もしくは負の DIF とすれば矮化させることができ,矮化剤の使用をかなり減らせる.ほとんどの種類の植物が DIF に反応し,反応が認めにくいのはチューリップ,スイセン,ヒアシンス,アスター,フレンチマリーゴールド,キキョウ,カボチャなどである.

2.6　栄　養　繁　殖

植物は自然の状態では,種子で繁殖するものが多い.この繁殖様式は種子繁殖あるいは有性繁殖（sexual propagation）と呼ばれる.種子ができない植物を人間が利用するためには,種子繁殖以外の方法で増殖しなければならない.そのために利用されている繁殖様式が,栄養繁殖（vegetative propagation）である.栄養繁殖は無性繁殖（asexual propagation）とも呼ばれ,親植物の一部から新しい個体を再生させる繁殖方法で,人類が植物の栄養繁殖を発見したときから栽培が始まったとも言われている.栄養繁殖には,挿し木（cutting）,取り木（layering）,接ぎ木（grafting）,株分け（suckering）,球根の分球（multiplication）などがある.マイクロプロパゲーション（植物組織培養による微細繁殖）の一部も,栄養繁殖に含まれる.この項では,これら栄養繁殖の中から,園芸植物における挿し木,接ぎ木,分球繁殖の生理・生態的特性を述べる.

2.6.1　挿　し　木[23〜25]

園芸植物の挿し木繁殖には,枝や茎のほかに葉,芽,根などが材料として用いられる.ここでは,枝を材料とした挿し木を中心に述べる.枝を材料とした挿し木は,大きく分けて,葉をつけた茎や枝を挿す「緑枝挿し」（softwood cutting）と,落葉・休眠した枝を挿す「熟枝挿し」（hardwood cutting）とに分けられる.

野菜苗やマイクロプロパゲーションにおける挿し木は「緑枝挿し」に含まれる．また枝の採取方法により，枝や茎の先端を用いる「天挿し」，下部を用いる「管挿し」，果樹など永年性作物で前年度の枝を基部に付けて採取する「木槌挿し」，「ヒール挿し」などに分けられる．他にも，挿し穂基部の切断方法（「斜め切り」，「水平切り」など）や，挿す方法（「垂直挿し」，「斜め挿し」など）により，数多くの種類が見られる．いずれの方法においても，いかに早く不定根（adventitious root）を「発達・成長」させるかということが重要となる．発根は，初生根原基（root initial）が根原体（root primordia）に発達し，外部に出ることで起こる．初生根原基が，母本から挿し穂を切断する刺激によって発生する種類と，切断する前から存在する種類とがある．

　発根に影響を与える要因としては，挿し穂（穂木）の質（栄養・水分状態など），挿し木後の環境条件がある．挿し穂の質とは，発根に適した体内成分・水分条件を指している．また，熟枝挿しで用いる挿し穂では休眠状態も重要となる．これらの条件が良い挿し穂を採取すること，採取後，挿し木までの貯蔵期間に質を低下させないことが必要となる．植物成長調節物質であるオーキシンは内生・外生ともに発根を促進するとされ，挿し木時の発根剤として，合成オーキシンが利用されている．また，挿し穂中の炭水化物の濃度や分配も影響を与えるとされる．炭水化物は発根後の根系の発達に影響し，また挿し穂基部への転流が発根を促進するとされる．近年，野菜・花卉の挿し木苗生産が大規模に行われるようになり，挿し穂の貯蔵環境と苗質の変化に関する研究も進められている[26, 27]．

　挿し木後の環境条件で重要となるのは，地上部・地下部の水分条件と温度である．特に緑枝挿しでは，発根までの水分条件が重要と考えられている．体内の水ポテンシャルを高く維持した方が，発根は促進されるとされ，緑枝挿しではミスト・フォグ灌水などで地上部の相対湿度を上げ，葉からの蒸散を抑える管理方法がとられている[28]．一方で，葉の濡れが発根を抑制するとした報告[29]や，弱い水ストレスが発根を促進するとした報告[30]もあり，発根と水分条件の関係は，いまだ解明されていない部分が多い．緑枝挿しでは，挿し穂の植物体温の上昇や蒸散による萎れを防ぐために，発根するまで光強度を低く維持した方が良いとされてきた．しかしながら，温湿度制御が可能な施設では，光合成を促進する光強度で管理した方が発根が促進されるという可能性も出てきた[31]．地下部の温度

は，発根や根の伸長に大きな影響を及ぼす．大部分の植物では，発根までは30℃前後が良く，その後の根の伸長には20℃前後が良いとされている[28]．このため，秋～春における挿し木培地の昇温は，発根促進効果が大きい．

2.6.2 接ぎ木[24, 32]

接ぎ木繁殖は，植物体（枝・茎・芽・根など）の一部を切り取って，他の個体に癒着させる繁殖方法で，ギリシャ時代から果樹類の繁殖方法として行われてきている．接ぎ木（grafting）の方法には，穂木（scion）として用いる器官（芽接ぎ，枝接ぎなど），台木（root stock）上の接ぎ木の位置（高接ぎ，腹接ぎ，根接ぎなど），穂木と台木の合わせ方（切り接ぎ，割接ぎ，挿し接ぎなど），接ぎ木の場所（居接ぎ，揚接ぎなど）の違いにより，種類は30以上あるとされる．

現在，園芸植物で行われている接ぎ木繁殖の目的は，大きく2つに分けることができる．1つは，同じ形質をもった実生苗が得にくい，種子ができない，挿し木や取り木が難しい，あるいは実生苗の成長に時間がかかる，果樹や花木類など永年性作物の優良品種を増やす，といったためである．もう1つは，台木の形質を利用するためである．後者には，キュウリの低温伸張性台木やトマトの耐病性台木などのように，台木の優良形質を利用するものと，リンゴの矮性台木やマメガキ（カキの台木となる）などのように樹勢の抑制や花芽分化の促進を目的とするものがある．

いずれの接ぎ木においても，台木に穂木という異なる個体の組織を活着させることが重要となる．接ぎ木の活着までの過程を図2.14に示した[24]．接ぎ木では，台木と穂木の親和性（compatibility）が問題になる．親和性にはさまざまな程度があり，栽培上問題になるかならないか，といった基準で分類されることもある．活着や親和性に影響を与えるものとして，穂木，台木間の組織形態的な相違，穂木-台木間を移動する物質の影響，ウイルス感染などがあげられている．

台木から穂木への物質移動の，育種上の利用が実用化している．サツマイモでは，接ぎ木により開花誘導することで，交配種子の採種が行われている．九州沖縄農業研究センターでは，短日の要求度が高く，日本では開花が安定しないサツマイモ（穂木）を，短日の要求度が低く，容易に開花するキダチアサガオ（台木）に接ぎ木することで，サツマイモの花を安定して開花させ，さまざまな系統

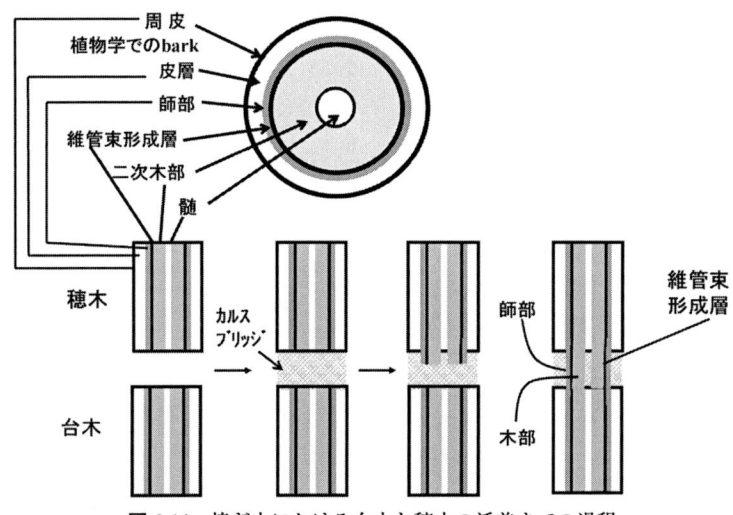

図 2.14 接ぎ木における台木と穂木の活着までの過程

間での交配を実施している[33]．これは，台木でできた花成誘導物質（花成ホルモン）が，穂木に移行するという現象を利用したものである．

2.6.3 分　　　球[34)]

　分球による繁殖は，球根植物で行われる．球根植物は，根・茎・葉などの器官の一部に養分を蓄えて肥大する．これは，低温や乾燥などの生育に不適な時期を過ごすために，器官に養分を蓄えた後，生育に適する時期まで休眠するという繁殖戦略によっている．原産地の気温が低下するに従って休眠は深くなり，また養分を貯蔵する器官が，根，茎，葉となる傾向が強い．球根の形成・肥大の環境要因は，温度（低温）や日長（長日・短日）とされているが，植物の種類によって異なっており，まだ解明されていない部分も多い．分球自体は施設内で行われることは少ないが，多くの球根植物が切花や鉢物として施設栽培されている．貯蔵器官と形態の違いから，球根植物は普通，塊根（tuberous root），根茎（rhizome），塊茎（tuber），球茎（corm），鱗茎（bulb）の5つに分けられる．

2.6.4　栄養繁殖による苗生産

　施設栽培で利用される永年性作物の多くの苗木は，挿し木繁殖あるいは接ぎ木

繁殖によっている．挿し木と接ぎ木を組み合わせて，良質な花卉・野菜苗を大量に生産する方法も近年多く見られるようになり，一部あるいは全体が機械化された生産システムも実用化されている[35]．一方，種子繁殖が難しい雄性不稔や，発根能力の高いトマト系統では，挿し木繁殖苗の実用化もみられる．通常の挿し木繁殖を長期間続けると，ウイルス病や老化により生育・収量が低下する場合もあるため[36]，茎頂培養などのマイクロプロパゲーションを組み込んだ増殖システムの開発が期待される．

文　献

1) Akita, S. *et al.* (1969): *Proc Crop Sci Soc Jap.*, **38**: 507.
2) 狩野　敦 (1992)：光合成と呼吸．新施設園芸学（古在豊樹ほか），pp. 12-22．朝倉書店．
3) McCree, K. J. (1970): Prediction and Measurement of Photosynthetic Productivity (Setlik, I. ed.), pp. 209-214, Centre for Agricultural Publishing and Documentation.
4) Taiz, L. *et al.* (2002): Plant Physiology, Sinauer Associates.
5) 西谷和彦・島崎研一郎 監訳 (2004)：植物生理学第3版（Taiz, L. & Zeiger, E.），pp. 33-64，培風館．
6) 田崎忠良 監修，橋本　康ほか訳 (1986)：水環境と植物（Kramer, P. J.），pp. 300-350，養賢堂．
7) 野並　浩 (2001)：植物水分生理学，pp. 202-219，養賢堂．
8) 平沢　正 (1990)：稲学大成 2．生理編（松尾孝嶺ほか編），pp. 333-356，農文協．
9) 増田芳雄 (2002)：植物生理学講義，pp. 65-71，培風館．
10) 原　襄 (1994)：植物形態学，pp. 59-68，朝倉書店．
11) 高野泰吉 (1991)：園芸通論，pp. 85-92，朝倉書店．
12) Lang, A. (1979): *Ann. Bot.*, **44**: pp. 141-145.
13) 吉岡　宏 (1985)：農業及び園芸，**60**: pp. 345-350．
14) Bergmann, W. (1992): Nutritional disorders of plants, Gustav Fischer Verlag, Jena, pp. 349-352, 354-356.
15) 田中　宏 (1992)：園芸学入門，pp. 131-132，川島書店．
16) Ohgishi, M. *et al.* (2004): *PNAS*, **101**: pp. 2223-2228.
17) Abe, M. *et al.* (2005): *Science*, **309**: pp. 1052-1056.
18) Wigge, P. A. *et al.* (2005): *Science*, **309**: pp. 1056-1059.
19) Coen, E. S. and Meyerowitz, E. M. (1991): *Nature* **353**, pp. 31-35.
20) van Tunen, A. J. *et al.* (1993): *Flower. News Let.* **16**: pp. 33-38.
21) Went, F. W. (1944): *Amer. J. Botany.* **31** (10): pp. 597-618.
22) Heins, R. D. and Erwin, J. E. (1990): *Greenhouse Grower*, **8**: pp. 73-78.

23) 弦間 洋 (1997)：園芸種苗生産学（今西英雄ほか），pp. 36-45, 朝倉書店.
24) Davies, F. T. (1997): Plant Propagation (Hartmann, H. T. *et al*. ed.), pp. 276-328, 392-436, Prentice Hall.
25) Road, P. E. (1995): Propagating Cuttings, Part 1. American Nurseryman, Feb.1, pp. 80-86.
26) 渋谷俊夫 (2004)：農業環境工学関連4学会合同大会講演要旨集, p. 229.
27) Takagaki, M. (2000): Transplant Production in the 21st Century (Kubota C., C. Chun eds.), pp. 183-188.
28) Preece, J. E. (1995): Temperature and humidity control for cuttings, from both a historical basis, as well as providing basics for growers/propagators. Tennesee Nursery Forum, June, Tennesee, Forum 5 Propagation, pp. 11-17.
29) Graves, W. R. and H. Zhang (1996): Relative water content and rooting of subirrigated stem cuttings in four environments without mist. *HortSci.*, **31**: 866-868.
30) 田中丸重美・木村和義 (1991)：農業気象, **46**: 191-195.
31) Zhang, H and W.R. Graves (1995): *HortTechnology*, **5**: 265-268.
32) 小田雅行 (1997)：園芸種苗生産学（今西英雄ほか），pp. 54-64, 朝倉書店.
33) 九州沖縄農業研究センター業務第三科ホームページ「サツマイモ交配事業」(2004)
34) 大久保敬 (1997)：園芸種苗生産学（今西英雄ほか編），pp. 76-81, 朝倉書店.
35) 鶴島久男 (2003)：農業及び園芸, **78**: 630-636, 835-849.
36) 細川宗孝・矢澤 進 (2004)：農業及び園芸, **79**: 666-671.

3 園芸施設の物理環境調節

3.1 はじめに

　施設園芸においては，施設内の物理環境の調節が，施肥などと並んで栽培管理技術の重要な部分を占める．作物の生育に大きく影響する物理環境要因としては，温度，湿度，光，二酸化炭素（CO_2），空気流動（ガス拡散係数）などの地上環境に加えて，根圏環境がある．温度の調節技術は，暖房，保温，換気，冷房技術などに分類されるが，それらを組み合わせた技術も利用されている．また，温度が変化すれば，湿度，CO_2濃度などの他の物理環境要素も随伴して変化するので，それらの変化を考慮した物理環境調節が必要である．物理環境調節は，単に作物の成長に直接関係する作物の光合成，蒸散，呼吸などだけでなく，病原菌あるいは害虫の発生・増殖の予防，さらには作業者の労働環境の改善などを目的としても行われる．

　本章では，まず，空気の物理的性質と伝熱のうち，物理環境調節にかかわる基礎的事項を解説する．次いで，施設内環境で重要な役割を演ずる，空気流動とその植物光合成・蒸散への影響について述べる．さらに，各物理環境の特徴と調節法について述べ，最後に，苗および収穫物の貯蔵における環境調節の意義と効果について述べる．

3.2 湿り空気の物理的性質と伝熱

3.2.1 乾き空気と湿り空気

　地球を取りまく空気を大気と呼ぶ．大気は，窒素（N_2），酸素（O_2），アルゴン（Ar），二酸化炭素（CO_2）などの気体と水蒸気（water vapor）の混合物であ

3.2 湿り空気の物理的性質と伝熱

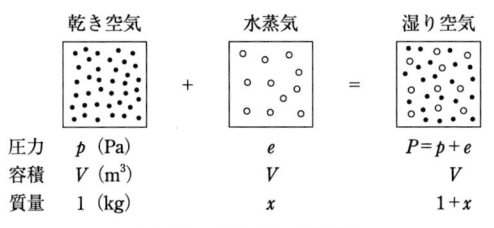

	乾き空気	水蒸気	湿り空気
圧力	p (Pa)	e	$P = p + e$
容積	V (m³)	V	V
質量	1 (kg)	x	$1 + x$

図 3.1 湿り空気の組成

る．図 3.1 に示すように，水蒸気が混ざった空気を湿り空気（moist air, humid air），水蒸気を取り除いた空気を乾き空気（dry air）と呼ぶ．大気圧 1 気圧（101.3 kPa）における乾き空気 1 m³ の質量は，気温 20℃ のときに約 1.2 kg である．大気圧とは，地表付近の気圧のことで，海抜 0 m での標準的な気圧が 1 気圧である．

通常，空気は質量にして 0.2～3% くらいの水蒸気を含んだ湿り空気である．湿り空気を扱ううえでは気圧が関係するが，無視しても影響は小さいので，以下では気圧を 1 気圧と見なす．

3.2.2 湿り空気の諸量

湿度または水蒸気量の表示法はいくつかある．湿り空気を扱ううえで用いられる主要な用語とその定義・単位を表 3.1 に示す．空気調和分野と気象学分野では，用語の使い方に一部違いがあるので注意する．ここでは，前者に準拠している．

a. 飽和水蒸気圧と露点温度

湿り空気中の水蒸気が占める分圧を水蒸気圧と呼ぶ．最大含みうる水蒸気を含んだ湿り空気を飽和空気と呼び，そのときの水蒸気圧を飽和水蒸気圧と呼ぶ．飽和水蒸気圧は，気温が高くなるほど指数関数的に大きくなる（図 3.2 の湿り空気線図上の相対湿度 100% の曲線）．したがって，ある湿り空気の温度を下げていくと，水蒸気圧と飽和水蒸気圧が一致する．このときの温度が露点温度であり，湿り空気は飽和空気となる．温度をさらに下げれば水蒸気が凝結し，霧を含む過飽和の状態になることもある．

表 3.1 湿り空気に関連する用語とその定義

用 語	単 位	定 義
乾球温度	℃	温度計の感温部が乾いている状態で測定した空気の温度（気温）
湿球温度	℃	温度計の感温部を水でぬらした布または紙で包み，測定した温度．感温部（湿球）にあたる空気流速が 5m/s 以上であれば測定値はほぼ一定となる．
水蒸気圧 （水蒸気分圧）	Pa	大気圧のうち水蒸気の占める分圧
飽和水蒸気圧	Pa	水（または氷）と平衡状態にある湿り空気の水蒸気分圧．ある温度の空気が含みうる最大の水蒸気を含んだときの水蒸気分圧である．
飽差（空気飽差）	Pa	水蒸気分圧 e と，同じ温度での飽和水蒸気圧 e_s の差（e_s-e）
相対湿度	%	湿り空気の水蒸気圧 e と，それと同じ温度の飽和水蒸気圧 e_s との比（$e/e_s \times 100$）
絶対湿度〔工学〕 混合比〔気象学〕	kg/kg′ *1) kg/kg（DA）	湿り空気中の乾き空気 1 kg に対する水蒸気の質量
水蒸気密度〔工学〕 絶対湿度〔気象学〕	kg/m³	湿り空気 1 m³ に含まれる水蒸気質量
露点温度	℃	湿り空気の温度を定圧条件で低下させていくときに水蒸気が凝結を始める温度．この温度での相対湿度は 100%，飽差は 0 Pa となる．
比容積	m³/kg′	乾き空気 1 kg を含む湿り空気の容積
エンタルピー	kJ/kg′	0℃の乾き空気を基準にして測った湿り空気のもつ熱量．温度 t（℃），絶対湿度 x（kg/kg′）の湿り空気のエンタルピーは $1.005t + x(2501 + 1.846t)$

*1) kg′ または kg（DA）「′」または「（DA）」は，乾き空気を意味する．

b. 相対湿度と絶対湿度

　湿度の表し方にはいくつかある．一般によく使われるのが，相対湿度（relative humidity）である．相対湿度は，ある温度における水蒸気圧と同じ温度での飽和水蒸気圧の比を百分率で示した値である．ある湿り空気中の水蒸気量に変化がない場合でも，気温が上昇すれば飽和水蒸気圧が大きくなるので相対湿度は低下し，気温が降下すれば逆に相対湿度は上昇する．したがって，昼間に比べ夜間の相対湿度は高くなりがちである．同じ相対湿度でも，30℃の湿り空気に含まれる水蒸気量は，0℃のそれの約 7 倍であり，含まれる水蒸気量に大きな違いがある．

空気調和でよく利用されるのが絶対湿度（absolute humidity）である．絶対湿度は，湿り空気中に含まれる乾き空気1kgを基準とした水蒸気質量のこと（図3.1のx）で，単位はkg/kg'である．kg'の「'」（またはkg（DA）の「DA」）は乾き空気を意味する．気温や気圧の変化に伴い空気容積は変化するが，乾き空気質量および水蒸気質量はその影響を受けない．このことから，気温や気圧変化を伴う空気調和設計の計算では，絶対湿度を利用すると都合よい．

c. 飽　　差

水蒸気圧と同じ温度での飽和水蒸気圧との差を，飽差（空気飽差）（vapor pressure deficit）という．土壌面からの蒸発速度および植物の蒸散速度（蒸発散速度）は，飽差との相関が高く，飽差の増加に伴い増加する．

d. エンタルピー，顕熱，潜熱

湿り空気のもつ熱量は，温度が高いほど，また水蒸気量が多いほど大きい．ある温度の湿り空気のもつ熱量をエンタルピー（enthalpy；単位はkJ/kg'）という．また，気温の昇降に伴う熱の出入りや熱移動を顕熱（sensible heat），相変化（蒸発や凝結）に伴う熱の出入りや熱移動を潜熱（latent heat）という．顕熱または潜熱の加除により，湿り空気のエンタルピーは変化する．

3.2.3　湿り空気の諸関係

湿り空気を扱ううえで，湿り空気の状態を示すある2要素（例えば乾球温度（dry bulb temperature）と湿球温度（wet bulb temperature））から他の諸要素（例えば相対湿度や絶対湿度）を求める必要が生じる．その場合，①湿り空気の関係式，②湿り空気線図，③湿り空気表のいずれかを利用することになる．表3.2に湿り空気関連のおもな関係式を示す．

a. 湿り空気線図

湿り空気の状態は，表3.1に示した乾球温度，湿球温度，相対湿度，絶対湿度，水蒸気圧，露点温度，比容積，エンタルピーのうちのどれか2つが定まると，相互の関係式から他の値が求まる．これらの関係を線図化したのが，図3.2に示す「湿り空気線図（psychrometric chart）」である．湿り空気線図は，1枚の線図から各要素の状態値を即座に読み取ることができ，便利である．また，湿り空気の状態変化を物理的に理解するうえでも有用である．線図の見方を図3.3に

表 3.2 湿り空気に関連する計算式 [3]

飽和水蒸気圧 e_s：いくつかの近似式があるが，以下の Murray 式は便利で，よく用いられる 　　$e_s = 6.1078 \exp\{at/(t+b)\}$　(hPa) 　ここで，t は温度（℃）で，定数 a, b は以下のようになる 　　$a = 17.2693882$，$b = 237.3$（水面上） 　　$a = 21.8745584$，$b = 265.5$（氷面上）
水蒸気圧 e：乾球温度 t と湿球温度 t_w から e を求める（Sprung の公式） 　　$e = e_{sw} - P(t-t_w)A/755$　(hPa) 　ここで，t および t_w は乾球および湿球温度（℃）， 　　e_{sw} は湿球温度における飽和水蒸気圧（hPa），P は大気圧（hPa） 　　A は乾湿計定数と呼ばれ，0.50（湿球が氷結していないとき） 　　　　　　　　　　　　　　　　0.44（湿球が氷結しているとき） 　ただし，この式は通風約 3 m/s 以上で適用される
相対湿度 RH： 　　$RH = e/e_{sd} \times 100$　(%) 　ここで e_{sd} は乾球温度における飽和水蒸気圧
絶対湿度 x： 　　$x = 0.622e/(P-e)$　(kg/kg') 　ここで 0.622 は水蒸気と空気の分子量の比
露点温度 t_{dp}：Murray 式より， 　　$t_{dp} = -b\ln(e/6.1078)/[\ln(e/6.1078)-a]$　(℃) 　ここで，$a = 17.2693882$，$b = 237.3$（水面上） 　　　　　$a = 21.8745584$，$b = 265.5$（氷面上）
比容積 v： 　　$v = 0.004555(x+0.622)t$　(m³/kg')

示す．線図上で，ある湿り空気の状態を示す1点を状態点と呼ぶ．ある2つの要素数値（例えば乾球温度と湿球温度）が定まれば状態点が定まり，他の値（相対湿度，絶対湿度，露点温度，エンタルピーなど）が求まる．

b. 除湿または加湿を伴わない加熱・冷却

除湿または加湿を伴わない加熱・冷却（暖冷房）では，水蒸気量の変化がないので絶対湿度は一定であり，湿り空気線図上では，状態点が絶対湿度線（水蒸気圧線）に平行に右（加熱）または左（冷却）に移動する．ただし，冷却が進んで露点温度以下になると除湿を伴う．

c. 加湿冷却（気化冷却）

空気中で水が蒸発する際（例えば細霧冷房）の気化熱は空気から受けるので，気化冷却は，空気のもつ顕熱が潜熱に置き換わることにほかならない．したがっ

3.2 湿り空気の物理的性質と伝熱

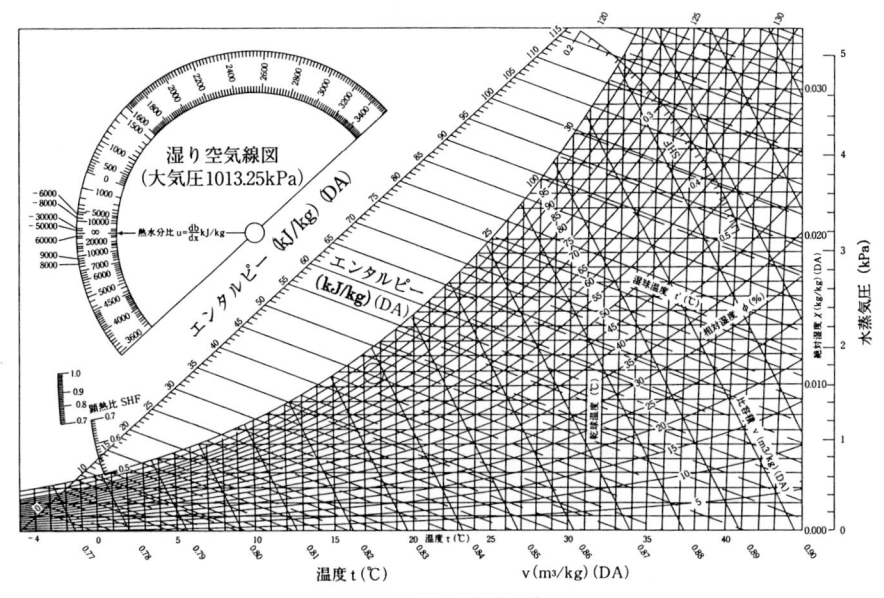

図 3.2 湿り空気線図[3]
（巻末に拡大図を掲載）

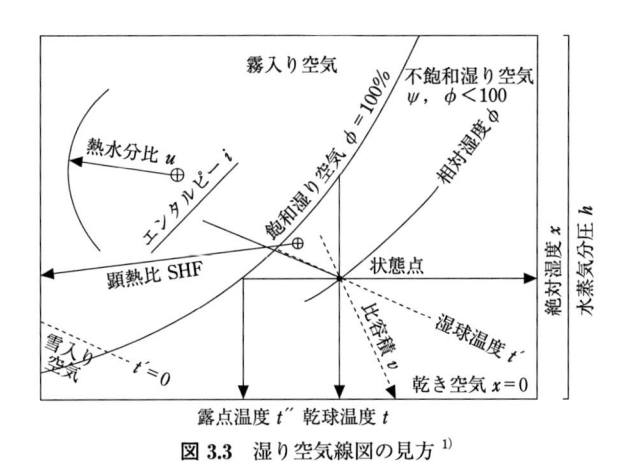

図 3.3 湿り空気線図の見方[1]

て，空気のエンタルピーは変化しない．厳密には，蒸発する水がもっている熱が加わるのでその分，エンタルピーはわずかに増加する．湿球温度と同じ水温の水が蒸発する場合，湿り空気線図上の状態点は，湿球温度の線に平行に移動する．

d. 2種の湿り空気の混合

状態点の異なる2種の湿り空気を混合した場合，湿り空気線図上での状態点は，混合前の2種の状態点を結ぶ直線上の，混合比で内分した点となる．

3.2.4 湿度測定

湿度測定には，表3.3に示すセンサーが用いられる．相対湿度90%以上，または30%以下では，精度よく測定できるセンサーが限られる．この中で，乾湿球温度計が高湿度において比較的精度が高く，ヒステリシス（加湿過程と減湿過程の特性の違い）の問題がないことから，環境測定実験でよく使われる．湿球温度測定では，センサー感部の気流速度が $5\,\mathrm{m\cdot s^{-1}}$ を超えると指示値がほぼ正しくなることから，精度を高めるためにはこの気流速度以上になるように通風し測定する．また乾球温度測定においても，日射など放射の影響を受ける場合には通風して測定するのがよい．なお，霧が浮遊する空気を通風した乾流湿度計で測定すると，乾球センサー感部に水滴が付着し，正しく乾球温度が測定できないことがあるので，注意が必要である．

高分子膜，セラミック，サーミスターなどの湿度センサーは，湿度による電気抵抗，静電容量，熱伝導度の変化を電気的に計測し，相対湿度または絶対湿度を求める．これらのセンサーは連続計測に利用できる．

表3.3 湿度センサーの種類[4]

センサー	原理
高分子静電容量変化式	高分子膜の比誘電率が空気の湿り具合で変化することを利用
高分子電気抵抗変化式	乾湿材料に第4級アンモニウム塩を用い，水蒸気量によって Cl^- の電離作用が異なることなどを利用
サーミスター絶対湿度センサー	水蒸気量による加熱サーミスターからの放熱量変化を，サーミスターの抵抗変化として取り出す
乾湿球温度計	乾球温度と湿球温度を測定し，Sprungの公式から水蒸気圧や相対湿度を計算
赤外線式水蒸気分析計	水蒸気量による赤外線吸収量の差を利用
鏡面冷却式露点計	鏡面を電子冷却素子などで冷却し，結露の始まりを光学的に判定

3.2.5 空気への伝熱

昼間,温室内の床面や構造材で吸収された日射熱の多くは,対流によって室内空気に顕熱として加わり室温を上昇させると同時に,土壌からの蒸発によって潜熱として加わり水蒸気量を増加させる.すなわち,床面から空気への対流による顕熱伝達および潜熱伝達がある.空気に加わる熱量が同じ場合,地表面や植物体表面での顕熱伝達量が潜熱伝達量に対して大であるほど室温上昇が大きく,その逆であれば室温上昇は小さい.湿り空気の容積比熱は水のそれのおよそ3500分の1と小さいので,わずかな顕熱の出入りで温まりやすく冷めやすい.

3.3 空気流動

3.3.1 個葉のガス交換に及ぼす気流の影響

一様な速度分布の気流中において,気流方向に平行に置かれた葉近傍の気流速度は葉面に近づくにつれて低下し,葉面では気流速度 0 m·s^{-1} となる.葉面付近において気流速度の低下する領域を葉面境界層(leaf boundary layer)と呼ぶ.葉面境界層は,葉面の風上側前縁から後方に向かって厚くなる.葉面境界層は,大気と葉面の間での二酸化炭素(CO_2)や水蒸気の輸送に対して比較的大きな抵抗として働く.葉面境界層抵抗は気流速度の低下に伴い増大し,植物体周辺の気流速度 0.5 m·s^{-1} 以下で特に著しく増大する.葉面境界層抵抗は,気流に対する

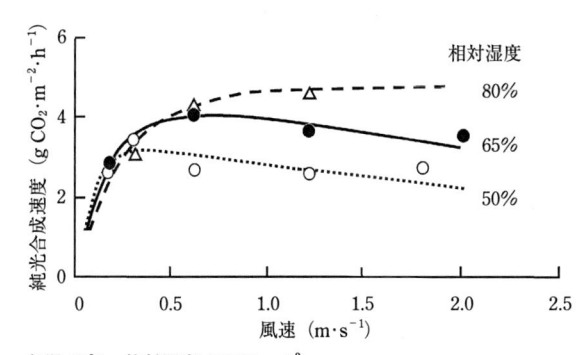

気温 25℃,放射照度 420 W·m^{-2}.

図3.4 キュウリ葉の純光合成速度に及ぼす風速と相対湿度の複合影響(矢吹,1985)[32]

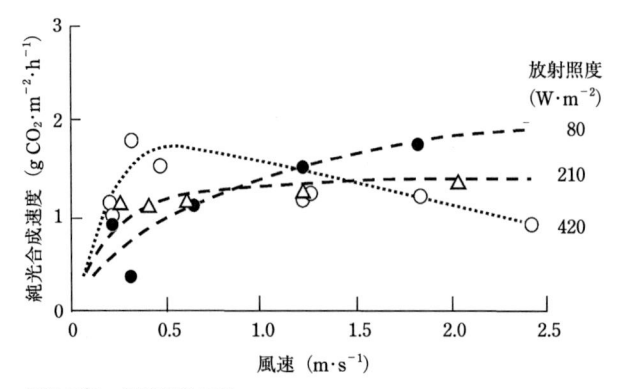

図 3.5 キュウリ葉の純光合成速度に及ぼす風速と放射照度の複合影響（矢吹，1985）[32]

気温 25℃，相対湿度 50%．

葉の傾き角度により異なり，またイネなどの細葉に比べて，レタスなど広葉になるほど葉面境界層抵抗が大きくなることに留意しなければならない．

さまざまな環境要素と植物の光合成あるいは生育との関係を複合的にとらえようとする場合，気流速度は重要な因子となる．一般に，気流速度 0 から 0.5 $m·s^{-1}$ の範囲では，気流速度の増加に伴い純光合成速度は増加する．図 3.4 では，相対湿度 80% のときの純光合成速度は，0 〜 1.2 $m·s^{-1}$ までの $m·s^{-1}$ の増加に伴い増加するが，相対湿度が 50 〜 65% に低下すると，気流速度 0.5 〜 1 $m·s^{-1}$ から純光合成速度は低下し始め，また純光合成速度の最大値が相対湿度 80% での最大値より小さくなる．しかし図 3.5 のように低相対湿度下でも，光が弱くなると，高相対湿度のときと同様，気流速度の増加に伴い純光合成速度は増加する．植物が低相対湿度，高光強度および高気流速度下に置かれると，一時的に蒸散速度が上昇し，その結果，葉内水分が急激に減少する．葉内水分の減少に伴い，水ストレスに起因する気孔開度の低下が生じ，純光合成速度が低下することになる．

他方，高相対湿度下で蒸散速度が低い場合，レタスやイチゴの若い葉の周辺部が褐変する「チップバーン」と呼ばれる生理障害が生じることがある．これは蒸散流に伴って移動するカルシウムの不足によるものである．チップバーンを防ぐためには，若い葉近傍の気流速度を高めて，蒸散速度を高める方法が有効である．

3.3.2 個体群のガス交換に及ぼす気流の影響

施設栽培では植物を高密度の個体群状態で栽培することが多い．個体群状態で生育する植物のガス交換に及ぼす気流速度の影響は，個体レベルでの影響に比べて，さらに顕著である．図3.6は，草丈約15 cmの矮性イネ個体群の純光合成速度および蒸発散速度に及ぼす個体群上の気流速度の影響を示す（Kitaya *et al.*, 2000）．気流速度が$0 \sim 0.8$ m・s^{-1}の範囲で，気流速度の増加に伴い，純光合成速度および蒸発散速度はほぼ直線的に増加した．植物個体群上を水平方向に送風するといった通常の気流調節方法では，個体群上に比べて個体群内では気流速度が極端に低くなり葉面境界層抵抗値が増加するので，植物葉と周辺空気との間の熱，CO_2および水蒸気の交換は抑制される．栽植密度が増加（葉面積指数が上昇）するのに伴い，個体群内気流速度の低下が顕著になるため，個体群上での水平気流速度の増加による光合成促進効果は小さくなる．このように，個体群の純光合成速度および蒸散速度を最大にするためには，個葉の場合に比べてさらに高い個体群上気流速度が必要である．個体群状態の植物の成長やガス交換を促進するための気流環境調節について，鉛直方向（植物の茎方向）の下降気流が，ガス交換および成長促進に有効である．

気流速度は，個体群と個体群上大気との間の熱－ガス交換にも大きく影響する．例えば，草高10 cmのナス苗個体群（草高9 cm，葉面積指数3）では，個体群

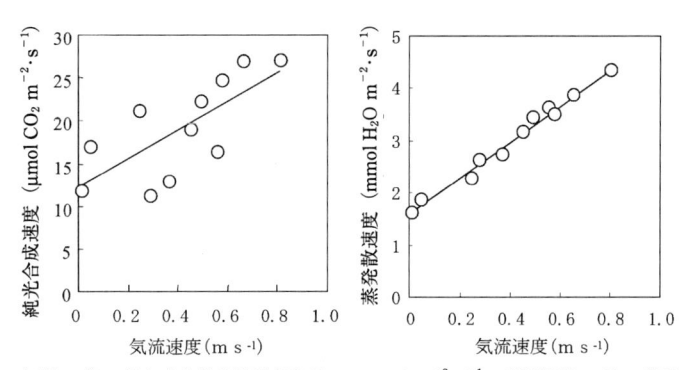

気温28℃，光合成有効光量子束密度 580 μmol・m^{-2}・s^{-1}，相対湿度65%，葉面積指数（葉面積／床面積）1.4で測定．

図 3.6 矮性イネ個体群の純光合成速度および蒸発散速度に及ぼす気流速度の影響（Kitaya *et al.*, 2000）[33]

内の気温は個体群外に比べて暗黒下で 2℃ 低くなり,光照射下（短波放射フラックス 170 W・m^{-2}）で 3℃ 高くなった（Kitaya et al., 1998）.光照射下において,個体群内の水蒸気圧は,個体群外（相対湿度 65%）に比べて 0.6 kPa（相対湿度では約 20%）高くなり,個体群内の CO_2 濃度は,個体群外（300 µmol・mol^{-1}）に比べて 30 µmol・mol^{-1} 低くなった.気流速度 0.5 m・s^{-1} においても,草高 13 cm,葉面積指数 2.5 のイネ苗個体群内の CO_2 濃度は,33 µmol・mol^{-1} 低下した（平井ら,1989）.これら個体群内外の環境要素の差異は,群落上の気流速度を高めることにより小さくできる.また,鉛直方向の気流は,個体群内の環境要素をほぼ均質にすることが可能である.このように,施設栽培など半閉鎖型植物生産施設内では,葉面境界層抵抗値を小さくする目的に加えて,植物体を取りまく気温,湿度,CO_2 濃度なとの大気環境要素の空間分布を均一化するためにも,空気を十分に流動させる必要がある.

3.3.3 温室内の気流環境

温室内では,野外に比べて一般に気流速度は低く,特に冬期の閉めきった温室内では気流速度の低下が著しい.したがって,暖房されている温室内の気温分布を均一にしたり,作物群落内部の高相対湿度環境あるいは低 CO_2 濃度環境を緩和して生育促進を計るためには,温室内の空気を流動させる必要がある.また,低気流速度のために葉面境界層抵抗値が大きくなりやすいことに,特に留意する必要がある.

a. 換気時の温室内気流

温室内の温度,相対湿度,あるいは CO_2 濃度を調節するために,天窓や側窓を開けて自然換気を行うとき,温室内部には気流が生じる.自然換気時の温室内気流速度分布は,換気窓の位置,屋外風速,屋外風向によって大きく異なる.実際のトマト栽培温室内の気流速度分布について,天窓を開けただけの自然換気時,および換気風量 105 m^3・min^{-1} の有圧型換気扇による強制換気時について調べた結果を図 3.7 に示す.温室外の気流速度は 1 m・s^{-1} であるにもかかわらず,自然換気時には温室内の大部分の気流速度は 0.1 m・s^{-1} 以下である.一方,強制換気時には自然換気時に比べて気流速度は増加しているが,それでも最高で 0.31 m・s^{-1} にすぎず,個体群内（高さ 0.5 m 以下）の大部分では 0.1 m・s^{-1} 以下であ

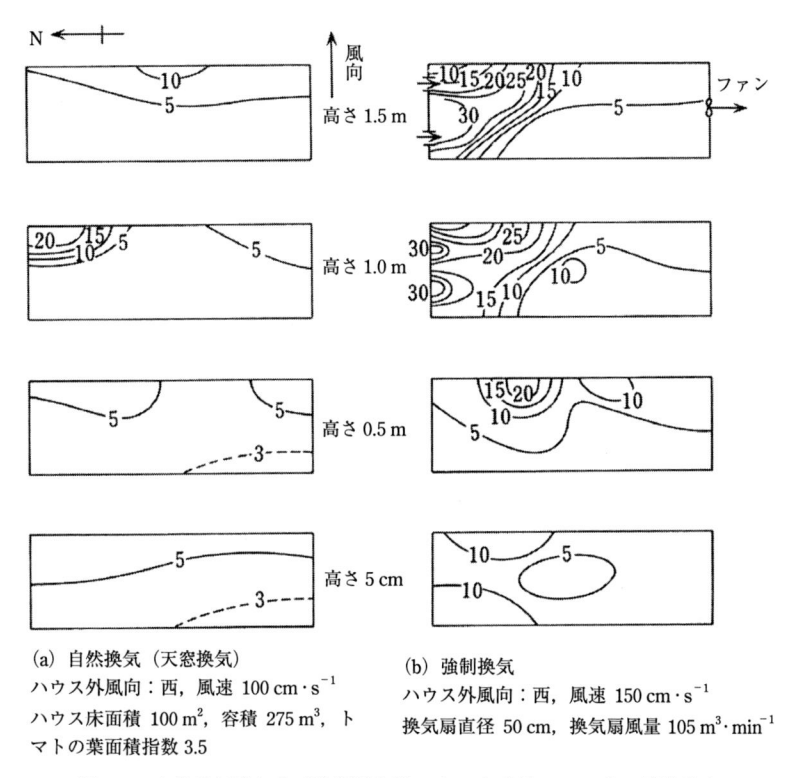

図 3.7 自然換気時および強制換気時のトマト栽培ハウス内の風速分布（単位 cm·s^{-1}）（河野，1987）[34]

(a) 自然換気（天窓換気）
ハウス外風向：西，風速 100 cm·s^{-1}
ハウス床面積 100 m^2，容積 275 m^3，トマトの葉面積指数 3.5

(b) 強制換気
ハウス外風向：西，風速 150 cm·s^{-1}
換気扇直径 50 cm，換気扇風量 105 m^3·min^{-1}

る．このように，換気だけで温室内の気流条件を作物の生育に好適な 0.5～1 m·s^{-1} に維持することは，実際には困難である．

b. 温室内の気流環境調節

温室内の環境条件を均一にし，また純光合成速度や蒸散速度を高めて生育を促進するために，温室内にファンを取り付け強制的に温室内空気を撹拌し，気流速度を増大させる方法がある．例えば冬期，閉めきられ暖房されたトマト温室でこの方法を用いた場合，植物近傍における気温は約 4℃ 上昇し，相対湿度は 10% 低下し，光合成が促進されて収量が増え，病害の発生も抑制されたことが報告されている（藤本ら，1971）．また葉面境界層抵抗値を小さくするため，原薗・矢吹はキュウリ植物体を毎秒 1～2 回の周期で揺らせて栽培し，20～30% の増収

を得ている．

複数のファンを用いた水平方向の送風の場合（図3.8（a）），ファンの回転軸の方向を温室内を循環する大きな空気の流れの方向に平行になるようにファンを設置すると，ファンの回転に対する抵抗が小さく，比較的少ないエネルギーで高速度の気流を維持できる．ファンの回転軸の方向を温室中央に向けて少し回転させると，温室内はより均一な気流速度分布になる．

ファンとダクトを用いた送風（図3.8（b））は，暖房と併用して行われることが多い．おもに暖房による気温上昇を温室内で均一化する目的で行われる．気流による成長促進効果を得るためには，ダクトの本数を増やすか，ファンの風量を増す必要があるが，ダクトの設置場所が限られていることや，ダクトを増やすことにより日射透過量が減少するので，ファンの風量を増すことで気流環境の改善を図る必要がある．

撹拌扇を用いた送風の場合（図3.8（c）），一般に温室内の平均気流速度は0.2

図3.8 栽培施設内での送風システムの例
(a) 複数のファンを用いた水平方向の送風（徳島県）
(b) ファンとダクトを用いた送風（大阪府大，稲本勝彦博士のご厚意による）
(c) 撹拌扇を用いた送風（静岡県）

m·s^{-1}以下であり，気流環境の改善効果はあまりみられない．個体群内への送気方法として有効であるので，効果を上げるためには，ファンの能力を高めるか，あるいは設置位置を検討する必要がある．

3.4 温度（暖房・保温・換気・冷房）

3.4.1 暖　　　　房

屋外で作物を栽培できない厳寒期においても，暖房（heating）することによって各種作物の栽培が可能となることに温室の大きな特徴がある．暖房は広く普及した技術であり，わが国の全施設面積のおよそ43%が暖房装置を装備している．暖房には，装置費と運転経費がかかるので，この経費の節減が重要である．そのため，第一には保温性の向上，第二には装置費・運転経費がともに経済的な暖房方式の導入が必要となる．

a. 暖房計画

暖房設備を導入するにあたっては，以下の諸点が満足されていることが望ましい．① 屋外の気象条件に対して，希望する設定室温や設定地温を維持できる設備容量をもつ．② 暖房時の温室内の温度分布が均一である．③ 暖房設備が初期経費および運転経費の面で，経済的に有利である．④ 暖房装置による栽培面積の減少，作業性の低下が少ない．⑤ 制御性がよく，保守をあまり必要としない．⑥ 停電時や故障時の対策がとられている．

b. 暖房負荷

室温を設定温度に維持するのに必要な暖房熱量を，暖房負荷（heating load）と呼ぶ．導入する暖房設備容量を決定するためには，数年に一度発生するような屋外の最寒時の暖房負荷を求めなければならない．この暖房負荷を最大暖房負荷と呼ぶ．また，栽培期間中あるいは一定暖房期間中の暖房用燃料消費量・燃料費を推定するためには，その期間中の暖房負荷を求めなければならない．この暖房負荷を期間暖房負荷と呼ぶ．

1）最大暖房負荷の算定　暖房供給熱量は，図3.9のように，貫流伝熱，隙間換気伝熱，および地表伝熱によって温室外に失われる．したがって，式（1）の熱収支式が成り立つ．貫流伝熱量（Q_t，単位 W），隙間換気伝熱量（Q_v），お

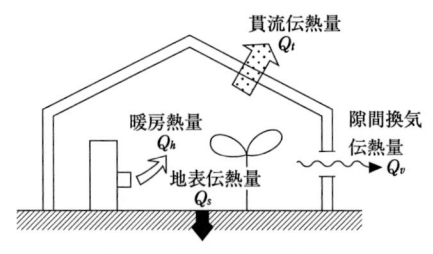

図 3.9 暖房温室の熱収支

よび地表伝熱量（Q_s）は式（2）〜（4）から推定でき，これを式（1）に代入すれば，最大暖房負荷（または暖房熱量）（Q_h）が求まる．Q_hに1.1前後の安全率をかける場合もある．

$$Q_h = Q_t + Q_v + Q_s \tag{1}$$
$$Q_t = A_g \cdot h_t \, (\theta_c - \theta_{ou}) \tag{2}$$
$$Q_v = A_g \cdot h_v \, (\theta_c - \theta_{ou}) \tag{3}$$
$$Q_s = A_s \cdot q_s \tag{4}$$

ここで，A_g：温室の被覆面積（m²），A_s：温室の床面積（m²），θ_c：暖房設定室温（℃），θ_{ou}：設計外気温（℃），h_t：熱貫流率（W·m^{-2}·K^{-1}），h_v：隙間換気伝熱係数（W·m^{-2}·K^{-1}），q_s：単位床面積当たりの地表伝熱量（地表熱流束，W·m^{-2}）．式（2）〜（4）は実験から得られた経験式である．h_tおよびh_vは，単位被覆面積当たりの伝熱係数で，h_tには表3.4または表3.5の値を，h_vには表3.6の値を使う．最大暖房負荷算定のためのθ_{ou}には，数年に一度生じる最低外気温を用いる．q_sには表3.7の値を使う．符号は，熱流が下向きのときに正である．地表伝熱が負の値のときは暖房負荷を軽減するが，設定室温が高い場合や寒冷地では正の値となることがある．表3.4〜表3.7の値は，実験にもとづく数値である．

表 3.4 1重固定被覆の熱貫流率 [11]

被 覆 資 材	h_t (W·m^{-2}·K^{-1})
ガラス，合成樹脂（FRP, FRA, MMA）	5.8
塩化ビニルフィルム	6.4
ポリエチレンフィルム	6.8

表 3.5 保温被覆時の熱節減率および熱貫流率 h_t [11]

保温方法	保温被覆資材	熱節減率		熱貫流率 h_t $W \cdot m^{-2} \cdot K^{-1}$	
		ガラス室	ビニルハウス	ガラス室	ビニルハウス
2重被覆	ガラス,塩化ビニルフィルム	0.40	0.45	3.5	3.5
	ポリエチレンフィルム	0.35	0.40	3.8	3.8
1層カーテン	ポリエチレンフィルム	0.30	0.35	4.1	4.2
	塩化ビニルフィルム	0.35	0.40	3.8	3.8
	不織布	0.25	0.30	4.4	4.5
	アルミ割布(シルバ2:透明1)	0.35	0.40	3.8	3.8
	アルミ混入フィルム	0.40	0.45	3.5	3.5
	アルミ蒸着フィルム	0.50	0.55	2.9	2.9
2層カーテン	ポリ+ポリ	0.45	0.45	3.2	3.5
	ポリ+不織布	0.45	0.45	3.2	3.5
	塩ビ+ポリ	0.50	0.50	2.9	3.2
	塩ビ+不織布	0.50	0.50	2.9	3.2
	塩ビ+塩ビ	0.55	0.55	2.6	4.9
	塩ビ+アルミ割布(シルバ2:透明1)	0.55	0.55	2.6	4.9
	ポリ+アルミ蒸着	0.65	0.65	2.0	2.2
外面被覆	温室用ワラゴモ	0.60	0.65	2.3	2.2

表 3.6 隙間換気伝熱係数 h_v の値 [11]

温室の種類	h_v $W \cdot m^{-2} \cdot K^{-1}$
ガラス室	0.35〜0.6
ビニルハウス	0.25〜0.45
1層カーテン	0.2 〜0.3
2層カーテン	0.15〜0.25
3層カーテン	0.05〜0.15
完全気密温室	0

表 3.7 地表伝熱量 q_s ($W \cdot m^{-2}$) [11]

保温被覆	無		有	
内外気温差	暖地	寒地	暖地	寒地
10℃	-24	-18	-18	-12
15℃	-12	-6	-6	0
20℃	0	+6	+6	+12

2) 期間暖房負荷の算定 期間暖房負荷は,まず毎日の暖房負荷(日暖房負荷)を算定し,これを一定期間にわたり,積算することによって求められる.日暖房負荷は,各時間の暖房負荷を積算することによって求められる.式(2),(3) の $(\theta_c - \theta_{ou})$ を1日積算した値を日暖房デグリアワー(DH)と呼び,$(\theta_c - \theta_{ou})$ の代わりに DH を代入すれば,1日の各負荷が推定できる.

表 3.8 燃料の平均発熱量 β [11]

種類	$J \cdot l^{-1}$
灯油	34.4×10^6
軽油	35.4×10^6
A重油	36.7×10^6
B重油	38.5×10^6

表 3.9 暖房システムの熱利用効率 η [11]

暖房方式	η
温風暖房	0.7〜0.85
温水暖房	0.6〜0.8

表 3.10 夜間管理温度（ネポンハウスカオンキ研修テキスト）

作物	最適温度（℃）	限界温度（℃）	作物	最適温度（℃）	限界温度（℃）
イチゴ	10〜 5	3	バラ	18〜13	12
キュウリ	15〜10	8	ファレノプシス	25〜20	15
スイカ	18〜13	10	ユリ	25〜18	10
トマト	13〜 8	5	ラン	23〜18	15
ナス	18〜13	10	サクランボ	13〜 7	5
ピーマン	20〜15	12	ナシ	23〜18	15
温室メロン	25〜18	15	ブドウ	20〜15	13
メロン	20〜15	8	ミカン	25〜18	16
カーネーション	15〜10	8	カキ	20〜15	13
キク	22〜20	8	モモ	18〜13	10
シクラメン	18〜13	12			

数値は，品種・生育時期・栽培体系などによって変化する

3) 燃料消費量の推定　　燃料消費量 V_f ($l \cdot h^{-1}$) は，以下より求まる．

$$V_f = \frac{Q_h}{\beta \cdot \eta} \times 3,600 \tag{5}$$

ここで，Q_h：暖房負荷（W），β：燃料の発熱量（$J \cdot l^{-1}$），η：暖房システムの熱利用効率（温室暖房に利用される熱量／燃料の発熱量），3,600 s = 1 h，である．βには，表3.8の値を，ηには，表3.9の値を用いる．

c. 暖房設定温度

暖房設定温度は作物によって異なる．表3.10に暖房時の作物別の管理温度の例を示す．果菜類などの温度管理では，1日をいくつかの時間帯に区分し，時間帯によって設定温度を変える変温管理が多く取り入れられている．暖房時間帯の日没後数時間（前夜半）は，光合成産物の転流を促進するために気温を高めに維持し，その後翌朝まで（後夜半）は呼吸による消耗を抑制するため気温を数度下

げ，日の出前に光合成の適温に昇温（早朝加温）させる方法である．

d. 各種暖房方式

わが国の温室では，石油を燃料とする温風暖房方式が全体の88%，温水暖房（温湯暖房とも呼ぶ）方式が8%を占め，この2方式で96%を占める．これ以外の暖房方式としては，太陽熱利用方式が0.2%，地下水・地熱利用方式が2.5%，

表3.11 暖房方式の種類と特徴（文献[11]に加筆）

方式名	方式概要	暖房効果	制御性	保守管理	設備費	その他	適用対策
温風暖房	空気を直接加熱する	停止時の保温性に欠ける	予熱時間が短く，立上りが早い	水を扱わないので取扱いが容易である	温水暖房に比べてかなり安価である	配管や放熱管がないため，作業性に優れている．燃焼空気を室内から取り込む場合には換気が必要である	温室全般
温水暖房	60〜80℃の湯を循環し，温室内の暖房管で空気と熱交換する	使用温度が低いので温和な加熱ができる．余熱が多く停止後も保温性が高い	予熱時間が長い．温水温度を変えて負荷変動に対応できる	ボイラの取扱いは蒸気に比べて容易である．	配管・放熱管を必要とし，割高である	寒冷地では凍結の恐れがあり，水抜き保温対策に十分な考慮をする必要がある	高級作物の温室大規模施設
電熱暖房	電気温床線や電気温風ヒーターで暖房する	停止時の保温性に欠ける	予熱時間が短い．制御性が最もよい	取扱いは最も容易である	最も安価である	実用規模の施設では経済的でない	小型温室育苗温室地中加温補助暖房
ヒートポンプ暖房	ヒートポンプから50〜60℃の温水を水—空気熱交換器または配管に送り，熱交換する	温水暖房と同様	温水暖房と同様	地下水利用の場合はろ過器の目づまりを定期的に取り除く	比較的高価である	冷房や除湿にも利用できる．運転経費を安くするためには，地下水利用が必要である	冷房・暖房を必要とする温室
	温風吹出のヒートポンプもある	温風暖房と同様	温風暖房と同様	温風暖房と同様			

LPガスや石炭などの石油代替熱量利用方式が1.0%である．

プラスチックハウスでは温風暖房が主体であるが，ガラス温室では温風・温水暖房がほぼ半々になっている．また，野菜，果樹栽培に比べ，花卉栽培で温水暖房の比率が高い．

各種暖房方式の特徴　　表3.11に，各種暖房方式の特徴を示す．暖房方式の特徴は，制御性・保守管理・設備費および運転経費・耐用年数などの観点から比較することができる．

① 温風暖房方式：設備費が温水暖房のおよそ3分の1と安く，制御性にも優れ，設置工事も簡単であることから多用されている．温風暖房では，温室内の気温分布を均一にするために，プラスチックフィルム・ダクト（温風ダクト）を用いて配風を行うのが普通である．温風ダクトの配置は，温室の大きさや，畦方向，暖房機の設置位置により変わってくる．図3.10に温風ダクトの配置例を示す．暖房システムの熱利用効率（燃料油の発熱量に対する，温室暖房に利用できる熱量の割合）は表3.9に示した通りで，温水暖房よりも高い．

② 温水暖房（温湯暖房）方式：ボイラーで60〜85℃の湯を沸かし，温室内に設置した放熱管に送り，温室内で熱交換させる．温水暖房での放熱配管には，ベアパイプと呼ばれる炭素鋼管（ガス管）のほかに，これにフィンを巻き付け，単位長当たりの放熱量を高めたエロフィンパイプが多く使われている．ダッチラ

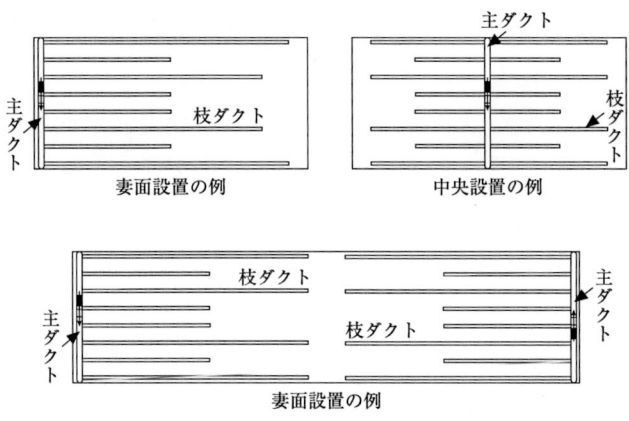

図 3.10　温風ダクトの配置例（ネポン株式会社資料より）

図 3.11 床面近くに配管された暖房用パイプ（作業車のレールを兼ねる）

イト型温室（フェンロー型温室）と呼ばれるオランダ式の大型温室では，床面付近に暖房管が配管されており，図 3.11 のように作業車や運搬車，薬剤散布ロボットのレールを兼ねている．暖房管による熱交換は自然対流によるものであり，温室内の気流速度は，温風暖房に比べ小さい．温水暖房では，配管内に残湯があることから暖房（送水ポンプ）の ON-OFF による室温の変化は緩やかである．

③ 電熱暖房方式：電気温風機と電気温床線がある．制御性がよく，取り扱いも簡単であるが，熱量単価が石油暖房機に比べると高くなるため，育苗や小規模温室での利用に限られる．電気温風機は，500 W 〜 15 kW のものがある．電気温床線には 500 W または 1 kW のものがある．最近では，パネル形状のヒーターも市販されている．電気温床線は，育苗ベッドに埋め込む，あるいは育苗ポット下に配線して，地温上昇および植物付近の気温上昇に使われる．

④ ヒートポンプ暖房方式：ヒートポンプ（heat pump）とは，低温熱源から吸収した熱を，高温熱源に変えて放出する装置であり，暖房のみならず冷房・除湿にも利用できる．最近では，他の方式と比較して経済的メリットがみられないことから，ごく一部で冷房目的に導入したヒートポンプを暖房に併用しているのが実情である．

⑤ 自然エネルギー利用暖房方式：省エネルギー暖房方式として，温室内のカーテン上に地下水を散水して保温を図るウォーターカーテン方式，昼間の温室内

の太陽余剰熱を温室床面下土壌に蓄熱し，この熱を夜間の暖房に使う地中熱交換方式，熱蓄熱材に蓄熱する潜熱蓄熱方式などがある．これらの方式は，石油ショックを機に開発されたが，現在での利用はきわめて少ない．

e. 地中加熱

温水パイプや電気温床線を地中に埋没して加熱する方法を，地中加熱（地中加温）と呼ぶ．特に日照が少なく，地温低下がみられる北海道や日本海側の積雪地帯において，地中加温の実施割合が高くなっている．地中に埋設した外径20〜25 mmのプラスチックパイプに，40〜45℃程度の温水を流し，加温する方法である．装置の構成は，温水暖房と同じである．最近では，地中加熱と土壌消毒の両方に使えるシステムが開発され，使用され始めている．

3.4.2 保　　　温

暖房を行う温室においては暖房経費の節減，ひいては化石燃料の節減およびCO_2排出量の削減といった観点から，保温が重要である．また，無加温（無暖房）温室においても，夜間の室温をできるだけ高く維持するために保温は欠かせない．1973年の第一次オイルショックを契機に，保温カーテン（thermal screenまたはthermal curtain）をはじめとした多層被覆が普及し，より保温性の高い被覆資材が開発されてきた．特に保温カーテンは保温技術として定着しており，わが国の全施設のおよそ37％が装備している．保温の要因は，①多重多層被覆のように温室の断熱性が高いこと，②室内の土壌などへの蓄熱により外気温が低下しても室温が外気温より高く維持できること，の2つである．通常は，前者を指すことが多い．

a. 温室からの放熱と断熱性向上

保温を考える場合，温室内の熱がどこから失われているかを把握しなければならない．冬期夜間の暖房温室からの放熱は，図3.9に示すように，①被覆資材を通過する放熱（貫流伝熱），②被覆資材の重ね目や出入り口の隙間からの放熱（隙間換気伝熱），③地中への放熱（地表伝熱）の3つからなる．昼間の床面土壌への蓄熱が多く地温が高くなっている場合には，暖房時であっても床面から室内へ向かう熱流がみられる．一般の暖房温室では，概略，放熱量に占める各伝熱量の割合は，貫流伝熱が60〜100％，隙間換気伝熱が5〜20％，地表伝熱が±

20%を占める．伝熱割合の高い貫流伝熱の抑制手段として，① 被覆枚数を増やして空気層を増やすこと，② 保温性の高い被覆資材を利用することの2つがある．被覆枚数を増やすことは，貫流伝熱抑制とともに，隙間換気も抑えられるので，隙間換気伝熱の抑制にもつながり，保温に効果的である．

b. 保温被覆の種類

保温のために固定被覆に付加する被覆を保温被覆と呼んでいる．保温被覆には，図3.12に示すような種類がある．被覆枚数を，固定被覆では1重，2重と呼び，開閉式のカーテンでは1層，2層と呼ぶ．

1) 固定多重被覆　2重固定被覆などの固定多重被覆は，透過光量の低下が避けられないため，わが国での利用はわずかである．アメリカでは，2層の固定被覆材の間にブロワーで空気を吹き込んで空気層を設ける空気膜ハウスが普及している．

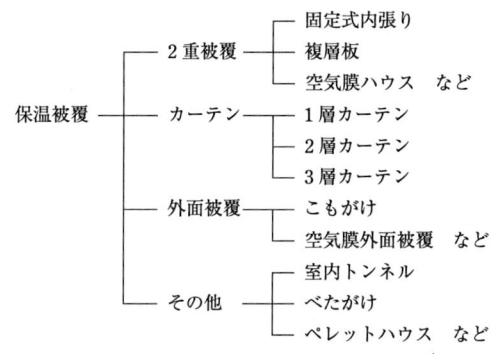

```
              ┌─ 2重被覆 ──┬─ 固定式内張り
              │            ├─ 複層板
              │            └─ 空気膜ハウス　など
              │
              ├─ カーテン ──┬─ 1層カーテン
保温被覆 ─────┤            ├─ 2層カーテン
              │            └─ 3層カーテン
              │
              ├─ 外面被覆 ──┬─ こもがけ
              │            └─ 空気膜外面被覆　など
              │
              └─ その他 ───┬─ 室内トンネル
                           ├─ べたがけ
                           └─ ペレットハウス　など
```

図3.12　保温被覆の種類（岡田，1987）[13]

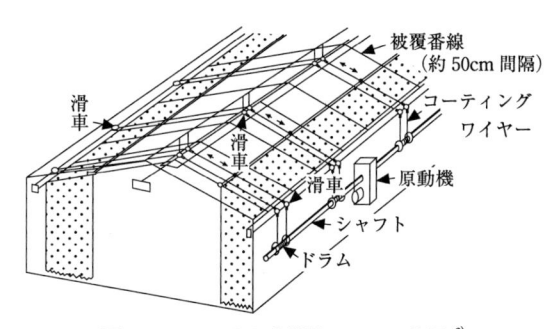

図3.13　スライド式保温カーテン装置 [6]

表 3.12 保温カーテン用被覆資材 [7)]

種　類	特　徴
ポリエチレン	透明でべたつきがない．保温力は，塩化ビニルよりやや低い
塩化ビニル	透明．カーテン用製品はべたつきが少ない
ポリオレフィン	ポリエチレンやエチレン・酢酸ビニル共重合の多重構造となっている．べたつきがなく軽い．赤外線吸収剤を配合したフィルムでは，保温力は塩ビに近い
農酢ビ	ポリエチレンと塩化ビニルの中間的な性質
反射フィルム（シルバーポリ）	光線を通さない．べたつきは少ない．保温力は透明フィルムより高い
不織布	光線透過率は透明フィルムより低い（遮光を兼ねることができる）．ややごわごわする．透湿・透水性であるため室内の高湿と作物への水滴落下を防止する．保温力はポリエチレンよりやや低い
割布／織布	プラスチックフィルムを裁断し，細糸で編んだ資材などで，透湿・透水性がある．アルミの反射性資材を材料に用いたものは，長波（赤外）放射の放熱抑制効果がある．遮光兼用の資材もある
寒冷紗	光線透過率は低い（遮光を兼ねることができる）．通気性があり，保温力は最も低い

2）保温カーテン　図3.13に示す開閉式の保温カーテンが広く普及している．夜間は閉じ，昼間は開けることによって透過光量低下の問題が回避できる．したがって，保温性が高ければ光を透過しない被覆資材の利用も可能である．現状では，暖房温室のほとんどが保温カーテンを設置している．

保温カーテンが利用され始めた初期は，スライド開閉式の1軸1層カーテンであったが，その後2層のカーテンを個別に開閉する2軸2層カーテンが広まり，石油価格が高騰した一時期は3層カーテンも広まった．設備費もかかることから，現在は1層カーテンまたは2層カーテンの利用割合が多く，3層カーテンの利用は比較的少ない．2層カーテンあるいは3層カーテンでは，1層に遮光被覆資材を展張し，夏季高温時の遮光に併用する事例も多い．

カーテン用被覆資材は，表3.12に示すように多種ある．それぞれ価格，使用年数，保温性などに違いがある．

3）外面被覆　温室の外側を夜間だけわらごもなどで覆う外面被覆は，わが国ではトンネルなどのごく一部で利用されている程度である．わらごもによる外面被覆の保温効果は大きい．中国で多く見られる「日光温室」と呼ばれる温室は，南面を除く三方の側壁が厚さ約1mの泥土壁でできており，夜間わらごも

で外面被覆することによって，寒冷時には無暖房で室温を外気温より20℃近く高く維持できる．

4) 複層板 図3.14に示す複層構造の被覆資材を複層板と呼ぶ．2重のほかに3重あるいは4重構造の複層板があり，保温性に優れる．しかし光透過の減少があり，高価格であることから，温室の側面被覆に一部利用されている程度である．

c. 保温被覆による熱節減率

図3.15に，被覆枚数と保温性の関係を示す．図の縦軸の熱貫流率とは，被覆材の総体的な伝熱係数のことで，この値が小さいほど伝熱量が少なく，保温性（断熱性）に優れる．保温被覆による保温性は，保温被覆の種類と使用される被覆資材によって異なってくる．暖房温室で，それぞれの保温被覆によって暖房熱量がどの程度節減できるか（熱節減率）を表3.5で示した．

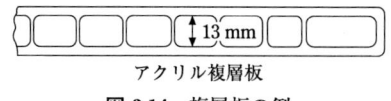

図3.14 複層板の例

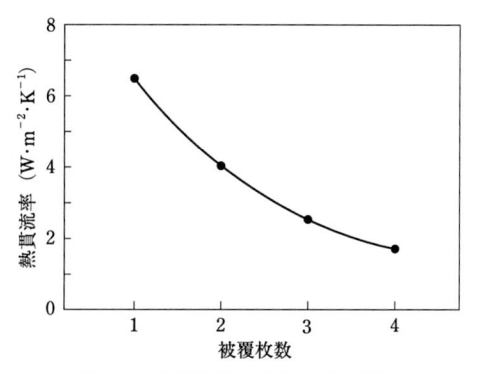

図3.15 被覆枚数と熱貫流率の関係

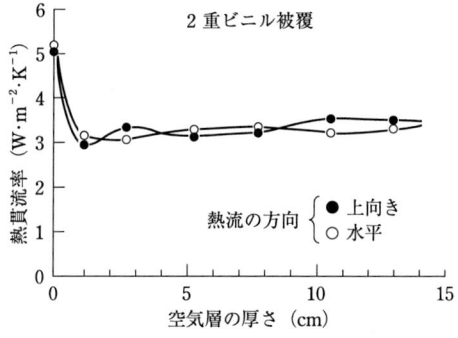

図3.16 被覆層間の間隔と熱貫流率の関係 [14]

d. 被覆資材間の距離と保温性

図3.16は，多重または多層被覆による被覆資材間の間隔と保温性の関係を示す．被覆層間の間隔が1cm以下であれば保温性は低下するが，1cm以上であれば保温性にほとんど違いがみられない．

e. 被覆資材の長波放射特性と保温性

被覆資材を通しての伝熱形態は，やや複雑である．被覆資材内外面では，対流

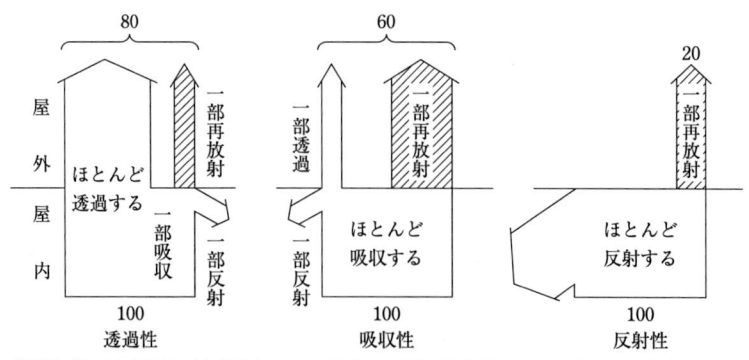

図 3.17 被覆資材の放射特性による保温性の違い [11]

伝熱と放射伝熱がある．被覆材内では伝導伝熱と透過放射伝熱がある．厚さの違いによる伝導伝熱量の違い（断熱材を除く）は，厚さが数 mm 以下の被覆資材ではきわめて小さい．また，対流伝熱は被覆資材の種類の影響をほとんど受けない．影響が大きいのが被覆資材の長波放射特性である．長波放射とは，常温付近の物体から放射される波長およそ 3～80 μm の赤外線のことで，放射冷却に関係する波長帯である．長波放射に関して，反射率＋吸収率＋透過率＝1 の関係が成り立つ．温室内外では長波放射による放熱があるので，図 3.17 に示すように，長波反射率が高い資材が保温性に優れる．アルミ蒸着フィルムなどがそれであるが，光線を透過しないため固定被覆には利用できない．透明被覆資材の長波反射率は同程度であり，その場合には，長波吸収率が高い（長波透過率が低い）資材が保温性に優れる．ポリエチレンフィルムは長波放射をよく透過するが，ガラスはほとんど透過しない．

f. 温室の温度逆転

無暖房温室の夜間の室温は，外気温よりも何℃か高いのが普通である．これは，昼間の蓄熱に起因する地中からの伝熱が熱源であり，被覆資材によって保温されるからである．しかし小型温室やトンネルでは，内部の気温が外気温より低くなる，いわゆる温度逆転の現象がまれにみられる．この現象は，昼間の蓄熱が少なく地温が低いために地中からの伝熱が少なく，一方，長波放射透過率の高いポリエチレンなどで被覆してあるために被覆資材を透過する放射伝熱が大きく，

結果として地中からの伝熱を上回ることによって生じる．晴天の放射冷却が大きい気象条件下でみられる．温度逆転が生じた場合は，換気をした方が室温を高くできることになる．

3.4.3 換　　　気

換気（ventilation）は，温室内の温度，湿度，二酸化炭素（CO_2）濃度に影響を与える．多くの場合，昇温抑制を目的として換気が行われるが，同時に，光合成によって室内 CO_2 濃度が低下したときには外気からの CO_2 補給の役目も果たしている．また，換気窓を閉じていることの多い冬季においては，室内の湿度を低下させる目的で換気することもある．また，換気によって気流が生じ，作物群落内および作物体のガス交換の促進などの効果もある．

a. 換気量の表し方

温室の換気量（amount of ventilation）を定量的に表すために，以下の表し方が使われる．

1）換気速度　単位時間に流入する空気容積（単位は，$m^3 \cdot h^{-1}$ または $m^3 \cdot min^{-1}$）．空気中の乾き空気質量（$kg\,DA \cdot h^{-1}$）で示す場合もある．

2）換気回数　換気による CO_2 の補給や湿度制御では，温室容積を基準とする換気回数（number of air exchanges）を用いるのが便利である．

換気回数（h^{-1}）＝換気量（$m^3 \cdot h^{-1}$）÷温室容積（m^3）

3）換気率　温室内の透過日射エネルギーや吸収日射エネルギーは単位床面積当たりで表されることから，昼間の温室内の熱の出入りを扱う場合には，温室床面積を基準とする換気率（ventilation rate per unit floor area）を用いるのが便利である．

換気率（$m^3 \cdot m^{-2} \cdot h^{-1}$）＝換気量（$m^3 \cdot h^{-1}$）÷温室床面積（$m^2$）
　　　　　　　　　　　　　＝換気回数（h^{-1}）×温室の平均高さ（m）

この式からわかるように，同一の温室であれば，換気率か換気回数のいずれかがわかれば他の 1 つが求まる．したがって，換気率と換気回数のいずれを用いても特に問題はない．

b. 必要換気率

温室内気温，CO_2 濃度，湿度などを設定値に維持するのに必要な換気率を必要

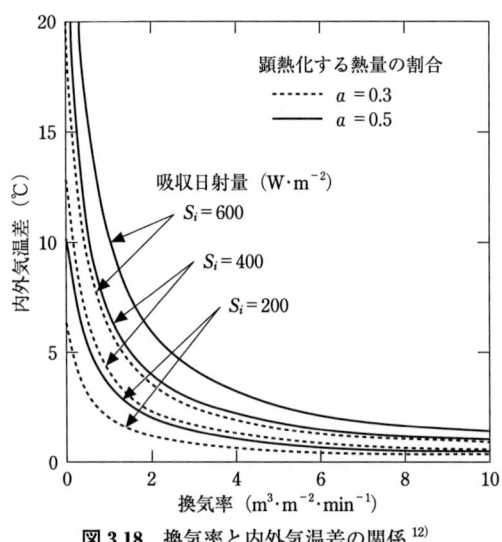

図 3.18 換気率と内外気温差の関係 [12]

換気率と呼ぶ.昼間の温室内気温は,温室内吸収日射エネルギーによって外気温より高くなる.温室内外気温差は,図 3.18 に示すように,換気率が大きいほど,温室内吸収日射エネルギーが小さいほど,また吸収日射エネルギーのうち顕熱化するエネルギー割合が小さいほど,小さくなる.換気率と温室内外気温差の関係は反比例的な関係にあり,同図の換気率が $0 \sim 3$（$m^3 \cdot m^{-2} \cdot h^{-1}$）の間では換気率の増加に伴い内外気温差は急減するが,それ以上の換気率の増加による内外気温差の減少は比較的緩やかとなることがわかる.同図から,内外気温差をある温度にするための必要換気率が求まる.

c. 換気方式と特徴

換気は,換気窓を開けて換気する自然換気（natural ventilation）または窓換気と,換気扇を用いた強制換気（forced ventilation）または換気扇換気に大別される.現状では,強制換気を利用している施設面積比率は 18% 程度で,残りは自然換気を利用している.自然換気のうち,自動天側窓開閉装置を設置している面積は 13% である.したがって,多くは手動開閉による自然換気が行われている.

1）自然換気設備 図 3.19 に自然換気に用いられる換気窓の分類を示す.換気窓には,温室の奥行き方向に長く連続して取り付けた窓（連続型）と,何ヶ

はね上げ式天窓と側窓　　引き違い式側窓

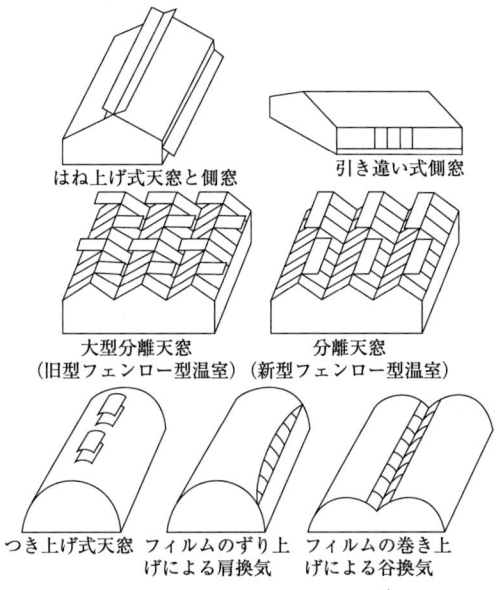

大型分離天窓　　　　　　分離天窓
(旧型フェンロー型温室)　(新型フェンロー型温室)

つき上げ式天窓　フィルムのずり上　フィルムの巻き上
　　　　　　　　げによる肩換気　げによる谷換気

図 3.19　換気窓の種類と配置 [17]

所にも分離して取り付ける窓（分離型）がある．それらの形態はさまざまである．ガラス温室や鉄骨の両屋根式温室では，換気を促進するために屋根と側面に換気窓をつける場合が多い．簡易なパイプハウスなどでは，肩部のみの換気が多い．ビニルハウスでは，谷部や側壁部のフィルムをパイプに巻き上げる方式が，開閉作業が容易なことからかなり普及している．

2) 風力換気と温度差換気　　自然換気では，外風の圧力と温室内外空気の気温差や絶対湿度差によって生じる重量差が換気の駆動力となる．外風の圧力による換気を風力換気，空気の重量差による換気を温度差換気（または重力換気）と呼んでいる．したがって，自然換気は風力換気と温度差換気が合わさったものである．屋外風速が約 $2\,\mathrm{m\cdot s^{-1}}$ 以上では風力換気が卓越し，換気量は風速にほぼ比例して増加する．$1\,\mathrm{m\cdot s^{-1}}$ 以下では温度差換気が卓越する．

通常，屋外風速は $1\,\mathrm{m\cdot s^{-1}}$ 前後はあるが，これよりも弱風で日射量が多いときは，温室内外気温差が大きくなるので，温度差換気が増加する．このような場合，同じ高さの天窓だけを設置してある温室に比べ，天窓と側窓のように高さの違う窓が組み合わせてあると，側窓から流入した外気が昇温上昇して天窓から流

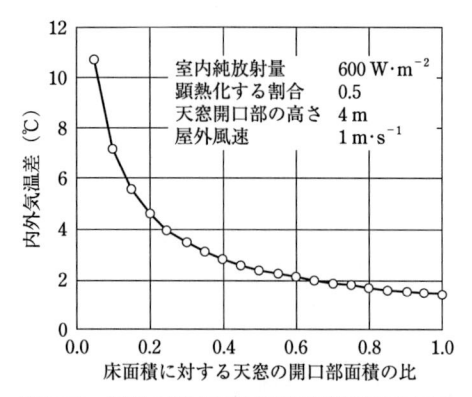

図 3.20 天窓の開口面積が内外気温差に及ぼす影響 [16]

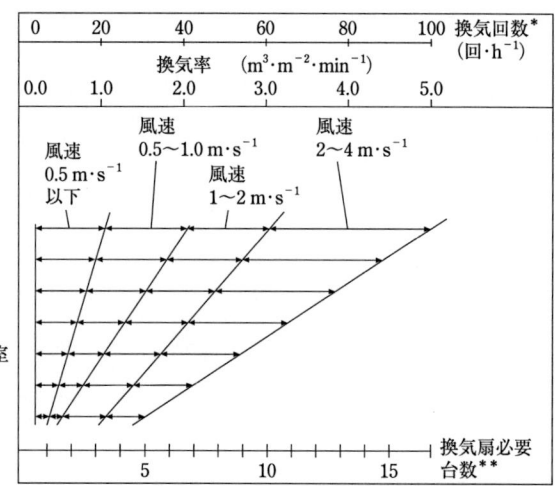

図 3.21 温室種類別，風速別の最大可能換気率の概略値 [18]

＊：温室平均高さ 3 m として換算，＊＊：床面積 1,000 m^2，温室平均高さ 3 m，換気扇風量 300 m^3·min^{-1} として換算．

a) 小型単棟ガラス室
b) 中型単棟ガラス室
c) 小型単棟ビニルハウス
d) 中型 2 連棟ガラス室
e) フェンロー型連棟ガラス室
f) 大型 2 連棟ビニルハウス
g) 多連棟ビニルハウス

出するので，温度差換気がより促進される．図 3.20 に示すように，開口面積が大きいほど，また天窓位置が高いほど換気が促進され，内外気温差が小さくなる．

　3) 自然換気による換気量　図 3.21 は，代表的な温室に関する換気回数および換気率を示している．温室内では，作物が十分に繁茂していることを想定し

ている．一般に，温室が大型化するほど換気回数および換気率は低下する．同じ温室では屋外の風速にほぼ比例して換気量は増加する．同図には，換気扇で自然換気と同量の換気量を得るための必要換気扇台数が併記してある．

4）制御装置 温室制御用コンピューターによる高度な制御から，サーモスタットによる制御，管理者による手動制御までいろいろなレベルがある．温室制御用コンピューターを使った制御では，室内外気温，屋外風速・風向，雨滴センサーなども接続されており，外気温，風向・風速・降雨にもとづく換気窓の窓開度の制御が可能である．

5）強制換気設備 強制換気では，換気扇によって生じる温室内外の圧力差（静圧差）が換気の駆動力となる．強制換気は，換気扇および吸気口の位置によって図 3.22 のような方式がある．

農業用換気扇の種類は多様で，出力が 200～750 W，羽径が 60～120 cm，羽数が 3～5 枚のプロペラ型が多用される．羽軸にモーターが直結のものとベルトを介したものとがある．換気扇風量は，静圧によって異なる．静圧とは，換気扇

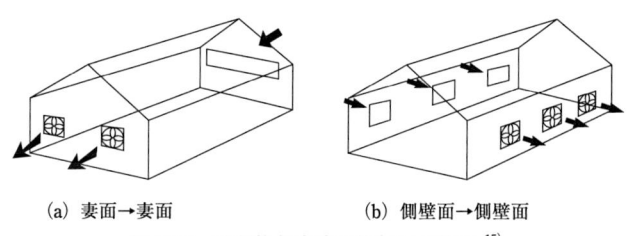

(a) 妻面→妻面　　　(b) 側壁面→側壁面

図 3.22 強制換気方式の換気扇の位置 [15]

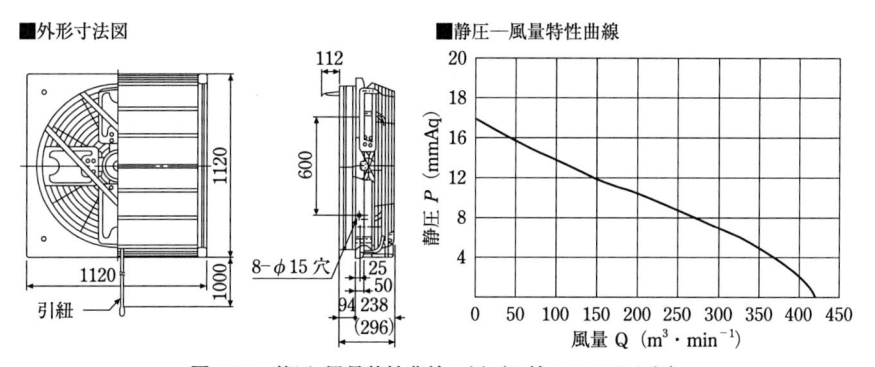

図 3.23 静圧-風量特性曲線の例（N 社カタログより）

の運転によって生じる温室内外の圧力差であり,水柱で表すことが多い.水柱1 mm は,1 mmAq（1 mmAq = 98.1 Pa）と表す.図3.23に静圧-風量線図の一例を示す.静圧が大きくなるにしたがって換気扇風量は低下する.

換気扇には,風量型と圧力型（有圧型）がある.風量型は,静圧が小さいときは風量が大きいが,静圧が増すと急激に風量が低下する.これに比べ,圧力型は,風量は少ないが,静圧が増すことによる風量変化は小さい.圧力型は,圧力損失の大きいダクト配風などで使われる.

d. 換気量の測定法
1) 自然換気の場合
① トレーサーガス法：トレーサーガス（tracer gas）のガス収支にもとづく方法で,比較的換気の少ない隙間換気の測定に多く利用される.トレーサーガスとして,安価で入手しやすいことからCO_2ガスを利用することが多い.温室内のCO_2濃度を2,000～3,000 ppmまで高めた後,CO_2の濃度変化を測定し,これから換気回数を求める.以下の式に測定値を代入すれば,換気回数が求まる.ただし,温室内の植物によるCO_2交換や床面からのCO_2放出がある場合は,その補正が必要となる.

$$換気回数 = (\ln C_1 - \ln C_2)/(t_2 - t_1)$$

ここで,C_1およびC_2は,時刻t_1および時刻t_2における室内外のCO_2濃度差である.lnは自然対数である.

② 熱収支法：熱収支にもとづく方法で,自然換気の換気率を測定するには,この測定法が簡易で便利である.

2) 換気扇換気の場合
① 静圧-風量線図の利用：温室内外の静圧差をマノメーター（差圧計）で測り,静圧-風量線図から風量を求める.

② 風速測定による方法：吸気口における風速を縦横一定距離間隔で測定し,これから求めた平均風速に吸気口面積をかけて風量を求める.

③ ダクト法：薄いフィルムで作成した容積がわかっているダクトを換気扇吹き出し口にあて,それが満杯になる時間を測定することで風量を求める.

表 3.13 冷房方式の種類[7]

大分類	中分類	小分類			普及施設	普及度
冷房	ヒートポンプ（エアコン，冷凍機）	空気-空気型，水-空気型，水-水型（空気冷熱源，地下水冷熱源）			コチョウラン・イチゴなどの花芽誘導，育苗	○
		スポットクーラー，局所冷房			一部栽培	△
	蒸発冷却法（冷却・加湿）	細霧冷房	自然換気型	多目的細霧システム	一般栽培	◎
				冷房専用細霧システム	一般栽培	○
			強制換気型		一般栽培	○
		パッドアンドファン			育苗，鉢もの，植物工場など	○
		ミスト噴霧			挿し芽，ラン・鉢もの栽培など	○
	地下水利用	熱交換冷房			夜冷育苗など	△
地下部冷却	冷凍機利用	地中冷却			アルストロメリア，ミカンなど花芽誘導，花卉栽培	○
		養液・培地冷却			養液栽培一般	○
	地下水利用	養液・培地冷却			養液栽培一般	△

[注] 普及度（推定）　◎：かなり普及（100 ha 以上）　○：一部で普及（5～100 ha）　△：試験段階あるいはごく一部で普及（5 ha 以下）

3.4.4 冷　　房

　施設を周年，効率よく利用するうえで，夏期昼間の高温対策は欠かせない．換気や遮光（shading）を行っても，室温を外気温以下にすることは難しい．快晴日で，温室内が乾燥している（蒸発散量が少ない）条件下では，室温が40℃を超えることもめずらしくなく，栽培適温を大幅に上回ってしまう．室温を外気温以下にするには，冷房（cooling）以外にない．現在利用されている温室の冷房方法としては，表3.13の中分類のように，① ヒートポンプ（冷凍機）を利用する方法，② 水の気化冷却を利用する蒸発冷却法（気化冷却法），③ 地下水を利用する方法がある．冷房の普及面積は少なく，全施設面積の2％弱である．

a. 昼間の冷房と夜間の冷房

　夏季快晴日の，正午頃の屋外水平面日射量は，$1000 \text{ W} \cdot \text{m}^{-2}$ 程度に達する．この70％が温室内で吸収される．このように昼間は日射負荷が非常に大きいため，ヒートポンプ（冷凍機）による温室冷房は，一部作物を除き経済的に見合わな

い．また，地下水利用の冷房でも大量の地下水を必要とする．このことから，昼間の温室冷房は，水の気化熱を利用した方法（蒸発冷却法）に頼らざるを得ない．

他方，夜間は日射負荷がないため，冷房で取り除かなければならない熱量は，概略，昼間の1～2割程度であるから，ヒートポンプ（冷凍機）利用が経済的に見合う場合もある．また，地下水利用の冷房が可能である．他方，夜間は相対湿度が高いので蒸発冷却法は不向きとみてよい．

b．蒸発冷却法（気化冷却法）

1）蒸発冷却（evaporative cooling）法の原理 水1lが蒸発するには，約2400 kJの気化熱を必要とする．すなわち，水が水蒸気に状態変化（顕熱が潜熱に変化）するのに伴って気温が低下する．この原理を利用した，いくつかのタイプの蒸発冷却法（細霧冷房法やパッドアンドファン法）がある．

温室内で水が気化すれば，相対湿度が上昇（絶対湿度も上昇）し，100%に到達すれば，それ以上の蒸発は望めなくなる．したがって温室の蒸発冷却法では，蒸発に伴って高湿となった温室内空気を，換気によって室外に排出する必要がある．また，蒸発冷却によって空気のもつ熱量が減少するわけではないので，温室内に加わる日射熱を換気によって排出する必要がある．すなわち，蒸発冷却法は水の気化と温室の換気を組み合わせた方法といえる．

2）蒸発冷却の冷房限界 ある空気を相対湿度が100%になるまで加湿すると，気温（乾球温度）は湿球温度まで低下する．温室の蒸発冷却では，換気量を無限に多くし，温室内の相対湿度が100%になるまで加湿できれば，原理的には

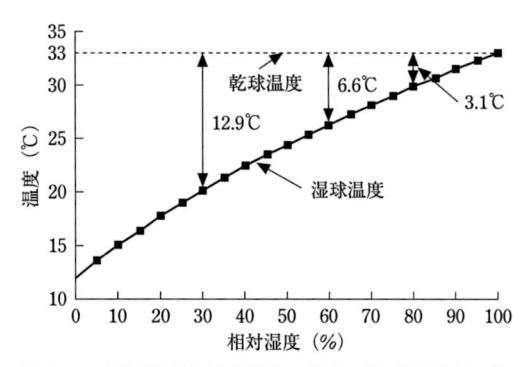

図3.24 相対湿度と湿球温度の関係（乾球温度が33℃の場合）[7]

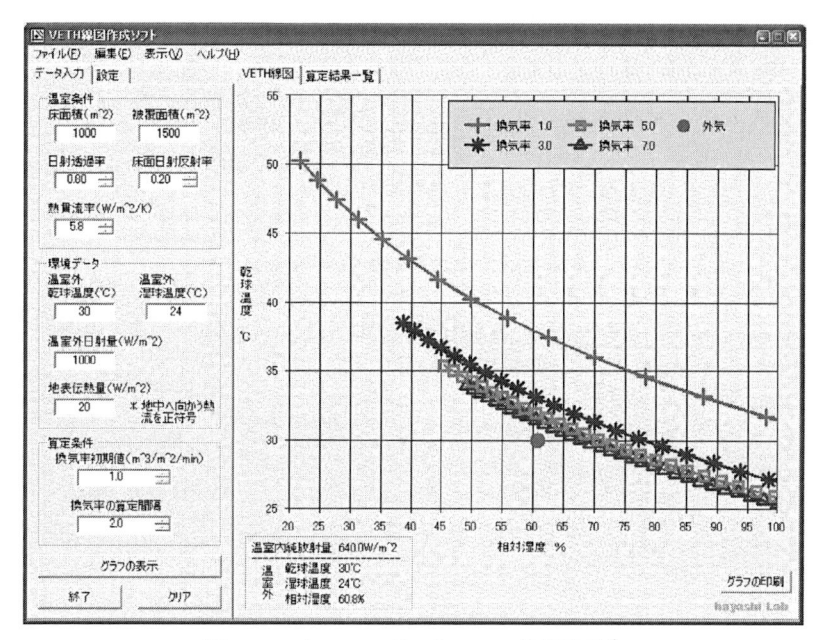

図 3.25　パソコンで描いた VETH 線図画面 [5)]

室温を外気の湿球温度まで下げることができる．しかし換気量は無限大ではないので，温室内のそのときの湿球温度が冷房限界といえる．

　図 3.24 は，気温が 33℃ のときを例に，相対湿度と湿球温度の関係を示している．図からわかるように，相対湿度が低いほど気温（乾球温度）と湿球温度の差が大きい．蒸発散が少ない温室では高温低湿になりやすいので，蒸発冷却によって室温低下と加湿の両方が達成できるので都合よい．蒸発冷却法では，気温低下と連動して相対湿度および絶対湿度が上昇する．

　3）**冷房設計**　　気化冷却は物理現象であり，温室内吸収日射量・外気乾球温度・外気湿球温度・換気量・室内蒸発散量と温室諸元（床面積，被覆面積など）を与えれば，計算から温室内の乾湿球温度を算出することができる．

　細霧冷房（fog cooling）による温室内気温（T）および相対湿度（H）を，換気率（V）（単位床面積・単位時間当たりの換気量）と室内蒸発散率（E）（単位床面積・単位時間当たりの温室内での蒸発散量）の関係で推定するための VETH 線図（ventilation-evaporation-temperature-humidity 線図）が，三原[10)]によっ

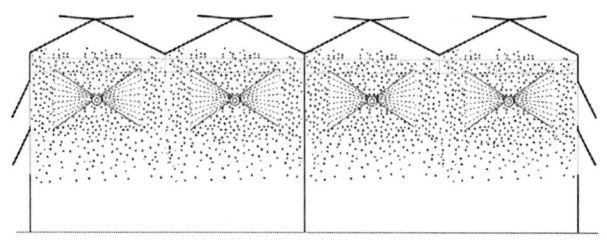

図 3.26 自然換気型細霧冷房の模式図

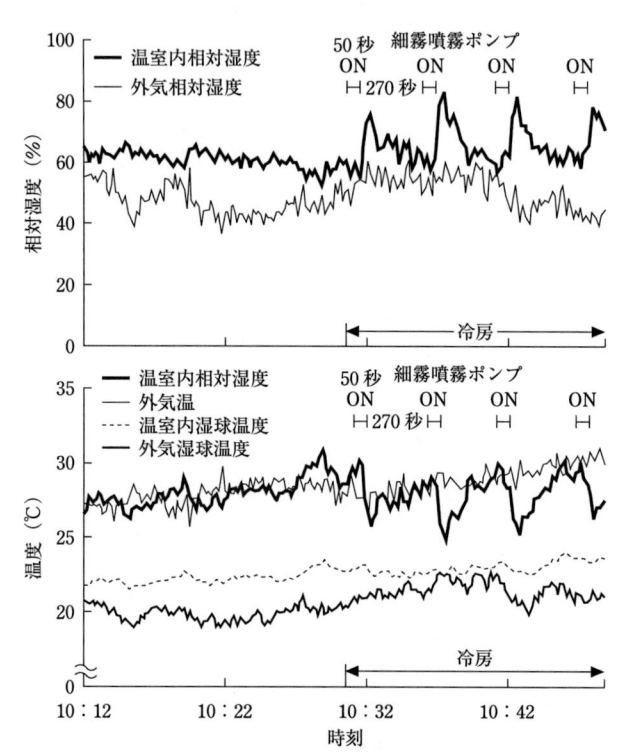

時刻10:31より冷房を開始．冷房中は，細霧噴霧50秒・噴霧停止4分30秒の繰り返し．

図 3.27 細霧冷房時の温湿度環境測定例

図 3.28 パッドアンドファン方式

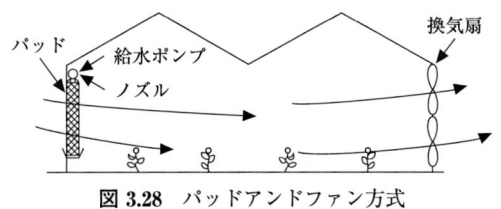

て提示されている．必要なパラメーターを入力することで VETH 線図を容易に作成できるパソコン用ソフトウェアが開発されており，図 3.25 は，それを利用して描いた VETH 線図画面である．

4) 細霧冷房方式　蒸発冷却法の中では，設備費が安価で汎用的な方式といえる．換気方式が換気扇換気の強制換気型細霧冷房と窓換気の自然換気型細霧冷房に大別できる．現在多く普及しているのが，図 3.26 に示す細霧用ノズルを温室内全体に配置し細霧を噴霧する，自然換気型細霧冷房である．冷房だけではなく，農薬散布・加湿・葉面散布などの複数目的に利用できることを特徴とした多目的利用細霧システムの導入が多い．図 3.27 は，トマト栽培温室の冷房時の温湿度実測例を示している．この例では，冷房中は，細霧噴霧 50 秒・噴霧停止 4 分 30 秒の繰り返しである．室温と相対湿度の関係は連動しており，室温低下を大きくすれば相対湿度の上昇も大きくなる．また噴霧量が多すぎれば作物へ細霧が付着し，濡れが生じる．このことから，温度，相対湿度，作物の濡れを考慮した細霧噴霧の制御（設定値）が必要となる．この例では，外気温よりも室温を最大約 4℃ 低下させている．

5) パッドアンドファン（Pad & Fan）方式　図 3.28 のように，温室側壁部分にパッドを取り付け，ここに水を滴下して，パッドを湿らせた状態にしておく．外気がパッドを通過するときに気化冷却された冷却空気が室内に入る．パッド通過直後の空気は，条件がよければ外気湿球温度近くまで冷却される．温室内を通過した空気は，パッドと反対の壁面に設置した圧力型換気扇で排気される．

細霧冷房のように細霧噴霧をしないため，室内床面や植物体が濡れることがなく，運転制御性がよい．しかし，温室内の吸収日射エネルギーによる昇温があるため，吸入口から換気扇方向に向けての温度勾配ができる．したがって，パッドと排気換気扇の距離は 50 m くらいが限界である．設備費は細霧冷房の 2 倍程度

であり，比較的付加価値の高い育苗や花卉鉢物施設など，集約的な周年生産施設の一部で利用されている．

c. 地下水利用による冷房

地下水温度は，多少地域差はあるものの，夏季においても 13 〜 18℃ 程度である．地下水を水−空気熱交換器に流して熱交換すれば，18 〜 25℃ 程度の冷風が得られる．しかし，昼間の冷房には多量の地下水を必要とする．現在，地下水を温室内の頭上カーテン上に噴霧し，空気と直接熱交換する方式が，イチゴの夜冷育苗に一部利用されている．

d. ヒートポンプ冷房

ヒートポンプ冷房（heat pump cooling）は，一部の作物を除くと経済的に不利な場合が多い．コチョウラン栽培などの一部では，花芽誘導を目的としてヒートポンプ冷房が行われている．高冷地での山上げ栽培に比べ，開花時期を調節しやすく，病害発生も少ないなどの利点があげられる．

日射負荷のない夜間は，イチゴなどの花芽誘導を目的とした夜冷育苗にヒートポンプが使われている．昼間は自然光をあて，夜間は断熱構造の施設内に栽培ベンチを収納し，短日処理と冷房を行う．

e. 地 中 冷 却

近年，花卉類（アルストロメリアなど）あるいはハウスミカンの花芽形成調整の目的で，地中冷却システムが一部で導入されている．地中に直径 20 mm 程度のプラスチックパイプが埋設されており，ここに冷却した水を送る．

f. 培養液冷却

養液栽培の一部では，培養液タンク内に熱交換用加熱・冷却コイルを設置し，ヒートポンプを利用して，夏は 25℃ くらい，冬は 20℃ くらいに管理する方法がとられている．地下水を冷熱源として，コイルに流して冷却している例もある．

3.5 光

3.5.1 影 響 因 子

温室内の光環境（light environment）は，温室内の気温，湿度などに大きく影響し，また温室内作物の光合成および葉温にも直接的な影響を与える．

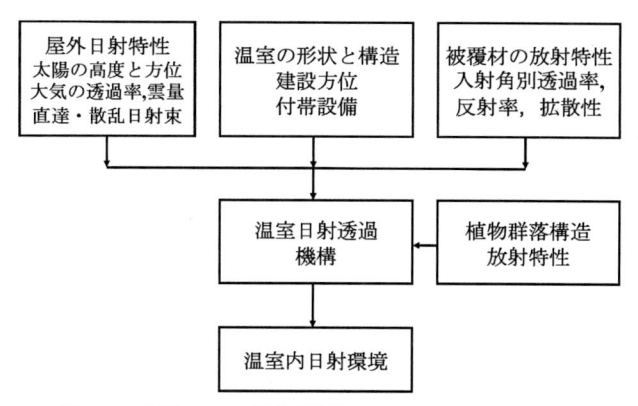

図 3.29 温室への日射透過機構とその因子を示す概略図

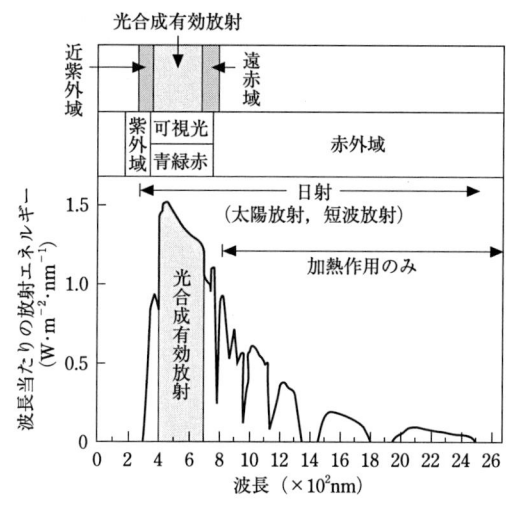

図 3.30 地上で受ける日射の波長当たりエネルギー強度分布および各波長域の名称

　温室内の光環境は，図 3.29 に示したように，屋外の太陽光（solar light）の変動に加えて，建設方位（greenhouse orientation），温室構造（greenhouse structure），被覆材（covering material）の光学特性（optical properties），植物群落構造（plant community structure）などの因子により，複雑に変化する．本節では，それらの因子が光環境に及ぼす影響を概説する．

3.5.2 屋外日射

屋外の地表面における日射（solar radiation）の波長当たりエネルギー強度分布は，晴天時には，図3.30に示すように波長300 nmから3,000 nmの範囲にあり，その最大エネルギー強度は波長550 nm（緑色）付近にある．同図のエネルギー強度分布がなめらかな曲線でないのは，大気中のCO_2，H_2Oなどのガスが特定波長の放射を選択的に吸収することによる．同図に示されているように，日射のうち，光合成有効放射が占めるエネルギー比率は50％弱である．波長800 nm以上の放射は，植物に対しては加熱作用（葉温上昇）を有するのみであり，植物の生理作用への直接的な影響はない．

屋外の日射は，直達日射（direct solar radiation）と散乱日射（sky solar radiation または diffuse solar radiation）に分けられ，両者の合計を全天日射（global solar radiation）と呼ぶ（図3.31）．日射束（solar radiation flux）の単位は$W \cdot m^{-2}$

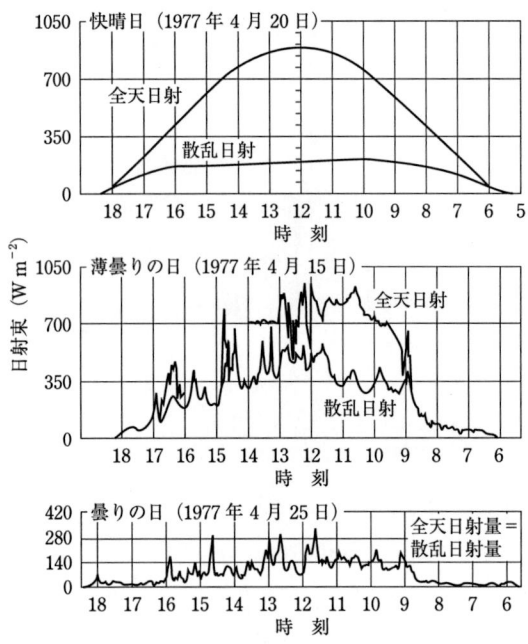

図3.31 全天日射束および散乱日射束の天候による相違例（香川県，4月）（太陽エネルギーハンドブック，1985）

すなわち J·m^{-2}·s^{-1} である．

快晴日における散乱日射のエネルギー比率は全天日射の十数%である．薄曇りの場合は，その比率は激しく変動し，また曇天時，雨天時にはその比率はほぼ100%であるが，日射束の値は時間的に激しく変動する．なお，本節では，特に断らない場合は，太陽光と日射を同様の意味で使用する．

3.5.3 被覆材の光学特性
a. 入射角別光透過率

被覆材および遮光材の光学特性は，法線入射時（入射角 = 0°）あるいは入射角（incidence angle）別の，光透過率（light transmissivity or transmittance）・反射率（reflectivity or reflectance）あるいはその波長別光透過率・反射率として表されることが多い．図 3.32 は，透明ガラス板およびすり板ガラスの入射角別光透過率の例である．同図には示していないが，透明プラスチックフィルムでも，平らであれば，透明板ガラスと同様に，光透過率は入射角 60°を超えると急激に低下する．他方，透過時に光を拡散させるすり板ガラスは，入射角 20°以上で，入射角の増大とともに，およそ直線的に透過率が低下する．

b. 波長別光透過率

図 3.33 は，各種被覆材の波長別光透過率の測定例である．ただし，波長別透

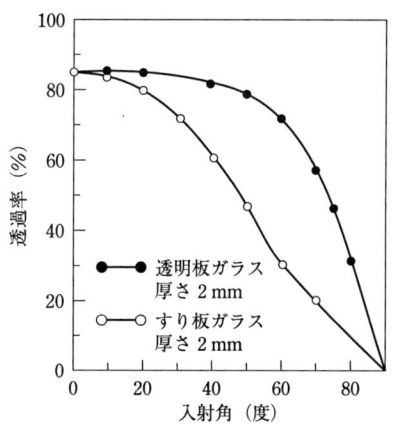

図 3.32 透明板ガラスおよびすり板ガラスの入射角別直達光透過率

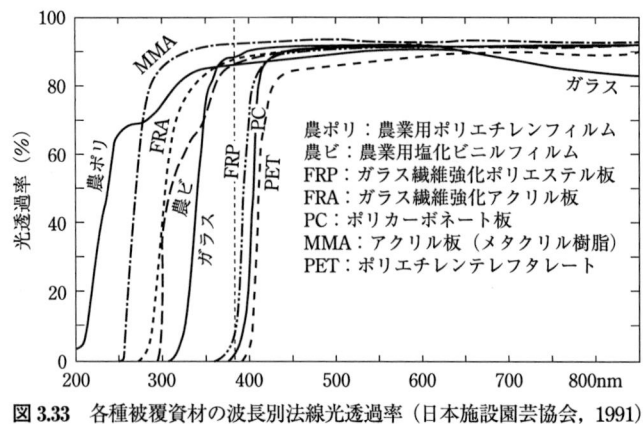

図 3.33 各種被覆資材の波長別法線光透過率（日本施設園芸協会，1991）

過率は，被覆材に含まれる添加剤の種類によって異なる．したがって，被覆材の使用にあたっては，植物への生理作用を有する紫外放射域と遠赤色域に加えて，加熱作用を有する近赤外放射域，長波放射域などの放射透過率・反射率に注意が必要である（上記放射域の透過率の高低によらず，可視光放射域の透過率が高い場合は人間の目には透明に見える）．

c. 透明被覆材および拡散性被覆材

通常の被覆材は，透過時に光を拡散させないので，「透明」に見える．この種の被覆材を透明被覆材（transparent covering material）と呼ぶ．他方，「スリガラス（くもりガラス）」，「梨地フィルム」などのように，透過時に直達光の20～40%を拡散させる，拡散性被覆材（diffusive covering material）がある．どちらの被覆材を用いるかで，温室内光強度とその空間分布が異なる．

d. 遮光材・選択性光透過被覆材

温室内の光強度を減少させる，あるいは温室内の高温を抑制する目的で，遮光材（shading screen）を使用することがある．遮光材は，通気をできる限り妨げないことが重要であるので，網（ネット）状，不織布状またはスダレ状になっているのが普通である（網状，不織布状の資材は，防虫の目的で使用されることもある）．青と赤のエネルギー比を変えることによって，植物の花芽形成，抽だいを制御できる場合があることから，赤色または青色に染色された通気性（gas permeable）資材が一部で使用されている．可視光域の透過率が異なる遮光材ま

たは被覆材を，選択性光透過（selective light transmission）資材と呼ぶ．

3.5.4 温室の日射透過率

ある時点における温室床面平均全天日射束（単位：$W \cdot m^{-2}$）は以下の式で表される．

温室内床面平均全天日射束＝直達日射透過率×屋外直達日射束／100
　　　　　　　　　　　　＋散乱日射透過率×屋外散乱日射束／100

ここで，直達日射透過率（％）および散乱日射透過率（％）は，透明被覆材を用いた温室の場合，それぞれ 100×温室内平均直達日射束／屋外直達日射束，100×温室内平均散乱日射束／屋外散乱日射束と表される．さらに温室内床面平均全天日射透過率は，透明被覆材温室，拡散性被覆材温室にかかわらず，100×温室内平均全天日射束／屋外全天日射束と表される．

したがって，温室内床面平均全天日射透過率を把握するには，まず直達日射透過率と散乱日射透過率を分けて考えて，後から両者を総合して考える方がよい．また快晴の場合は，直達日射束が全天日射束の約 85％ を占めるので，直達日射透過率がわかれば全天日射透過率のおおよそが推測できることになる．なお，上述の日射束を 1 日間にわたり積算した日量日射量に関する透過率を考えることができる．また，以下で「床面平均透過率」と書いてあっても，実際には，その値はその高さに位置する「温室内植物群落上の水平面」における透過率と解釈してもさしつかえない．

温室内への日射の透過機構はかなり複雑であるので，温室内外の日射測定により一般的結論を導き出すのはかなり困難である．他方，光の透過，反射，吸収の機構は物理的にはよくわかっているので，数理モデルを構築しやすい．そこで，温室内日射透過に関する研究は，おもに，コンピューターと数理モデルを用いたシミュレーション（数値実験）により，1970 ～ 1985 年に盛んに行われた．以下では，古在[19～23]にしたがって，その研究成果の概要を紹介する．

3.5.5 直達光床面平均日量透過率

図 3.34 に北緯 30°および 45°に位置する単棟および 11 連棟の冬至（12 月 21 ～ 23 日）における直達光床面平均日量透過率に及ぼす建設方位の影響を示した．

両温室は，間口 4 m，奥行 98 m，軒高 2.2 m，屋根傾斜角 24.6°の，透明被覆材（ガラス板）を用いた標準的な温室に関する数値計算例である．同図の縦軸である直達光床面平均日量透過率は，快晴日における，屋外日量直達光量に対する温室内床面平均の日量直達光量の比率である．なお，両温室の天空光床面平均透過率は建設方位によらず，約 60 ％である．同図から，東西棟の透過率は南北棟のそれより高く，その傾向は高緯度ほど著しいことがわかる．さらに，その傾向は連棟温室より単棟温室において顕著である．

図 3.35 は，東京における東西棟と南北棟の単棟および連棟温室の床面平均日量直達光透過率の季節変化を，冬至から夏至（6 月 21 ～ 23 日）にかけての半年

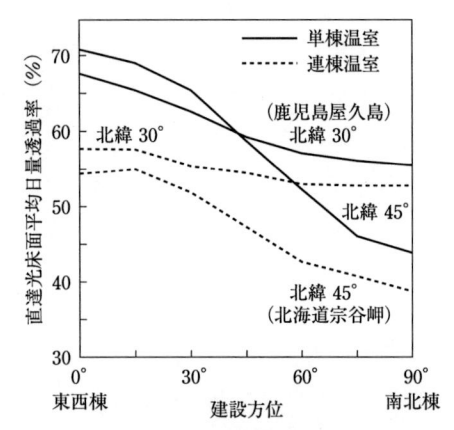

図 3.34 単棟温室および連棟温室の直達光床面平均日量透過率に及ぼす緯度と建設方位の影響（冬至）[21]

東京（北緯：35°41′），屋根傾斜角 24.6°

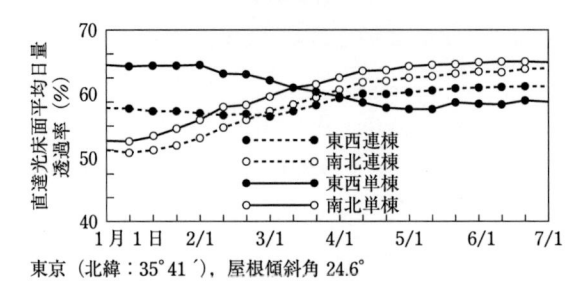

図 3.35 東西単棟・連棟および南北単棟・連棟温室における直達光床面平均日量透過率の季節変化[21]

間にわたって，図3.34と同形状の温室について示したものである．東西単棟の透過率は冬期間に67%の最高値を示す．その後，2月初旬から4月中旬にかけてしだいに60%まで低下した後，一定になる．他方，東西連棟の透過率は，冬期間は約58%であり，3月初旬までやや下降気味で，その後4月中旬までに62%に上昇した後，ほぼ一定になる．東西棟では，4月初旬以降，単棟より連棟の透過率の方がやや高くなる．南北棟では，単棟の透過率は常に連棟より数%高い．南北連棟の透過率は冬至頃に約50%の最小値を示し，その後，夏至に約67%の最高値を示すまで徐々に増加する．南北連棟の透過率は，2月初旬以降では東西連棟よりも，また3月中旬以降では東西棟よりも，高くなる．

3.5.6　直達光日量透過率の床面分布

　図3.36は，大阪の冬至における4連棟温室の東西棟および南北棟温室の床面における直達光日量透過率の間口方向における分布を示したものである．東西棟の透過率は南北棟のそれより高いものの，東西連棟では床面位置による不均一が著しい．東西連棟では，正午付近に，南側の隣接棟の北屋根を透過して入ってきた直達光が到達する位置の透過率が低くなる．これは，東西棟温室の北屋根を透過する直達日射の入射角が60°以上となり，光透過率が急激に低下することによる．他方，南北棟の透過率は，床面のどの位置においても比較的均一である．

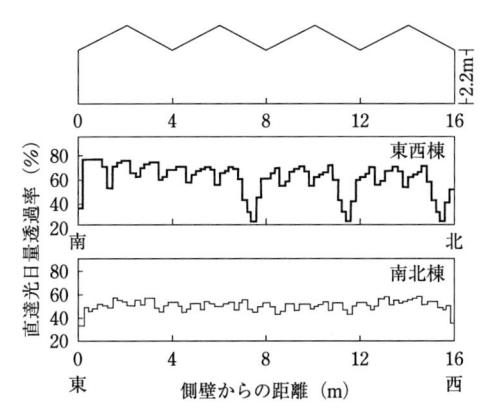

図3.36　4連棟の東西温室および南北温室の床面上における直達光床面日量透過率の分布（大阪，冬至）[21]

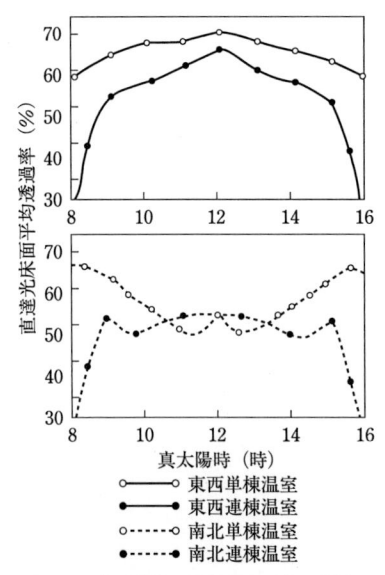

図 3.37 東西単棟・連棟および南北単棟・連棟温室における直達光床面平均透過率の時刻変化（大阪，冬至）[21]

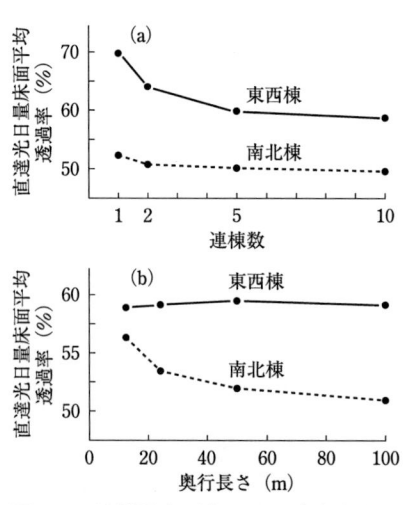

図 3.38 連棟温室 (a) および奥行き長さ (b) が直達光床面平均日量透過率に及ぼす影響（大阪，冬至）[21]

3.5.7 直達光床面平均透過率の日変化

東西棟と南北棟の直達光床面平均透過率の冬至における時刻変化を単棟と連棟について，図 3.37 に示した．東西棟は，単棟，連棟とも正午に透過率は最大となるが，朝夕の透過率は連棟において著しく低い．他方，南北単棟のそれは正午前後に 48〜52% と低く，朝夕に 60〜65% と高い．南北連棟のそれは，正午付近においては南北単棟のそれとあまり変わらないが，朝夕の透過率の低下が顕著である．

3.5.8 連棟数，奥行および屋根傾斜角

図 3.34〜図 3.37 に示した結果は，すべて奥行が 98 m，屋根傾斜角が 24.6°の単棟あるいは 11 連棟の温室についての結果であった．図 3.38 では，直達光日量床面平均透過率に及ぼす連棟数および奥行き長さの影響を，また図 3.39 では，東西連棟および南北連棟における屋根傾斜角の影響を示す．

3.5 光

連棟数が変化しても，南北棟の場合は，直達光床面平均日量透過率はほとんど不変である．他方，東西棟では，連棟数が1から5と増加するにしたがい直達光床面平均日量透過率は低下し，その後，一定となる（図3.38（a））．

奥行きの長さが変化しても，東西棟の場合は，直達光床面平均日量透過率はほとんど不変である．他方，南北棟では，奥行きが長くなるにしたがって直達光床面平均日量透過率は低下する（図3.38（b））．これは，南北棟では，正午付近に妻面から透過する直達光量が屋根や側壁から透過する直達光量に比較して大となり，奥行きが短いほど，妻面を透過する直達光量の比率が直達光量全体に対して大となるからである．

南北連棟温室の屋根傾斜角は，直達光床面平均日量透過率にほとんど影響を及ぼさない．他方，東西棟温室の屋根傾斜角は，直達光床面平均日量透過率に影響を与える．東京の冬至においては，屋根傾斜角30°の場合の透過率は61%であり，屋根傾斜角15°の場合の透過率53%よりも8%高い．屋根傾斜角35°の場合のそれは，冬至では56%で，屋根傾斜角30°の場合のそれより低いが，2

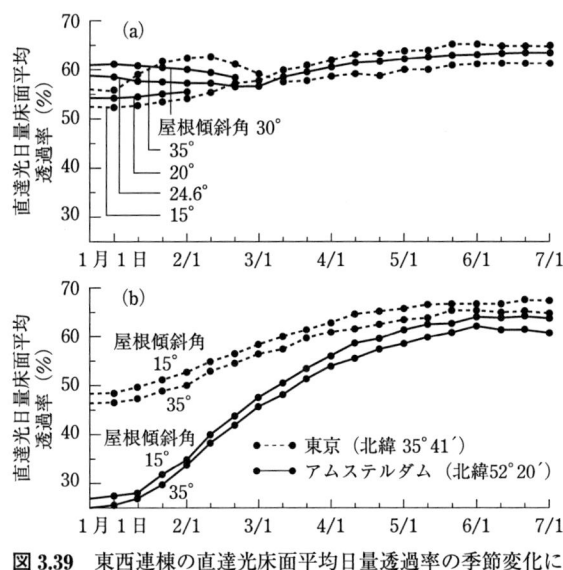

図3.39 東西連棟の直達光床面平均日量透過率の季節変化に及ぼす，(a) 屋根傾斜角の影響（東京），および (b) その影響の緯度による相違（東京とアムステルダム）[9]

月上旬には63%となり，屋根傾斜角30°の透過率60%より高くなる．

3.5.9 東西棟と南北棟

温室内直達光環境の評価は，単に直達光床面平均日量透過率の点からだけではなく，その空間的，時間的な均一性の点からもなされなければならない．この観点から両者を比較して要約したのが図3.40である．第一に，両者の直達光透過率の差は，高緯度地方ほど，また冬至に近いほど顕著になる．単棟温室に関しては，わが国では，東西棟の方が南北棟よりも直達光床面平均透過率および直達光透過率の時間的，空間的均一性の両面において優れている．ただし，単棟を隣接して複数棟建設する場合，隣の棟の影による日射遮蔽の影響が顕著にならない隣

温室のタイプ	連棟数	奥行き/間口比	建設方位	光分布の均一性	透過率
A	1	20	東西	優	高
B	3	20	東西	良	高
C	5	20	東西	可	中
D	20	5	東西	可	中
A´	1	20	南北	優	低
B´	3	20	南北	優	低
C´	20	5	南北	優	中
D´	5	20	南北	優	低

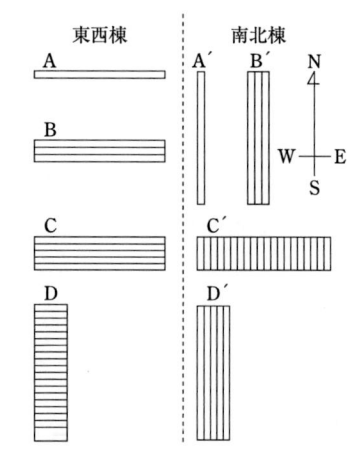

図3.40 温室内光環境から見た東西棟と南北棟の優劣比較[9]

接間隔は，東西棟の方が南北棟よりも長い．また，奥行きが間口の2倍以下である単棟温室では両者の透過率の差は少ない．屋根傾斜角が30°以下で軒高が2m程度と比較的低い大型東西単棟では，北側壁床面近くに弱光部が生じる．これは，その位置に，入射角が60°以上となり，直達光透過率が極端に低下する，北屋根部からの直達光が達するからである．

連棟温室では，冬期，東西棟の直達光平均透過率が南北棟のそれよりやや高い程度となる．その床面分布は南北棟の方が均一である．したがって，実質的には，関東地方以西における3連棟以上の温室では，平均透過率が5〜10%高いことのほかには東西棟の光環境上の利点はない．

3.5.10　散乱光透過率

透明被覆材を用いた温室に関して，曇天あるいは雨天における，散乱光透過率の床面における分布について述べる．この散乱光透過率は，晴天における，透明被覆材温室の，散乱光のみに関する透過率と考えてもよい．散乱光透過率は温室内床面においてほぼ均一のようにも感じられるが，以下に示すようにそうではな

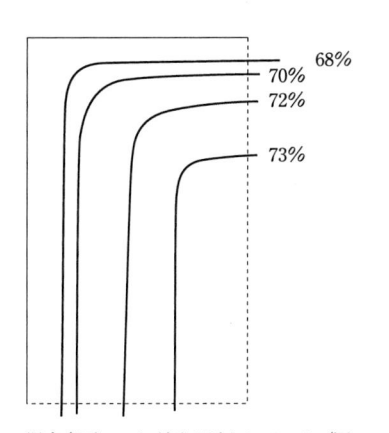

温室床面の1/4だけが示されている（図の右下の隅が床面中央），開口4m，奥行10m，軒高1m，屋根傾斜角24°．

図3.41　曇天時におけるガラス温室床面の散乱光透過率分布 [19]

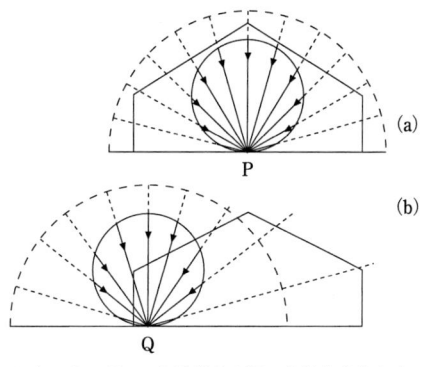

Q点では，ガラスを透過する際の入射角が大きく，したがって透過率が低くなる．散乱光は，床面の各点に等角度で入射する．

図3.42　ガラス温室床面の中央（図中の点P）の方が側壁付近（点Q）におけるよりも散乱光透過率が高くなることを示す模式図（その1）[19]

a. 透明被覆材温室

図 3.41 は，透明ガラス温室の散乱光透過率の床面における分布を示したものである．同図に示されているように，床面における散乱光透過率は，側壁近くでは低く，床面中央では高くなる．これには 2 つの理論的根拠がある．第一に，図 3.42 に示すように，側壁近くの床面に到達する散乱光の屋根および側壁における光透過率は，入射角が大きいために小さいからである．第二に，側壁近くでは，図 3.43 に示すように，構造材が散乱光を遮る割合が床面中央に比較して大きいからである．上述した事実は，人間の目は光強度の大小に鈍感であるので判別しにくいが，実験的にも確かめられている．

b. 拡散性被覆材温室

曇天あるいは雨天の場合，拡散性被覆材温室では，透明被覆材温室に比較し

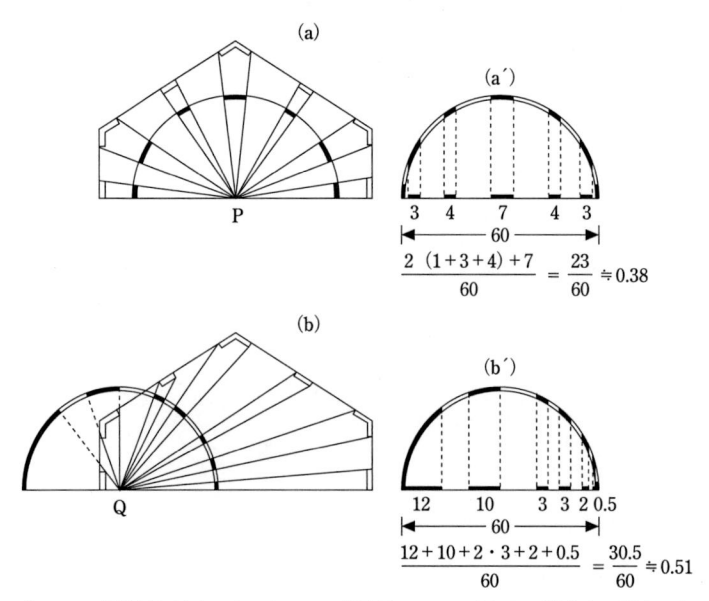

$$\frac{2(1+3+4)+7}{60} = \frac{23}{60} \fallingdotseq 0.38$$

$$\frac{12+10+2\cdot 3+2+0.5}{60} = \frac{30.5}{60} \fallingdotseq 0.51$$

点 Q では構造材が近くにあるために，構造材によって遮られる散乱光の割合が多くなる．遮られる割合は，図中に示したように，点 P では38％，点 Q では 51％となる．

図 3.43 ガラス温室床面の中央（点 P）の方が側壁付近（点 Q）におけるよりも散乱光透過率が高くなることを示す模式図（その 2）[19]

て，床面における散乱光透過率が不均一になる．また，被覆材自身の拡散光透過率が両者で同じであれば，拡散性被覆材温室は透明被覆材温室よりも床面における平均散乱光透過率が低くなる．図3.44は，上記についての理論的根拠を説明するための仮想的温室に関する散乱光透過率の横断面分布である．同図は，拡散性被覆材の光透過率が100％かつ完全拡散性で，温室の構造材がない場合である．「完全拡散透過」とは，透過光が被覆材を透過した点におい

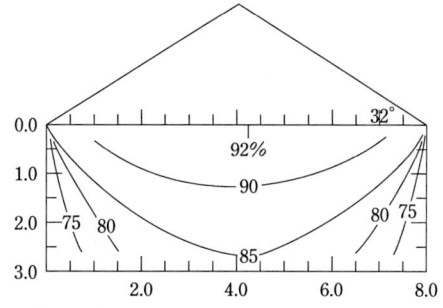

下向きの散乱光が側壁の拡散性被覆材を透過する際に，透過光の1部が上向きになり，それが温室外に出てしまうので，側壁に近いほど，また，屋根から離れた位置ほど，散乱光透過率が低くなる．

図 3.44 光透過率100％の仮想的な拡散性被覆材温室内における光透過率の横断面分布[19]

て，その点に接する円形を形づくるように拡散することをいう．このような場合，被覆材に到達した散乱光の一部は被覆材透過時に上向きに拡散され，再び温室外に出ていってしまうので，被覆材の透過率が100％であっても温室内床面における透過率は100％以下になる．同図で，軒の高さにおける透過率が92％となっているのは，屋根を100％透過した光のうち，8％が温室外に出てしまったことを意味する．側壁に到達した散乱光は，被覆材透過時に上向きになる割合が多いので，側壁に近いほど，また屋根から遠いほど，透過率が低くなる．言い換えれば，拡散性被覆材温室では，側壁が高い温室ほど床面における平均透過率は低くなる．他方，透明被覆材の場合は，その透過率が100％ということは，被覆材が存在しない場合と同じであるから，温室内の透過率はいたるところで100％となる．実際には，図3.41に既に示したように，透明被覆材温室でも床面の側壁近くにおける透過率が床面中央に比較して低いので，拡散性被覆材ではその傾向がより強くなる．さらに，実際には，拡散性被覆材の光透過率は，図3.32に示したように入射角20°以上において透明被覆材のそれより低いので，拡散性被覆材温室の光透過率は透明被覆材温室のそれに比較して，さらに低くなる．

3.6 CO_2

3.6.1 温室内の CO_2 環境

標準大気の CO_2 濃度は現在約 370 μmol·mol^{-1}（あるいは，ppm（容積濃度））であり，1 m^3 の大気（25℃，1 気圧）には約 630 mg の CO_2 が含まれる．この量は，例えば日中に 2.1 gCO_2·m^{-2}·h^{-1} の標準的な速度で光合成を行っている葉面積 300 cm^2 の健全なキュウリ葉 10 枚が 1 時間で吸収する量に相当する．したがって閉鎖環境に近い温室内の CO_2 は光合成により短時間で消費され，その濃度は大きく低下し，植物の生育は抑制される．そこで施設園芸では植物の生育を促進するため，CO_2 濃度の調節が重要となる．

天窓，および片面の側窓と入口が開放されたメロン栽培温室中央における測定例（図 3.45 (a)）では，夜間の CO_2 濃度は，植物の呼吸および土壌呼吸により標準大気濃度以上，特に地表面近くでは 580 μmol·mol^{-1} になっているが，日の出とともに濃度は低下し，正午には高さ 50 ～ 180 cm の平均 CO_2 濃度が約 200 μmol·mol^{-1} になっている．地表面付近の濃度が高いのは，土壌呼吸により CO_2 が常時，地表面付近の空気に供給されているからである．窓換気が行われているにもかかわらず，植生内部では 135 μmol·mol^{-1} の極端な低濃度域が存在する．

トマトれき耕栽培温室の中央における測定例（図 3.45 (b)）では，冬期で換

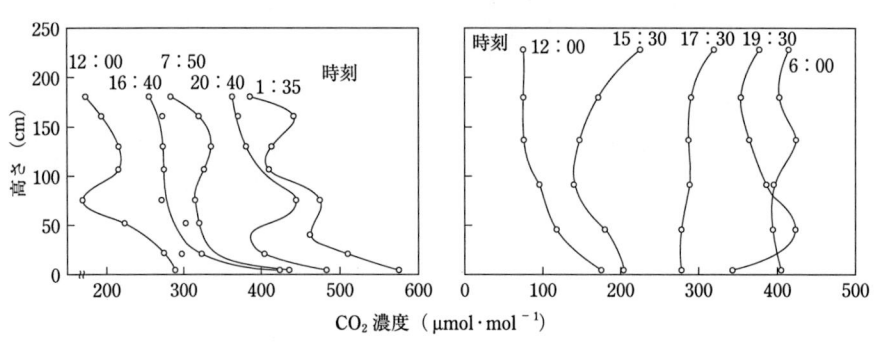

(a) 天窓および側窓が開放されたメロン栽培温室．6 月初旬，晴れ時々曇り，草丈 2 m．

(b) ほぼ密閉状態のトマト養液栽培温室．12 月初旬，晴れ時々曇り，草丈 2 m．

図 3.45 温室中央で測定された CO_2 濃度垂直分布の日変化（矢吹・今津，1965）[35]

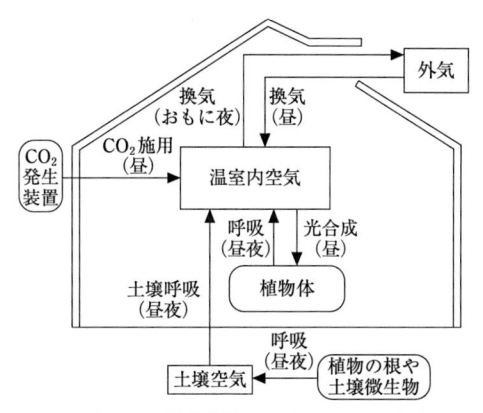

図 3.46 温室内外のおもな CO_2 の出入り

気が十分に行われておらず，全体的に濃度が低く，特に 12 時には CO_2 補償点に近い $75\,\mu\mathrm{mol\cdot mol^{-1}}$ まで低下している．土壌呼吸による地表面からの CO_2 供給量が少ないため，地表面付近の濃度が図 3.45（a）に比べて低い．

図 3.46 は，温室内外の CO_2 の出入りを示したものである．日中，光合成で CO_2 が吸収され温室内濃度が温室外濃度より低い場合，換気によって流入する温室外大気が CO_2 の供給源となる．土壌呼吸による CO_2 発生も，重要な CO_2 供給源である．温室内へ CO_2 を人工的に供給する場合，CO_2 施用あるいは CO_2 施肥と呼ばれる．温室内の CO_2 濃度が温室外より高くなった場合は，CO_2 は換気により温室外に流出する．植物体は，日中は光合成により CO_2 の吸収源となるが，夜間あるいは光補償点以下の日射下では，呼吸により CO_2 の発生源となる．

温室内の CO_2 収支を式で表わすと，次のようになる．

$$\text{昼}\quad V\frac{dC_i}{dt} = A(R + q - P) + NV(C_o - C_i) \quad (1)$$

$$\text{夜}\quad V\frac{dC_i}{dt} = A(R + r) + NV(C_o - C_i) \quad (2)$$

ここで，C_i および C_o は温室内および外気の CO_2 濃度（$\mathrm{g\cdot m^{-3}}$），dC_i/dt は温室内濃度の時間変化速度（$\mathrm{g\cdot m^{-3}\cdot h^{-1}}$），$V$ は温室容積（$\mathrm{m^3}$），P，r，q および R はそれぞれ単位床面積当たりの純光合成速度，植物体呼吸速度，CO_2 施用速度および土壌呼吸速度（それぞれ，$\mathrm{g\cdot m^{-2}\cdot h^{-1}}$），$A$ は温室床面積（$\mathrm{m^2}$），N は温室の換気

回数（h^{-1}）である．

3.6.2 CO_2 濃度の調節
a. 換　気

温室内の CO_2 濃度を調節するための最も簡便な方法は，換気である．換気により温室内の CO_2 濃度は外気濃度に近づくが，十分に換気された温室内の CO_2 濃度は，一般には外気より 20～40 $\mu mol\cdot mol^{-1}$ 低い値であり，さらに植物量が多くなると，換気時でも図 3.45（a）のように，植生内部では 200 $\mu mol\cdot mol^{-1}$ 以下になる．

温室内 CO_2 濃度を一定値に維持するために必要な換気回数の算定式は，式（1）より導かれる．定常状態，すなわち温室内の CO_2 濃度が一定の場合，$dC_i/dt = 0$ である．また換気時には，一般に CO_2 施用は行わず $q = 0$ であるので，式（1）は次のようになる．

$$N = \frac{A(P-R)}{V(C_o - C_i)} \tag{3}$$

$V/A = H$（温室の平均高さ，m）とすると，

$$N = \frac{(P-R)}{H(C_o - C_i)} \tag{4}$$

となり，必要な換気回数 N は純光合成速度 P，土壌呼吸速度 R，温室平均高さ H，目標設定 CO_2 濃度 C_i，および外部 CO_2 濃度 C_o より算定できる．強制換気の場合，温室内が十分に攪拌されないと，吸気口付近の濃度は高くなっても，排気口に向かって濃度が低下し，生育むらの原因となる．

b. 土壌呼吸

温室内 CO_2 濃度を一定値に維持するために必要な土壌呼吸速度は，式（1）より次のようになる．

$$R = P - q - NH(C_o - C_i) \tag{5}$$

稲わらなど有機物を土壌中に混入すると，土壌表面からの CO_2 発生は促進される．

c. CO_2 施用

土壌呼吸速度が少ない場合，また冬期，保温のために換気を十分に行えない場

合，あるいはCO_2濃度を大気濃度以上に高めて積極的に生育促進を図ろうとする場合，CO_2施用が行われる．CO_2施用はヨーロッパの比較的冷涼寡日照の地域において，閉めきって管理する期間の長いガラス温室で実用化されてきた技術である．植物工場のように，植物体自身の呼吸以外にCO_2供給源のない閉鎖型植物生産システムでは，CO_2施用は必須である．

CO_2濃度を高めると，短期的には純光合成速度が著しく上昇する（2.3節参照）．しかし長期間の栽培で高濃度のCO_2を連続施用すると，純光合成速度は低下するので，期待したほどの大きな生育促進効果は得られない．また植物の種類や品種によっては，$1,000 \sim 1,500 \mu mol \cdot mol^{-1}$で葉にクロロシス（葉緑素が減少し，黄白化する現象）やネクロシス（組織の一部が変色し，枯死する現象）が生じる場合もある．

トマトとキュウリ栽培では，収量増加とコストの観点から，以下のCO_2施用基準が提案されている．

(1) 施用時期：育苗中はCO_2施用を行わず，着果後から開始する．

(2) 施用時間：日の出30分後から換気を開始するまでの2〜3時間で，換気を行わない冬季でも3〜4時間で終了する．

(3) 施用濃度：晴天時$1,000 \sim 1,500 \mu mol \cdot mol^{-1}$，曇天時$500 \sim 1,000 \mu mol \cdot mol^{-1}$，雨天時は施用しない．

(4) その他，夜温をやや低くして転流を促進する，CO_2施用のために密閉にすることによる多湿をさける，灌水をやや控えめにして茎葉の過繁茂を防ぐなどの注意が必要である．

換気時には，これまで一般にCO_2施用は行わなかった．しかし日中，温室内のCO_2濃度は標準的な大気のCO_2濃度より低下する（図3.45）．そこで，高温期に換気が行われている温室でも，CO_2施用により，温室内のCO_2濃度を外気の濃度まで高める方法が検討されてきている．この方法では，温室内CO_2濃度を数$10 \sim 100 \mu mol \cdot mol^{-1}$程度上昇させることで，植物の生育が促進され，また温室内空気と外気とのCO_2濃度差がほとんどないので，施用されたCO_2は温室から外へ流出せず，効率的な施用技術である．ただし温室内のCO_2濃度分布を考慮して，CO_2濃度が最も低下する植生内部にCO_2を供給しなければならない（図3.47）．

図 3.47 トマト個体群内に設置された CO_2 供給用ダクト（図中の矢印）

野菜における CO_2 施用の効果については，多くの報告があるが，環境条件や施用方法の違いにより効果の程度は大きく変動している．平均的には，果菜類のトマト，ピーマン，キュウリについては 20〜30%，ナスについては 50% の増収効果がある．その他イチゴも 50% 以上の増収効果が得られている．また果菜では全般に，CO_2 施用により開花が促進され，果実の個数および 1 個当たりの重さが増加し，糖度が上昇する．葉菜類では，CO_2 施用により，レタス，ホウレンソウ，シュンギク，フダンソウなどで 50〜100% の増収となる．根菜類では CO_2 施用の効果はさらに顕著であり，肥大根収量はダイコンでは 750 $\mu mol \cdot mol^{-1}$ で約 2 倍，ハツカダイコンでは 2,000 $\mu mol \cdot mol^{-1}$ で約 3 倍になることが報告されている．

花卉については，一般に花数が 10〜30% 増加し，また開花が数日〜10 日程度促進される．また側枝が多く茎が太くなり，切花あるいは鉢物としての品質が向上する．またシクラメンなど鉢花において，出荷前の低光強度下での順化時における CO_2 施用により，低光強度下での純光合成速度が高く維持され，出荷後の品質低下が抑制される．

最近，果樹の施設栽培において，光合成を促進し，樹勢の強化および高品質で安定した果実生産を図るためのCO_2施用技術が検討されている．ブドウ，ナシ，カキなどについて，新梢の伸長促進，樹幹の肥大促進，果実成熟の促進，着果数の増加，果実糖度の増加，10％程度の収量増加が報告されている．

温室内CO_2濃度を希望する値に維持するために必要な施用量を求めるには，式（1）を定常状態，すなわち$dC_i/dt = 0$として次のように変形すればよい．

$$qA = (P - R)A + VN(C_i - C_o) \tag{6}$$

qAは，温室内濃度をC_iに維持するために1時間当たり床面積A（m^2）の温室に供給しなければならないCO_2の量である．

CO_2を発生させるには，プロパンガス，天然ガスおよび白灯油などの炭化水素を燃焼させる方式と，液化CO_2を気化させる方式がある．白灯油燃焼方式の場合，発生機を温室内ないし温室外に設置し，ダクトを用いて高CO_2濃度の燃焼空気を温室内に送風する場合が多い．ガス燃焼式では，温室内で燃焼機を用いてガスを燃焼させる（図3.48）．液化CO_2はCO_2発生単価が高いが，温室内CO_2濃度の調節を行いやすく，また有害ガスの発生がないので，メロン栽培温室，集約的な養液栽培温室，植物工場などで用いられる．一般にはガスボンベから，タイマーにより作動する電磁弁を介して温室内に供給する．さらに正確に濃度調節を行うには，温室内に設置したCO_2濃度計測制御システムからの信号で作動する電磁弁により，温室へのCO_2ガス流入量を制御する（図3.48）．純光合成速度に影響する日射量に応じて設定濃度を変えることができる制御システムもある．

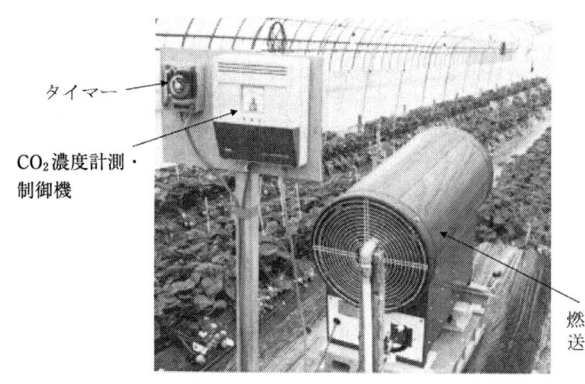

図3.48 プロパンガスを燃料とした燃焼式CO_2施肥システム（高野，1997）[36]

ヨーロッパやカナダでは，近年，施設園芸において天然ガスを燃料としたコジェネレーションシステムを導入して，発電と同時に排熱を暖房に利用している．さらには排気ガス中の CO_2 を温室内の CO_2 施用に利用するシステム（tri-generation）も導入されている．

3.7 根圏環境

3.7.1 根圏水分

一般に土壌の水ポテンシャルが-0.5 MPa 付近より低くなると，根の吸水抑制が生じ，生育が阻害される．土壌の水ポテンシャルは，おもにマトリックポテンシャル（matric potential）と浸透ポテンシャル（osmotic potential）の和である．土壌含水量減少に伴うマトリックポテンシャルの低下は，根と周辺土壌の水ポテンシャル差を減少させるだけでなく，根の周辺土壌の不飽和透水係数を減少させ，根に向かう水の移動速度を低下させる．

マトリックポテンシャルを高めるためには，灌水を行う．一般には土壌や植物の状態を観察して手動で地表に散水するが，タイマーを用いて定期的に散水したり，テンシオメーターを用いて土壌のマトリックポテンシャルを監視して散水量を調節する方法がある．

温室内での土壌栽培では，土壌に供給される水はおもに地下水の上昇および灌水によるものであり，降雨による不定期の供給がないので，屋外に比べて土壌水分の調節を行いやすい．しかし温室では，降雨による土壌塩類の溶出がないため，肥料に含まれる無機塩類の集積が生じ，土壌の浸透ポテンシャルが低下して，根の吸水抑制が生じやすい．定期的に土壌診断をおこなって土壌の養分状態を把握し，適切な灌水管理および施肥管理を行う必要がある．

温室内での観葉植物などの鉢物生産で用いられる底面給水法では，水の毛管上昇を利用して培地底面より給水するので，培地表面の通気性を維持しながら，植物の吸水量に見合う量の水を定常的に供給できる利点がある．またロックウールなどの固形培地を用いた養液栽培（hydroponics）では，一般に，必要最小量の養液を根の周辺に滴下する点滴灌水法が用いられる（図 3.49）．

図 3.49 ロックウールを固形培地として用いた養液栽培における点滴灌水法

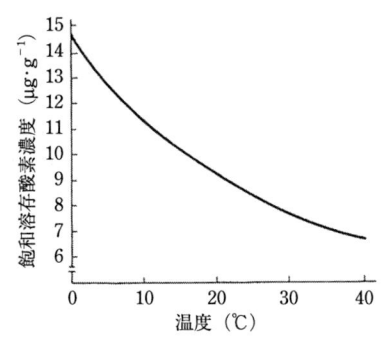

図 3.50 水中の飽和溶存酸素濃度に及ぼす水温の影響

3.7.2 根圏温度

冬の低温期あるいは夏の高温期に，地下部を加熱あるいは冷却して根圏温度のみを最適値に近づけると，植物の生育は促進され，収量は増加する．地中に埋設した電熱線や温水配管による土壌の加熱により地温を高めることができる．他方，地表面への散水，あるいは地中に埋設した冷水配管による冷却により地温を下げることができる．

養液栽培では，根の養水分吸収に及ぼす液温の直接影響に加えて，根の呼吸の制限要因である液中の溶存 O_2 濃度が，液温に大きく影響される．すなわち，液温が高くなると根の呼吸速度が上昇し，O_2 消費速度が上昇することに加えて，

液中の飽和溶存 O_2 濃度は低下する（図 3.50）ので，根は O_2 不足の状態になりやすい．一般に養液栽培では，養液を加熱あるいは冷却して根圏温度を調節できる場合が多いので，土壌栽培に比べて根圏温度の調節が容易である．

3.7.3 根圏ガス

土壌中では根や微生物の呼吸，いわゆる土壌呼吸（soil respiration）によって O_2 が吸収され CO_2 が発生するため，一般に大気に比べて，O_2 濃度が低く（数%～20%），CO_2 濃度が高い（0.1～数%）．O_2 濃度の低下および CO_2 濃度の上昇が著しい場合には，作物の生育は抑制される．一般の栽培土壌では，多量の降雨や灌水の直後を除いて，O_2 濃度が作物生育を阻害すると考えられる 15% 以下に低下することはほとんどなく，むしろ 1～数% に上昇する CO_2 濃度による生育阻害が問題となる．有機物含有量が多く，湿潤で嫌気的な土壌中では，ある種の菌によってエチレン（C_2H_4）が生成され，また植物体内でもエチレンが生成される．土壌中のエチレン濃度が数 $\mu mol \cdot mol^{-1}$ に上昇すると植物の生育が抑制されたり，障害が生じる．そのほか，硫化水素や，酢酸，酪酸などの揮発性の有機酸が発生し，植物の生育を阻害することもある．

土壌空気中の各種ガス濃度は，土壌中でのガスの発生速度，土層の深さに比例し，土壌中のガス拡散係数（gas diffusion coefficient）に反比例する．したがって，地温の上昇や有機物含有量の増加にともない土壌呼吸速度が上昇したり，土壌水分が増加してガス拡散係数が低下すると，土壌中 O_2 濃度は低下し CO_2 濃度は上昇する．

土壌のガス拡散係数は，土壌の空隙分布特性に影響される．図 3.51 に示すように，鹿沼土やバーミキュライトのような団粒構造土壌では，含水率の増加に伴い最初に団粒内空隙が水でみたされ，その後団粒間空隙が水でみたされる．土壌のガス拡散経路は主に団粒間空隙であるので，団粒間空隙が十分にある間はガス拡散係数は大きいが，それが水で充たされはじめるとガス拡散係数は低下する（図中の矢印）．それに比べて川砂のような単粒構造の土壌では，含水率の増加に伴いほぼ指数関数的に拡散係数が低下する．したがって，川砂のような単粒構造の土壌では灌水後に CO_2 濃度が急増する．

土壌中の CO_2 濃度を低く維持するための基本的な注意点は，土壌呼吸による

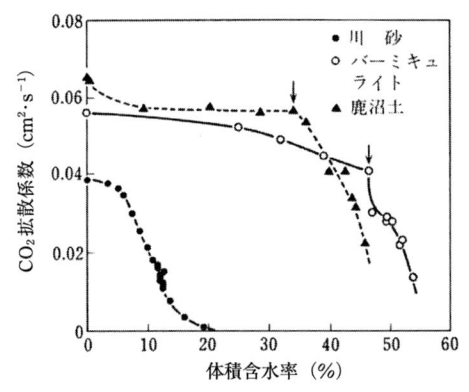

図3.51 3種類の園芸用培地内のCO_2拡散係数と体積含水率との関係(矢吹・北宅,1984)

CO_2の発生を抑えるとともに,土壌のガス拡散係数を高く維持することである.そのためには,過剰に有機物を施用せず,土壌粒子の団粒構造が維持された気相率の高い膨軟な土壌をつくり,含水率を過度に高めない適切な水管理を行う必要がある.また,うねを高くして土壌と大気とのガス交換面積を広げるのがよい.マルチングは保温,遮光,蒸発抑制などの利点が多いが,土壌と大気とのガス交換を妨げるので,施用時には密閉にならないよう留意する.積極的にうね内を換気するため,土壌中に多孔質の管を埋設したり,さらにエアーコンプレッサーを用いて多孔質管内に送気することにより,土壌中のCO_2濃度を低下させ,根の生育,養水分の吸収を促進し,収量増加を図ることができる.

養液栽培において根圏を構成する培養液および人工培地は,土壌に比べて養分組成,pHあるいは温度の変化に対する緩衝能が小さいので,きめ細かい管理が必要である.しかし,このことは逆に根圏環境を制御しやすいことを意味しており,連作障害の回避や人為的なエネルギー投入による生産性の飛躍的な向上を図ることができる.

一般に,養分組成,pHおよび液温の制御は養液タンク内で行う.しかし,ガス環境の調節は養液タンク内だけでは不十分である.特に固形培地を用いず,根が常に養液中にある水耕栽培の場合,液中に溶存しているO_2濃度が生育の制限要因になることが多い.例えば,20℃の水1 l 中に溶存できるO_2は最大でも9.3 mgにすぎず,根の呼吸により短時間で消費される(図3.52).したがって,正

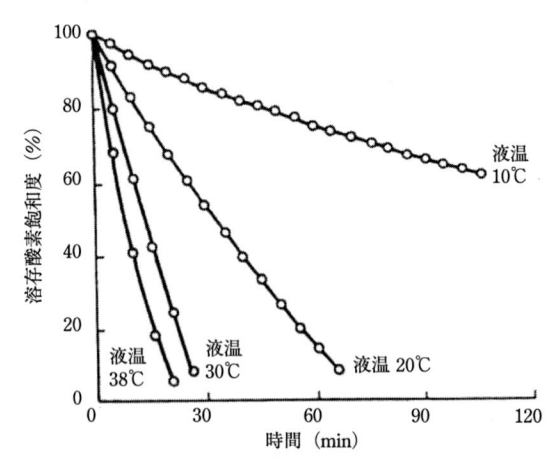

図 3.52 異なる液温（液量 1 l）においてキュウリの根（乾物重 0.9 g）の酸素吸収に伴う液中溶存酸素飽和度（飽和溶存酸素濃度を 100%とした場合の比率）の変化（矢吹・吉村, 1975）[38]

常な根の機能を維持するためには，常に養液中に O_2 を補給する必要がある．特に液温が高くなると，根の呼吸速度が増加し，O_2 消費量が多くなることに加えて，液中の飽和 O_2 濃度は低下するので（図 3.50），O_2 不足になりやすい．

根への O_2 供給量を増すため，送液方法や栽培ベッドの構造などにいろいろな工夫がなされている．静水中での O_2 拡散係数は静気中の約 1 万分の 1 であるので，根の近傍では O_2 が吸収されると濃度はすぐに低下する．したがって，根が常に培養液中にある水耕栽培では，養液を強制流動させて O_2 を根の表面まで輸送することが重要である．

養液栽培で用いられる固形培地としては，砂やロックウール，あるいはパーライト，バーミキュライト，籾殻燻炭など一般に通気性と保水性を兼ね備えたものが選ばれる．しかし，砂やロックウールは含水率が高くなるとガス拡散係数が急激に低下し，培地内の CO_2 濃度が上昇，O_2 濃度が低下しやすいので，水管理に注意しなければならない．

最近，固形培地として土壌を用いた方法（養液土耕法）が開発されている．養液土耕法は，養液栽培法における給水施肥管理の利点と，土壌のもつ高い緩衝能を併用した栽培法である．

3.8 苗および収穫物の貯蔵環境調節

3.8.1 貯蔵

貯蔵（storage）とは，貯蔵対象物の品質をある期間ある程度以上に維持することを目的として，貯蔵に好適な環境下に保持することをいう．一般に貯蔵に好適な環境とは，貯蔵対象物の呼吸，蒸散（水分の放出）および病虫害発生の抑制を可能とする環境である．貯蔵を行うことで，貯蔵対象物の内容成分の分解・減少および水分減少に伴う栄養分，食味および外観品質の低下などを抑えるだけでなく，市場への供給期間の延長，一時的な過剰供給・供給不足とそれに伴う価格の極端な高騰・下落を抑えることができるようになる．従来，施設園芸に関係する主要な貯蔵対象物は青果物や切り花などの収穫物のみであったが，最近では，苗（seedling, transplant）もその1つと考えられるようになってきた．これは，苗に対する需要量の増加に加えて，その需要時期に大きな偏りがあるためである．

ここでは，苗および収穫物の貯蔵のための環境調節と環境要素に焦点を当てて説明する．収穫物の貯蔵に関する詳細については，他書の関連する章[24～27]を参照されたい．

3.8.2 貯蔵と環境要素

貯蔵において重要な環境要素としては，第一に温度があげられる．続いて，湿度（水蒸気飽差，相対湿度，絶対湿度），ガス（酸素，二酸化炭素，エチレンなど）濃度，気圧および光強度があげられる．各環境要素が貯蔵中の品質に及ぼす影響をそれぞれ簡単に述べる．

a. 温度

貯蔵において最も重要な環境要素は温度である．一般に常温付近以下の温度では，貯蔵温度が高いほど収穫物の呼吸速度および蒸散速度は大きくなる．貯蔵中の品質維持には，呼吸速度および蒸散速度を低く抑える必要があるので，貯蔵温度は低い方が望ましい．他方，貯蔵温度が低すぎると内部の褐変や表面の変色・部分的変形などの症状を呈する低温障害が生じる．このため，収穫物の最適な貯

蔵温度は，低温障害が生じない範囲内の最も低い温度である場合が多い．青果物の最適な貯蔵温度はおよそ 1 ～ 10℃ にある[24]とされている．

b. 湿度（水蒸気飽差）

一般に青果物では全水分量の 5% 以上を失うと，商品価値がなくなるほどに外観品質が低下する．貯蔵対象物の蒸散速度は周囲空気の水蒸気飽差が大きいほど大きくなる．また，同じ水蒸気飽差下でも葉菜類は，果菜類，果実，根菜類よりも個体生体重当たりの蒸散速度は大きい．

c. ガス濃度

貯蔵において特に重要なガスは，酸素，二酸化炭素およびエチレンである．酸素濃度をある程度低下させる，あるいは二酸化炭素濃度をある程度高めると，貯蔵対象物の呼吸を抑制することができる．後述する CA 貯蔵および MA 貯蔵は，この生理反応を利用した貯蔵法である．青果物では酸素濃度を 1 ～ 3% 程度以下に低下させると，無気呼吸を開始するものが多い．無気呼吸が始まるとそれによって食味などの品質が低下し始める．エチレンは植物体自身が放出し，低濃度であっても多くの青果物や花の成熟と老化を促進する．

d. 気　　圧

気圧を低下させると，酸素分圧およびエチレン分圧が気圧低下に比例して低下するので，貯蔵においては酸素濃度およびエチレン濃度を低下させたのと同様の効果が得られる．減圧貯蔵（hypobaric storage, low pressure storage）はこの原理を利用した貯蔵法である．

e. 光　強　度

緑葉を暗黒下に置くとクロロフィルやタンパク質の分解が進行する．収穫後の葉菜類への光照射は，そのような内容成分の分解の抑制に効果がある[28]とされている．また，低温貯蔵中の苗に弱光を照射すると，貯蔵期間の延長に効果のあることが報告されている（表 3.14）[29]．

3.8.3 低 温 貯 蔵

冷却装置を用いることで貯蔵に好適な温度を作出して行う貯蔵を低温貯蔵（cold storage）という．商業的に利用されている貯蔵法のほとんどが低温貯蔵である．また，冷却装置などを用いずに，構造物の構造，地理的（気象的）条件な

3.8 苗および収穫物の貯蔵環境調節

表 3.14 弱光（55 lx）照射下での各貯蔵温度におけるセル成型苗の最大貯蔵可能期間（週数）(Heins et al., 1994 [29])を一部改変)

品目	0℃	2.5℃	5℃	7.5℃	10℃	12.5℃
アゲラタム	1	2	6	6	6	6
アリッサム	6	6	6	6	3	3
ベゴニア	0	6	6	6	6	4
キュウコンベゴニア	3	4	6	6	4	4
ケイトウ	0	1	1	1	3	3
シクラメン	6	6	6	6	6	6
ダリア	1	4	5	6	6	5
ゼラニウム	4	4	4	4	4	4
インパチェンス	0	2	3	6	6	6
ロベリア	0	5	6	5	4	4
フレンチマリーゴールド	0	3	6	6	5	3
ニューギニアインパチェンス	0	0	0	0	0	3
パンジー	6	6	6	6	6	6
ペチュニア	6	6	6	6	6	6
マツバボタン	1	3	5	5	6	*4*
サルビア	0	0	6	6	6	6
トマト	0	1	2	3	1	1
バーベナ	3	2	1	1	4	4
ニチニチソウ	0	2	3	6	6	6

注）最大貯蔵可能期間の週数の太文字は弱光照射により最大貯蔵可能期間が暗黒下に比較して1週間以上長いことを，普通文字は同じであることを，斜体文字（マツバボタンの12.5℃のみ）は短いことをそれぞれ表す．
なお原本 [29]（Heins et al., 1994）には，すべて普通文字で記されている．

どを利用することで，貯蔵にある程度好適な環境を作出して行う貯蔵を常温貯蔵という．低温貯蔵の中には，低温下でガス濃度制御，気圧制御，弱光照射を行う以下のような貯蔵法がある．

a. CA 貯 蔵

貯蔵対象物の周囲の空気組成を制御することで，比較的長期間（多くは数ヶ月以上）の品質維持を行おうとする貯蔵法をCA貯蔵（controlled atmosphere storage）という．酸素濃度を低下させ（およそ1〜10％），二酸化炭素濃度を高めた（およそ0.5〜10％）組成が用いられることが多い．比較的多くの青果物に対して品目ごとに最適なCA条件が策定されている [25] が，商業的にCA貯蔵が行われているのはリンゴなどの一部の品目に限られている．

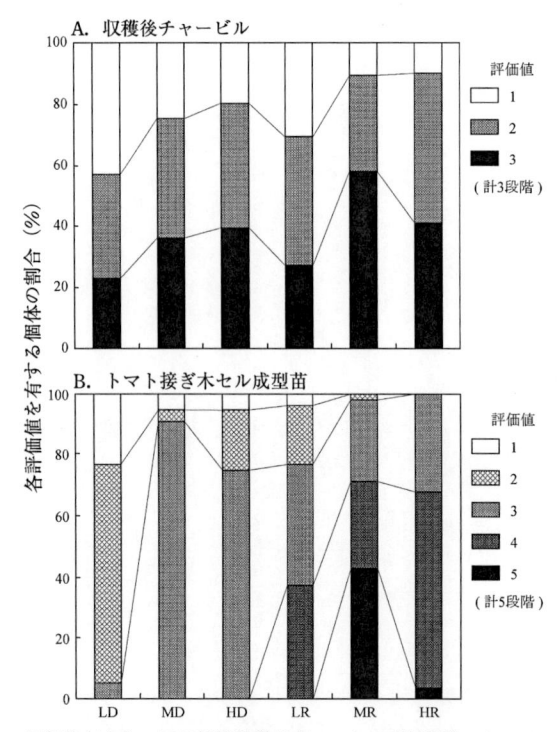

評価値が大きいほど外観品質が高い．A では評価値 3 と 2，B では評価値 5 と 4 で商品価値あり．
L：$0.05\%CO_2 + 20.0\%O_2$（CA なし），M：$0.50\%CO_2 + 10.0\%O_2$（CA），H：$1.0\%CO_2 + 5.0\%O_2$（CA）．D：暗黒，R：赤色発光ダイオード弱光照射（光合成有効光量子束は（A）1.0 $\mu mol\cdot m^{-2}\cdot s^{-1}$，（B）2.0 $\mu mol\cdot m^{-2}\cdot s^{-1}$）．

図 3.53 貯蔵中の CA および弱光照射が，4 週間貯蔵した収穫後チャービル（A：5℃，各試験区 72～78 本）およびトマト接ぎ木セル成型苗（B：10℃，各試験区 56 本）の外観品質に及ぼす影響[30)31)]

b. MA 貯 蔵

貯蔵対象物のガス交換とそれを入れる包装資材あるいは容器のガス交換を考慮に入れて，貯蔵対象物の周囲の空気組成をある程度制御することが可能である．この方法によって，CA 貯蔵に準ずる効果を得て，比較的短期間（多くは 2 週間程度以内）の品質維持を行おうとする貯蔵法を MA 貯蔵（modified atmosphere storage）という．

c. 減圧貯蔵

大気圧より低い気圧下に貯蔵対象物を置くことで,その周囲の酸素分圧およびエチレン分圧を低下させ,呼吸速度と成熟を抑制しようとする貯蔵法を減圧貯蔵という.減圧貯蔵用の施設・設備は高価であるため,実用化は困難であり,試験研究の域を出ていない[26, 27].

d. 弱光照射貯蔵

弱光(光合成有効光量子束で $1 \sim 10$ $\mu mol \cdot m^{-2} \cdot s^{-1}$ 程度)照射により,呼吸によって放出される二酸化炭素を光合成で再同化させて乾物重変化を抑制したり,クロロフィルや他の内容成分の分解を抑制することによって品質維持を行おうとする貯蔵法を弱光照射貯蔵という.低レベルであっても貯蔵中に光合成を行わせることで,光合成関連組織量・機能の低下を抑制する効果も期待できる.CAと組み合わせることで,収穫後の香草[30]やセル成型苗[31]の貯蔵期間をいっそう延長可能であることが報告されている(図 3.53).

文　献

1) 林　真紀夫(1984):農業気象, **40**:289-292.
2) 林　真紀夫(1997):湿度の測定.新訂農業気象の測器と測定法, pp. 59-89, 農業技術協会.
3) 高市益行(2003):湿度制御.5訂施設園芸ハンドブック, pp. 158-169, 日本施設園芸協会
4) 谷　晃(2002):湿度.気象・生物・環境計測器ガイドブック, pp. 11-12, 日本農業気象学会.
5) 福田　裕貴・林　真紀夫(2004):農業情報研究, **13**:203-212.
6) 林　真紀夫(1980):保温.設計の基礎と実際, pp. 170-181, 養賢堂.
7) 林　真紀夫(2003):温度制御.5訂施設園芸ハンドブック, pp. 116-157, 日本施設園芸協会.
8) 林　真紀夫(2003):冷房.農業技術体系・野菜編追録第28号, pp. 3-15, 農文協.
9) 古在豊樹(1980):温室構造と光透過率.温室設計の基礎と実際, pp. 130-144, 養賢堂.
10) 三原義秋(1980):冷房.温室設計の基礎と実際, pp. 160-169, 養賢堂.
11) 岡田益己(1980):暖房.温室設計の基礎と実際, pp. 182-204, 養賢堂.
12) 岡田益己(1986):温室の温度環境.農業気象・環境学, pp. 135-149, 朝倉書店.
13) 岡田益己(1987):保温.新訂施設園芸ハンドブック, pp. 204-218, 日本施設園芸協会.
14) 内嶋善兵衛(1980):被覆資材の物性と選択.施設園芸の省エネルギー技術, pp. 39-54,

農林水産技術情報協会.
15) 佐瀬勘紀（1987）：換気制御．新訂施設園芸ハンドブック，pp. 239-263，日本施設園芸協会.
16) 佐瀬勘紀・奥島里美（1998）：日本農業気象学会講演要旨，pp. 258-259.
17) 佐瀬勘紀（2003）：換気・気流制御．5訂施設園芸ハンドブック，pp. 182-195，日本施設園芸協会.
18) 施設園芸環境委員会（1979）：日本施設園芸協会報告書.
19) 古在豊樹（1974）：温室構造と日射透過について（船田周編著，農水産分野における環境工学），pp. 91-134. 杉二郎教授還暦記念事業会.
20) 古在豊樹（1977）：被覆資材と光（位田藤久太郎編著，施設園芸の環境と栽培），pp. 47-52. 誠文堂新光社.
21) Kozai, T., et al. (1978): Light transmission and photosynthesis in greenhouses (Simulation Monograph), pp. 99, Pudoc, The Netherlands.
22) 古在豊樹（1980）：光環境（三原義秋編著，温室設計の基礎と実際），pp. 54-64，養賢堂.
23) 古在豊樹（1985）：光環境調節（矢吹萬壽ほか，農業環境調節光学），pp. 80-90，朝倉書店.
24) Wills, R., et al. (1998): Postharvest: An Introduction to the Physiology and Handling of Fruit, Vegetables and Ornamentals (4th edition), pp.123-129, pp.230-240, CAB International, Wallingford Oxon, UK.
25) Kader, A. A. (1990): Postharvest Technology of Horticultural Crops (2nd edition) (Kader, A. A. ed.), pp. 85-92, University of California, California, USA.
26) 志賀　徹（1990）：農業施設ハンドブック（農業施設学会編），pp. 489-502，東洋書店.
27) 吉崎　繁（1994）：農業施設学（相原良安編），pp. 61-82，朝倉書店.
28) 細田　浩ほか（1981）：食総研報，**38**：40-45.
29) Heins, R., et al. (1994): Plug Storage, p. 19, Greenhouse Grower, Willoughby, USA．［久保田智恵利・富士原和宏　訳（1995）：セル成型苗の貯蔵技術（古在豊樹・大川　清監修），pp. 33-80，農文協］
30) 富士原和宏ほか（1998）：生物環境調節，**36**：201-208.
31) 富士原和宏ほか（1999）：生物環境調節，**37**：185-190.
32) 矢吹萬壽（1985）：植物の動的環境，朝倉書店.
33) Kitaya, Y., et al. (2000): Transplant Production in the 21st Century (Kubota, C. and Chun, C. eds), pp. 83-90, Kluwer Academic Publishers.
34) 河野德義（1987）：農業気象，**43**, 15-20.
35) 矢吹萬壽・今津　正（1965）：農業気象，**20**：125-129.
36) 高野　浩（1997）：島根県農業試験場だより第80号.
37) 矢吹萬壽・北宅善昭（1984）：農業気象，**40**：1-7.
38) 矢吹萬壽・吉村孝夫（1976）：農業及び園芸，**50**：1461-1462.

4 施設園芸作物の栽培管理

4.1 は じ め に

　施設園芸作物として，経済的に施設内で栽培される野菜，花卉，果樹等の園芸作物は，第2章で述べたような基本的生理・生態的特性を有しており，それらに関連して他の作物と同様な栽培管理的制約を受けている．また，園芸施設では，第1章で述べたように園芸施設特有の環境特性があり，一般の露地栽培とは異なる側面を有している．これらの環境特性は，施設の種類や大きさが異なっても共通する部分が少なくなく，さらに第3章で述べたような項目の物理的環境の調節が実際栽培で行われているのである．一方，園芸施設に特有な環境条件は，栽培作物だけでなく，土壌の物理化学性や昆虫や微生物などの病害虫の消長にも大きな影響を及ぼすのが一般的で，これらすべての共通的要素が施設園芸学の根幹の部分を形成している．

　しかしながら，園芸作物を実際に経済栽培する際には，共通的な施設園芸学の基礎部分だけでは不十分である．1年生あるいは2年生の草本性作物が中心の野菜と，永年性作物が主体の果樹では，当然個々の栽培技術は大きく異なる．また，食用の野菜や果樹類と鑑賞が目的の花卉や観葉植物で栽培方法が異なるのも当然である．さらには種子で繁殖する実生作物と，挿し木や挿し芽あるいは球根などの栄養体で繁殖する作物では栽培技術も大きく異なる．同じ野菜でも，果実を収穫する果菜類と，茎葉を収穫対象とする葉菜類，地下部を収穫対象とする根菜類では栽培期間も栽培方法も大きく異なる．苗生産では，苗そのものが生産対象としていることから，それらの栽培システムは大きく異なることになる．このように，施設園芸とはいっても，栽培方法や栽培システムはきわめて多様であり，すべてを施設園芸ということで同一に論じることは無意味である．

さらには，個々の野菜，花卉，果樹の栽培技術の歴史的，社会的発展過程はそれぞれ大きく異なり，それぞれが独自の栽培技術体系を形成して現在の栽培システムが成立したのである．この栽培技術体系（個々の栽培技術の組み合わせ）を一般的には作型と呼んでおり，それぞれの作物で各種の作型が分化している．作型を構成する要素は「品種」，「施設環境」，「栽培技術」であるが，それらは相互に密接に関連しあっており，それらの連携が重要な課題になっている．これらの作型の共通点と独自性を体系的に理解し，解析することで，他の施設栽培作物の栽培技術や栽培システムを改善・改良していくことは，施設園芸学のきわめて重要な課題の１つである．

園芸作物の中には施設栽培を前提にした育種が進められてきたものも少なくなく，温室・パイプハウス・トンネルなど各々の園芸施設の環境下で，高い生産性が得られる施設栽培専用品種群が分化している種類も多い．さらに近年では，例えば養液栽培に向く品種なども育成されており，同じ施設でも特定の栽培様式・栽培システム向けの品種が出現している．逆に，これらの品種を導入することにより，栽培技術や栽培システム自体が大きく変化することもある．

なかでも，園芸施設に用いられる材料や素材，施設自体の構造，規模などは，日進月歩できわめて劇的に変化しているのが現状で，海外で開発された大型温室や，低コスト施設，さらには精密な灌水制御が可能な給液システムなどが実際の農家に導入されている．それに伴って，温湿度・光環境などの施設内環境も大きく変化してきており，トンネル・べたがけ施設から１ha超の大型ガラス温室まで異なった年代に建設された，きわめて多様な施設が混在するのがわが国の特徴である．しかしながら，大型温室などの先進的な園芸施設に対しては，農家への導入が先行し，研究面が遅れたため，種々の問題が発生している．

本章では，まず栽培管理システムを構成する個々のシステムとして，育苗システム，栽培システム，防除システムを取りあげて共通的な技術を解説する．次に，野菜，花卉，果樹などに分類して，代表的な作物について栽培管理技術を個別に解説する．それらの視点は，上記のような理由からそれぞれ異なるが，注意深く読めば相互に深く関連し，影響しあっていることから，１つの要素が変われば，他の要素についても最適値が変化することが理解できるはずである．

さらに，これらの栽培管理技術は，第５章で述べる新領域などの共通的新技術

を取り込んで，新たな栽培技術体系（作型）が創成されていくことになろう．

4.2 育苗システム

4.2.1 育苗の歴史と意義

施設園芸に限らず，作型成立に最も密接に関係するのが育苗である．園芸作物の栽培では，古くより「苗半作」といわれてきた．これは，良苗の生産がその後の生育・収量の安定にきわめて重要なことのたとえである．育苗栽培環境が劣悪な時代とは比較にならないが，育苗の重要性は現在でも変わらず，多くの作物で育苗が分業化し，育苗産業を形成している．

施設栽培は，ナスやキュウリを早く栽培し，市場にない時期に出荷して，珍しい野菜を高値で販売することから始まっている．「1日でも人より早く食べたい」

表 4.1 育苗技術の普及年表（板木，2004）[63]

年	技術内容
1950	踏込醸熱温床　練り床　わら鉢
	電熱温床　紙　ビニル
1955	紙鉢→ビニル鉢
	ビニルハウス育苗→暖房
	低夜温育苗（トマト）
1960	
	ポリ成型鉢（移植省略）促成床土
1965	接ぎ木苗（キュウリ）
	水耕育苗
1970	弱毒ウイルス接種苗
	接ぎ木苗（トマト）
1975	ウイルスフリー苗
1980	
1985	茎頂培養苗
	セル成型苗　人工培養土
1990	高度環境制御温室
	幼苗接ぎ木（トマト，ナス）活着促進装置
1995	半自動接ぎ木装置
	サブストレート苗
2000	
	人工光閉鎖型育苗装置
2005	接ぎ木断根苗（ヌードメイク苗）低温貯蔵苗

という消費者の要望に応えるためには，本来作物を栽培するには不適な時期に栽培する必要がある．そのために，苗を温床で保温・加温して育苗し，早植した．つまり，育苗により新しい早熟栽培の作型が分化したが，これがその後の作型分化のスタートになった．

江戸時代以降，温床の被覆材料には油障子などが用いられ，保温・加温の熱源には有機物の発酵熱を利用した踏込み温床が使われた．この踏込み温床の温度制御には，きわめて高度な技術が要求されたことから，「苗半作」という言葉も生まれたのであろう．その後，被覆資材がガラスや農ビフィルムに，熱源が電熱線などに変わり，ポット育苗やプラグシステムが普及して育苗技術は格段に進化し，育苗の失敗は少なくなった．

育苗の意義・目的については個々の作物で大きく異なる．果菜類の育苗では，加温・保温による苗の保護だけでなく，花芽分化の促進・安定も重要な目的の1つである．イチゴでは，以前から高冷地で育苗する山上げ育苗が行われ，その後，夜冷育苗施設が実用化した．トマトなどの育苗では，栄養成長と生殖成長のバランスが重視され，充実した花芽の分化・発達が良苗の条件になっている．また，土壌伝染性病害の対策として接木技術が重要になっている．葉菜類の育苗では，花芽分化の抑制が重要な目的の1つであるが，近年では，安価で安定した良苗を省力的に生産する育苗システムが求められている．

一方，花卉類の育苗では，実生系の苗だけでなく栄養系の苗も多く，個々の種類・品種によるが，苗生産が栽培の重要なポイントになっており，近年では花壇苗などの生産も多い．

4.2.2 育苗産業の現状

a. 苗の需要量

園芸産業の現場で，個々の苗がどの程度利用されているかについては，正式な統計がないが，野菜では，果菜類26種類中25種類，葉茎菜類56種類中37種類，根菜類でも5種類中2種類で育苗が行われている（板木，2004）[63]とされ，広範な種類で一般化している．

苗の需要についても，正確な数字は不明であるが，同じく板木（2004）[63]は232億7,600万本の需要と推定し，全野菜の育苗割合は実に52%程度であろうと

している.

　また,このうちで,土壌伝染性病害回避などの目的で接ぎ木が行われる種類は,現段階では果菜類の5種類(スイカ,キュウリ,メロン,トマト,ナス)が中心であるが,5億8,000万本の需要があると推定している.この数字は,現状の作付け面積,栽植密度,育苗割合などから割り出したものであり,今後の生産技術の展開次第ではさらに増大すると思われる.

　近年の急速な苗需要,特に購入苗需要の増大には,苗の供給側における良質種子の確保,ハイテク苗生産技術の活用による優良苗の安定大量生産技術の開発・改良が進展したことと,苗需要側である栽培農家の高齢化,労働力不足,さらには専業農家の分業化指向の進展などにより,購入苗への依存度が急速に高まっているという両面の事情がある.

　このような背景から,苗産業は急速に発展し,その技術も格段に進歩しているが,他産業と同様に,輸入の動きもみられる.苗は重量・容積当たりの単価が高く,もともと国内で流通している苗については輸送性も高いのが特徴である.海外で,労働コストが安価で,気象条件の良好な場所を選定すれば,かなりのコスト低減が図れるはずである.問題は植物防疫上の障壁であるが,土以外の培地の利用も考えられ,既に一部の地域では輸入が始まっている.また,培地をまったく使用せず,より付加価値の高い断根した接ぎ木苗などについてはきわめて競争力の高いものになろう.今後は,わが国の苗産業の海外進出も十分考えられることから,外国人労働者の活用も含め,国際的な分業化をどのように図るかが重要な課題になっている.

b. 苗 の 種 類

　上記のように,生産現場で多量に使用されている苗は,従来はその大半が栽培農家で生産される自家育苗によりまかなわれていたが,上述の事情からか苗生産を専門に行う苗生産業者が生産した流通苗あるいはそれらの業者に委託して契約生産した委託苗などのいわゆる購入苗に対する依存度が急速に高まっている.現状で流通している購入苗の形態には以下に示すような種々のものがある.それぞれ特徴があり,長所・短所があるが,現段階で最も流通が多いのはセル成型苗である.また繁殖方法により,実生苗(自根,接ぎ木),栄養系苗(挿し木,挿し芽メリクロン)に分かれ,それらの組み合わせや苗サイズなどにより流通する苗

の形態が決定される．

・**セル成型苗**：最も流通量が多い（後述）．

・**サブストレート苗**（エレポット苗）：サブストレートポットまたはエレポットともいう．デンマークのEllegaard社で開発されたシステムで，生分解性の不織布などで直径15～100 mmの筒状の連続容器を作成し，内部に培地を充填し，所定の大きさに切断することで，成形ポットを全自動／半自動で作成する．主として接ぎ木苗や挿し芽類の育苗，根こぶ病対策で使用される．

・**ペーパーポット苗**：昭和34年（1959）に日本甜菜糖(株)の増田氏がテンサイの移植栽培用に考案開発したシステムである．特殊なクラフト紙製の小型筒状ポットを水溶性の糊で多数接着して移植苗用の集合鉢を作成する．使用前は折り畳まれているが，展開後用土を充填して播種などの作業を行う．移植時には，糊が分解してバラバラの成型苗が得られ，葉菜類の苗生産に多く使用される．さらに，現在はそれらをチェーン状に連結した構造のチェーンポットも開発され，ネギなどの作物では専用の定植器具とセットで使用されている．

・**ポット苗**：多くの果菜類や花壇苗では，現在でもポリポット（ポリ鉢）に鉢上げされて，直接定植が可能なポット苗の形態で流通する苗が多い．苗生産に多量の育苗用土が必要なことや，流通・定植作業の際のハンドリングが悪いことなどが問題になる．

図 4.1 サブストレートポットを利用したキュウリ接ぎ木苗生産（断根挿し接ぎ法）．ポットのまま直接定植することが可能である．

・その他:花卉では,リレー栽培が定着している.花壇苗生産の例では,まずプラグ苗専門業者が播種から育苗初期までを引き受け,プラグ苗を出荷する.花壇苗生産業者は,その苗を購入して,鉢上げしてポット苗として販売するのである.この場合,いずれも苗を販売することになる.また,接ぎ木苗では,台木を断根した(まだ活着していない)形態のものが販売されている.購入した農家では,養生の段階から行うことになるが,接ぎ木苗の海外生産にもつながる技術として注目される.

4.2.3 苗生産に関連するキーテクノロジー

苗生産技術の発展には,いくつかのキーテクノロジーが大きな役割を果たしてきた.以下にはそれらのうち,いくつかの重要なものを取りあげ解説する.

a. 電熱温床

苗生産や施設栽培が,踏込み温床から始まったことは前述の通りである.踏込み温床は,切断して水を含ませたイナワラや米糠,落ち葉などに窒素肥料を混ぜて発酵させ,その際に発生する熱を利用するもので,発酵程度は種々の条件で大きく変わり,好適な育苗温度を得るには良質な発酵材料と高度な技術,そして十分な経験を必要とした.しかし,熱の持続期間も限定されるなど,地温制御の精度はきわめて低かった.そこに登場したのが電熱温床である.踏込み温床の代替技術としての電熱温床は1940年頃から利用されだしたが,戦後の食糧不足対策としてサツマイモの育苗に奨励されたことで農業用に広く利用されるようになった.電熱温床になって温度制御の精度は格段に向上し,育苗技術の発展に大きな役割を果たしたのである.電熱温床は,現在でも広く使われているが,暖房装置の普及に伴い相対的に依存度は低くなっている.

b. 接ぎ木栽培

環境問題から化学農薬による土壌消毒が制限されるようになり,世界的に注目を集めているのが接ぎ木技術である.接ぎ木技術は,土壌伝染性病害の回避や低温伸長力や草勢の強化,品質向上などの目的で用いられる.わが国独自の技術ともいってもよいが,現在では韓国,台湾,中国をはじめヨーロッパ諸国でも高い関心がもたれ,積極的に導入されている.接ぎ木作業は熟練を要し,人手も多く必要とすることから,1980年代から各種接ぎ木方法の開発や,支持具の改良・

ナス科野菜は幼苗接ぎ木法，ウリ科野菜は断根挿し接ぎ法が用いられることが多いが，専用の接ぎ木養生装置が利用される．

図 4.2 接ぎ木苗（上：トマト，斜め合わせ接ぎ．下：スイカ，断根挿し接ぎ法）と接ぎ木養生施設

開発，作業自体の自動／半自動化が進められてきた．それらの中で注目に値するのは，幼苗接ぎ木（チューブ接ぎ）法の技術の開発であろう．これにより幼苗での接ぎ木が可能になり，接ぎ木養生装置の開発もあって，遠隔地輸送も可能な接ぎ木苗の大量生産が可能になった．接ぎ木ロボットも各社で開発され，各地の育苗センター，民間の育苗業者に導入されたが，現状では十分活用されていないケースも多い．接ぎ木ロボットは精密機械であるため，播種ラインと比較しても格段に複雑で，よりこまめなメンテナンスが必要である．十分な成果をあげるためには，それらの技術を有する人材の確保と教育が必要不可欠であろう．また，接ぎ木する穂木，台木それぞれに高い苗質と斉一性が要求されることから，ロボット接ぎに適合する苗を安定供給するための良質な種子と種々の技術と機器の開発が必要となる．最近，そのような高品質苗を安定供給する目的で，閉鎖型苗生産システムを採用した育苗装置が開発・販売されている．

c. セル成型苗育苗システム

小型のセルトレイ（プラグトレイ）を用いたセル成型苗の生産にかかわる技術は多岐にわたっているが，反面きわめて集中して開発・普及が進んだ部分でもある．

セル成型苗（プラグ苗）とは，通常 1 辺が数 cm 以下の小型のプラスチックコ

ンテナで育成された苗のことをいう．個々の小コンテナをセルと呼ぶが，取り扱い上の理由から播種・育苗作業は，セルを連結した一定の大きさ（通常300 mm × 590 mm 程度）の角形のセル集合体（セルトレイ）の形で用いられる．セルトレイは，発泡スチロールやポリスチレンなどのプラスチック製のものがほとんどであるが，輸入も含めてきわめて多種類のものもが市販されている．セルトレイの大きさはほぼ一定であるので，セルサイズは，セルトレイを構成するセルの数（穴数）で表すことが多い．この場合，セルトレイの穴数が多いほど個々のセルのサイズは小さくなる．例えば，キャベツのセル成形育苗では，一般に所要育苗日数などの関係で128穴セルトレイが用いられることが多いが，このようにセルサイズは栽培作物の種類や育苗期間により決定される．またセルトレイを選択する際，播種機，移植機などを利用する場合には，セルサイズや形状，材質などの諸元のほかに，使用する播種機・移植機などの機器に対する適合性も考慮する必要がある．

　セル成型苗育苗システムを採用する目的の1つに，播種・育苗・移植作業の効率化，省力化があげられる．それらの目的で開発された各種設備が多数実用化されているが，施設・設備を重装備にした結果，育苗コストが上昇し，採算性が悪化するようなケースも少なくない．現状では，苗の流通はかなり限定され，その多くは委託・契約生産であることが多く，苗需要の大きな季節的変動が避けられない．また，野菜苗の市場流通はかなり限定されていることから，年間施設稼働率を向上させること，流通・販売面を考慮した設備投資を行うことが重要である．同時に，多種類の苗を組み合わせて周年的に計画生産する技術の開発や苗の輸送方法を改善することなどにより，苗を供給する範囲を拡大することが重要である．また，例えばトマトの低段密植栽培など苗の需要が周年的に一定となるような生産システムの開発など，栽培方法自体についても再検討・提案していく必要がある．

　種子処理・精選：発芽が不安定な種子を用いる際には，間引き作業を行ってきた．間引作業は現在でも行うが，その頻度・程度は格段に減少している．これには，F_1ハイブリッド種子など品種自体の遺伝形質の向上だけでなく，種子の発芽能力を向上させる種々の種子処理・精選技術が大きくかかわっている．代表的な個別技術には以下のものがある．

① 種子プライミング（seed priming）：種子に極少量の水分を限定的に与え，発芽に関連する代謝を発芽直前の状態まで高めて，発芽を向上させる技術である．それらは，用いられる資材などにより分類され，ハロプライミング（塩類溶液），オスモプライミング（非電解質溶液），マトリコンディショニング（多孔質資材）などと呼ばれている．

② 種子精選技術（seed grading）：各種選別機により，種子を非破壊的に分別する方法を組み合わせて精密に選別し，発芽勢の斉一な種子を選び出す技術である．分別方法は，重量選・篩選・比重選・色彩選・厚み選・歪み選などを組み合わせる．

③ 種子加工技術（seed processing）：除毛・除翼・除尾処理，人工剥皮（ネイキッド）処理などにより，種子そのものの形状を整えたり，ペレットコートやフィルムコートなど種子を種々の材料でコーティングして発芽勢や播種精度を向上させたりする技術である．

移植（定植）機：レタス，キャベツ，ハクサイなどの葉菜類に対しては，労働

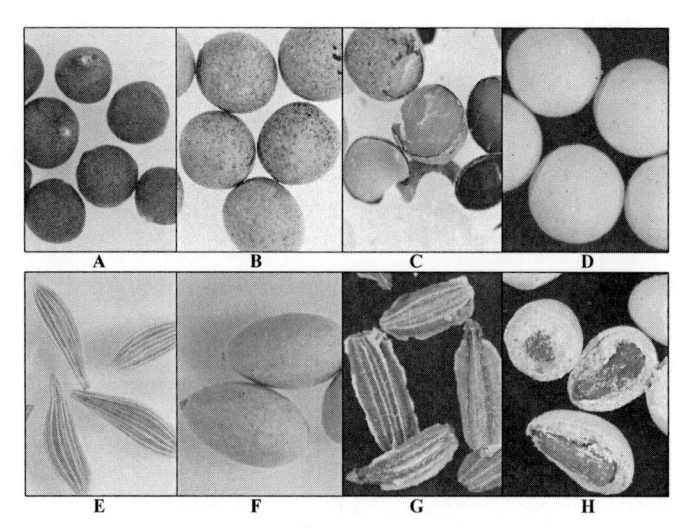

図 4.3　各種ハイテク加工種子
A：コマツナ生種，B，C：コマツナフィルムコート種子，D：コマツナペレット種子，E：レタス生種，F：レタスペレット種子，G：シュンギク生種，H：シュンギクネイキッド＋ペレット種子．

負荷の大きい定植作業の大幅な効率化を図る目的で移植（定植）機が開発され，半自動／全自動の（苗の供給方法による）機械が実用化している．これらの移植機には，苗床から苗を引き抜いた裸苗のほか，セル成型苗やペーパーポットなどの成型苗，ポット苗など多様な形態の苗が用いられる．半自動タイプの移植機は，主として中小規模農家向けの機械であるが，マルチ栽培にも対応が可能なマルチフィルムカット機能を有する機種も開発され，適応できる苗の幅が広い．機種や対応作物にもよるが，多くは毎時 2,000～2,500 株程度の苗を定植する能力を有し，導入により大幅な省力化が可能である．キャベツやネギなど移植性の高い作物では裸苗を用いることがあるが，他の多くの作物では成型苗が使用されることが多い．一方，全自動タイプの移植機は，大面積用に開発された機械で，半自動タイプに比べいっそうの高能率化，省力化が可能で，セル成型苗を利用したシステムでは 10 a の苗を定植するのに 1 時間程度のものもある．このタイプの機械は専用の育苗容器と育苗システムが必要で，適応苗の幅は比較的狭い．近年は乗用タイプも開発され，さらに効率が向上している．

4.3　栽培システム

4.3.1　施設内栽培システム

わが国では，施設内でも，栽培に使用される生産システムの大半は，依然として土壌に直接基肥，追肥という形で施肥し，灌水を行って栽培するシステム（土耕栽培）である．しかし，施設が大型化・固定化すると同時に，同一作物を連続栽培するようになると，施設栽培作物に種々の生育障害が発生しやすくなる．これが連作障害で，栽培の固定化による土壌伝染性病原菌の集積や塩類集積などが原因であるが，作物によってはアレロパシー物質の集積が問題になることもある．これは，施設内では降雨がないことや気温・地温が高いことなど，露地栽培とは大きく異なる環境条件が背景にある．施設内では，灌水によってのみ水分が補給されるが，その量が相対的に少ないため，土壌水分の移動を概観すると，地中から地表への流れになることが特徴で，吸収されなかった肥料成分が栽培ベッドの地表付近に集積しやすくなる．土壌の物理化学的特性，マルチの有無，他の施設内環境などにも大きく影響されるが，施設内で長期間安定して栽培を行うた

めには，接ぎ木栽培や灌水の方法を工夫することや，施設栽培に適した栽培システムを導入するのが有効である．

一方，施設栽培，特に大型施設では多額のイニシャルコストやランニングコストに見合うだけの生産性が期待されるが，より収量・品質が高く，労働生産性も高い栽培システムが開発・実用化されてきた．それらを培地で分類すると各種の養液栽培システム，養液土耕栽培システム，隔離ベッドシステムなどに分けられ，栽培ベッドで分類すると，低設固定ベッド，高設固定ベッド，ハンギングベッド，固定ベンチ，移動ベンチ，プールベンチなどに分けられる．この他ハイワイヤーシステムなどの整枝・誘引システムや，電照・補光栽培などに用いられる照明システム，さらに近年は労務管理システム（レジスターシステム）など，多様な栽培・栽培支援システムが開発・設置されている．

これまでは，生産性の向上が栽培システムの主たる目的であったが，施設の大型化や家族労働から雇用労働力中心への経営形態の変化により，今後は施設内の労働環境の向上が重要な要素になり，労働の軽労化，快適化を提供する栽培システムの開発が望まれる．

4.3.2 整枝・誘引，自動スペーシングシステム

限られた面積，空間を有効に利用するために，それぞれの作物・施設の特性に適合した種々のシステムが開発されている．果菜類では，トマト，パプリカなどを中心にハイワイヤー栽培システムが軒高の高い施設に導入されているほか，トマトでは通常の栽植密度の3〜5倍程度の密度で定植し，1〜3段の低段果房の収穫で栽培を終了して連続栽培する低段密植栽培システムが提案されている．また花卉類のうち鉢物や花壇苗などでは，高設の固定ベンチを利用するか，それらを可動にした移動ベンチ栽培が主流で，場合によっては灌液システムも兼ねた可動式のプールベンチが利用されている．それらの作物では，最終的な出荷も含めて苗や鉢の移動が栽培の重要な部分を占めることから，それらの作業を効率的に行うシステムが求められている．またいくつかの葉菜類では，養液栽培の導入により，栽培期間が大幅に短縮され生産性が大幅に改善されている．さらにそれらの生産性を向上させるために，自動スペーシング装置や，自動移植装置，移動ベンチが導入されている．イチゴ栽培では，主として作業効率を向上させるため高

4.3 栽培システム　　　　　　　　　　　　　　　　　　　　　　137

設ベッドが広く実用化されている．

4.3.3 照明システムとトータルエネルギーシステム

　欧州諸国では緯度が高く，冬期の低光強度が施設栽培の限定要因になるため，比較的早くから高圧ナトリウムランプなどを利用した補光システムが実用化されてきた．近年はより強く，より均一な光強度を与える補光システムが求められ，軒高の低い施設では可動式補光システムも導入されている．当初は導入の効果が高いバラなどの花卉類に対象が限定されていたが，近年では多くの花卉類のほか，トマト，パプリカなど野菜栽培にも導入されている．これには，トータルエネルギーシステム（TES）といわれるコジェネレーションシステムの普及がかかわっている．トータルエネルギーシステムとは，天然ガスを燃料として，ガスエ

(a) TES によるバラの補光栽培
ヨーロッパを中心に冬期弱光時を中心に補光が行われるが，それを支えるのがトータルエネルギーシステムと呼ばれるシステムである．

(b) TES の中核をなすジェネレータ

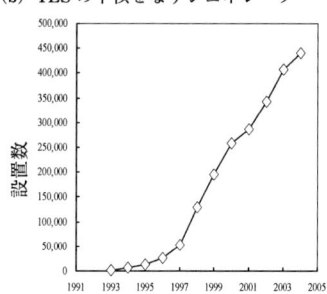

(c) 欧州における TES 設置実績
（Hanwel Environment and Energy B. V. 社資料, 2004）

図 4.4　トータルエネルギーシステム（TES）の利用

ンジンで発電して補光システムに電力を供給し，同時に発生する熱を暖房システムに，さらに排ガスを特殊な触媒で浄化して施設内に炭酸ガスを供給するエネルギー利用効率が高いシステムである．しかし，オランダでも夏季の2ヶ月間程度は運転を停止する農家も多い．冬期でも比較的強い日射があり，夏季高温となる期間が長いわが国では，現段階での単純な導入は困難である．

4.3.4　養液栽培システムと養液土耕システム

わが国の養液栽培の歴史は，戦後米軍によって開設されたハイドロポニックファーム（1946〜1960年）に始まる．清浄野菜の生産が目的であったが，当時としては世界一の規模（調布22 ha，大津10 ha）を誇っていた．1961年には，れき耕栽培が当時の園芸試験場の山崎・堀らによって開発され，わが国独自の養液栽培システムとして普及した．その後，各種の養液栽培システムが開発され，プラスチックの成型ベッドを利用した水耕プラントが市販されると急速に普及し，1979年には262 haに達し，当時は世界的にも際だっていた．この背景には，わが国の良質な水質があったと思われるが，独自に開発した培養液処方（園試処方）の果たした役割も大きい．その後，1980年頃からNFT栽培（後述）やロックウール栽培が海外から導入され，現在に至っている．また近年は，いわゆる養液土耕栽培システムの普及が始まった．本システムは，養液栽培と土耕栽培の中間的特性をもつが，専用のベッドや培地を利用しないことから安価で，比較的小面積の施設にも導入されている．現状では果菜類や花卉ではロックウールシステムが多く，定植回数が多い葉菜類はDFT（後述）やNFTが多い．これらシステムの導入目的は，いずれも連作障害回避，労働力軽減，管理の均一性と再現性，確実性などである．近年では，それらに加えて環境問題に関係して環境に優しい栽培システムとしても注目され，特に大規模施設では養液栽培システムの導入が前提になっている．

ロックウール（rock wool）　輝緑岩や玄武岩，あるいは鉄鋼石から鉄を取り除いたスラグをコークスや石灰石と混合して高熱で溶解して，綿あめ状に繊維化して圧縮熱処理したものであるが，元来建築用資材として開発された．農業用培地資材としては，1969年にデンマークのグロダン（Grodan）社が開発し，1980年以降ドリップ点滴灌液システムとロックウールスラブをセットにし，ロックウ

養液栽培では，トマトなど果菜類はロックウール栽培，ミツバなど葉菜類はDFTとNFTが多い．

図4.5 トマトのロックウール栽培（左）とミツバのDFT栽培（右）

ール栽培システムとしてオランダを中心に世界各国に急速に普及し，現在では果菜類養液栽培の大半がこのシステムを採用している．ロックウール培地は無菌で均質，しかも無機質で安定性があるのが特徴で，培地の95%以上が空隙である．そのため，適切な灌液管理を行えば，通気性，保水性，保肥性を作物の栽培に好適な状態に維持することが可能である．近年は，培地のリサイクルシステムも確立しているが，より少ない培地量でも栽培が可能な種々のタイプの培地も開発されている．また，それらの培地の特性を最大限に活用する培養液管理・灌液管理システムが作物別，地域別に開発されているが，均一な灌液を提供する灌液システムの改良とともにその重要性がますます高まっている．

NFT（nutrient film technique） イギリスのCooperらが1973年に開発・実用化した水耕栽培システムで，栽培に育苗培地以外の固形培地を用いず，培養液をベッドの上流から下流へごく浅く薄膜状にして流下させ，根系をその培養液の薄膜中にマット状に発達させるのが特徴である．本方式は閉鎖循環式の養液栽培であるが，循環培養液量がロックウールシステムと比べて格段に多いことから，効率的な培養液殺菌システムが適用できない欠点がある．しかし，ロックウール栽培でも使用培地量を限界まで減らすとNFT栽培にきわめて近いシステムになることから，将来的にはNFTシステムに近いシステムの開発も望まれる．NFTシステムの利点は以下の通りであるが，利点・欠点は相対的なものである．

① システム内の培養液量が少なく装置の構造が簡単なため，設備投資が安価である．
② ベッド上の培養液量が少ないため重量が軽く，ベッドを高設にすることが可能で，管理が容易になる．
③ システム全体の培養液量も DFT システムに比べ少なくすることが可能で，温度，培養液濃度・組成の制御が容易である（逆に液量が少ないため調整を頻繁に行う必要が生じる）．

DFT（deep flow technique） 湛液型循環式水耕のことで，根系のすべて，あるいは一部を培養液中に発達させる水耕システムで，NFT と同様に育苗培地以外の固形培地を使用しない．わが国で多くのシステムが開発・市販された経緯があり，現在でも葉菜類を中心としてかなりの面積を有する．本システムでは，栽培ベッドに多量の培養液を貯留するため，ベッド強度が要求されるとともに重量が重くなることから高設栽培などは比較的に困難になる．また，システムによっては培養液貯留タンクも大型のものが要求されるため，相対的に設置コストが多大になる欠点がある．また，培養液の殺菌が困難であることも NFT と同様で，欠点の１つである．DFT システムの利点としては以下の点があげられる．

① 培養液量が多いので，培養液の温度，濃度・組成などの変動が緩やかで，安定している．
② 培養液循環時に生ずる液流によって根への酸素の供給が良好になる．
③ 循環の過程で培養液の濃度，組成，pH などを測定し，それらの自動制御が容易である．

養液土耕システム（fertigation system） 灌水同時施肥栽培ともいわれる．イスラエルで開発されたファーティゲーション（fertigation）システムが原型であるとされる．本来のファーティゲーションシステムは，地下水との毛管連絡を絶ち，灌液した培養液でつくられた仮想の鉢の中で根系を発達させ，施用する水と肥料のみで栽培を行うものである．イスラエルでは，降水量が少なく水質も良好でないため，大量に灌水すると逆に塩類障害を起こすことから，この栽培システムが発達した．降水量の多い地域でこれを実現するのは容易ではなく，わが国では，一部の水や肥料を地中から得ることもあって，限定した少量の水と肥料を土壌に与えて栽培するシステムを養液土耕システムとしている．本システムはロ

ックウールシステムとほぼ同様で，培地がロックウールから土壌に変更されただけであるが，灌液システムも比較的簡易のものが使用される場合が多く，設置コストが安価なことが特徴である．しかし，廃液量の把握が困難で，灌液量の制御が容易でないことから，結果的に土耕栽培と同様な灌水・施肥を行うことも多く，栽培が不安定になる場合や，連作障害が発生することも少なくない．

バッグカルチャー（bag culture）・**コンテナ栽培**（container culture）　　各種の固形培地をプラスチックバッグあるいはプラスチックコンテナなどに充填して，点滴灌液システムを用いて培養液を灌液して栽培するシステムである．用いる固形培地としては，ロックウール，ピート，パーライト，ココナッツコイア，バーク，土壌やそれらの混合培地と多様である．本システムは，養液土耕システムよりも，土壌と隔離されている点で養液栽培に近く，ロックウール栽培システムにきわめて類似している．ロックウールシステムと異なる点は，培地がロックウールスラブではない点で，充填する培地の種類，容量，容器形状などによりその物理化学性が異なることから，栽培作物や培地特性に合わせた培養液管理を行う必要がある．灌液システムについては，ロックウールシステムと同様のものが要求されるが，廃液の量と濃度の把握が可能であるので，比較的容易である．本システムは，栽培の途中で部分的な品種交換の可能性があるバラなどの作物の栽培や，ロックウールの入手が困難な地域で注目されている．

4.3.5　収穫・選果・調整システム

施設栽培に限定されるものではないが，消費者や流通業者が求める園芸作物に対する鮮度や，色・形，味等の条件はますます厳しいものになっている．現状では施設栽培用の自動収穫機は実用化されていないが，いくつかの作物ではロボットによる収穫技術に関する研究が進められている．

一方，施設栽培では収穫以降の作業の合理化・軽労化・自動化が進み，収穫した野菜・花卉類を予冷あるいは選果システムまで搬送する各種の搬送システムが開発され，大型の施設を中心に実用化しているが，施設の構造の制約を受けることも多い．

予冷システムは広く実用化されており，個々の農家に設置される予冷・保冷施設のほか，大型の共同集出荷施設に設置されるものがある．後者では真空予冷，

差圧予冷など大規模施設に適した施設が設置される．

　選果・包装システムについては，各種のものが開発されているが，多くは大型の共同選果場向きのものである．近年栽培施設の大型化に伴い，それらのシステムのうち，処理能力は若干劣るが，小型で比較的安価なシステムが規模の大きな生産施設を中心に導入されている．個人の施設では，年間稼働率が問題になるため，周年的な栽培が行われる作物・作型の施設が前提となっている．また稼働率の面では，葉菜類の養液栽培など，周年的に同一作物を安定生産している施設には導入が容易である．大型施設の高度選果システムでは，ロードセルによる電子秤重量選別，光学システムを用いた形状選別，カラーカメラによるカラーグレイダー，近赤外線の反射・透過スペクトル分析による糖度・酸度・熟度判別などきわめて多様な選別が可能で，それらを組み合わせて多種類の規格に対する選果を可能にしている．この分野の技術は，これまで，どれだけ人間の感覚に近い選抜を機械で実現できるかが課題であったが，近年はインテリジェント選抜システムとして人間の感覚以上の選別が実現するようになっている．このように，わが国では求められる要求も厳しいことから，研究開発も進んでいる．

　このほか，近年トレーサビリティが要求され，それらに対する対応も求められている．

経営規模の小さいわが国では共同選果施設の利用が進んでいる．最新の選果施設では非破壊的に内部品質等を評価する非破壊検査も導入されている．
図 4.6　共同選果施設（左）と非破壊検査装置（右）

4.4 環境保全型の病虫害防除法

1999年7月に「持続性の高い農業生産方式の導入の促進に関する法律」(「持続的農業法」)が制定され,これにより日本で「環境保全型農業」が定義づけられた.この「持続的農業法」には都道府県で作物別の指針を出すことがうたわれており,そのターゲットは農業における化学農薬と化学肥料の投入削減であった[1].2004年4月1日からは,これまで表示が統一されていなかった,化学農薬・化学肥料を節減して栽培した野菜や果樹など農産物の新表示ガイドラインが変更され,「特別栽培農産物」と呼ばれることになった[2].また,これまで土壌病害虫防除において多く利用されてきた臭化メチルが,1992年のモントリオール議定書によりオゾン層破壊物質に指定されたことから,日本では2005年からまったく使用できなくなった[3].このような社会情勢を背景として,施設栽培における病虫害防除方法もその比重が化学的防除から生物的・物理的防除へと大きく変わりつつある.

4.4.1 生物的防除

生物的防除 (biological control, biocontrol) には,天敵昆虫 (natural enemy),内部寄生菌 (endophyte),対抗植物 (antagonistic plant)[4] などを用いた方法がある.在来の害虫の大部分は自然界に天敵が存在するため,天敵昆虫類を害虫防除に利用する方法は古くから行われてきた[5].果樹園などで,害虫の天敵を定着させて防除を行った例もある.施設栽培では,作物の栽培される期間が限定されており,その種類もさまざまであるため,天敵を定着させて利用することができない.そこで,特定の病害虫に対しての天敵昆虫・微生物を人為的に大量増殖して施設内に放す「放飼増殖法」がとられている[6].「放飼増殖法」で利用される昆虫・微生物は商業的に大量増殖されており,化学農薬と同じように,農薬登録を取得した製品として販売されている.

日本では,1995年に最初の天敵昆虫としてオンシツツヤコバチとチリカブリダニの2種が農薬登録され,ヨーロッパで製品化されたものが利用され始めた.ヨーロッパでは,1970年代から天敵昆虫を施設栽培で利用しており,日本に比

表 4.2 登録農薬有効成分となっている生物農薬（2004年9月1日現在）

	農薬名		農薬名
殺虫剤	アリガタシマアザミウマ		ボーベリア・バシアーナ
	イサエアヒメコバチ		ボーベリア・ブロンニアティ
	オンシツツヤコバチ		ミヤコカブリダニ
	ククメリスカブリダニ		モナクロスポリウム・フィマトパガム
	コレマンアブラバチ		ヤマトクサカゲロウ
	サバクツヤコバチ		リンゴコカクモンハマキ顆粒病ウイルス
	ショクガタマバエ		BT
	スタイナーネマ・カーポカプサエ	殺菌剤	アグロバクテリウム・ラジオバクター
	スタイナーネマ・グラセライ		シュードモナス・フルオレッセンス
	タイリクヒメハナカメムシ		シュードモナス CAB-02
	チャハマキ顆粒病ウイルス		ズッキーニ黄斑モザイクウイルス弱毒株 ZY95
	チリカブリダニ		タラロマイセス・フラバス
	デジェネランスカブリダニ		トリコデルマ・アトロビリデ
	ナミテントウ		バチルス・ズブチリス
	ナミヒメハナカメムシ		ペキロマイセス・フモソロセウス
	バーティシリウム・レカニ		非病原性エルビニア・カロトボーラ
	パスツーリア・ペネトランス		非病原性フザリウム・オキシスポラム
	ハモグリコマユバチ		

独立行政法人 農薬検査所　登録・失効農薬情報[7]　http://www.acis.go.jp/toroku/torokuindex.htm

較して普及率は非常に高い．日本において，2004年8月現在登録されているおもな天敵昆虫・微生物を表4.2[7]に示した．施設園芸では，このうち12種の天敵昆虫（補食性ダニを含む）が利用できる．2003年の農薬取締法改正により，天敵昆虫，微生物農薬の適用が拡大され利用しやすくなったこと，2002年に起こった無登録農薬使用問題で化学農薬の代替として天敵が注目されだしたことなどから，日本においても今後普及率は上がっていくと考えられる．

　天敵の寄主・餌（昆虫や花粉）にとって寄主植物となる植物を，天敵と一緒に施設内に持ち込む方法は，バンカープラント（banker plant），開放型飼育システムと呼ばれている．この方法はまだ試験段階であるが，天敵にとって安定した餌の確保ができ，施設内で天敵の増殖ができることから，コストの削減が期待される[8]．

　マリーゴールドなどは古くからセンチュウ類の対抗植物として知られてきた．対抗植物は劇的な効果をあげることが難しく，効果が出るまでに時間がかかるため，センチュウ防除には化学農薬が多く利用されていたが，化学農薬削減の動き

とともに実用化される種類・品種が増えてきている．現在は，ステビア，マリーゴールド，ギニアグラス，クロタラリア，ソルガムなどで対抗植物として効果のみられる品種が販売されている[4, 9]．

4.4.2 物理的防除

現在の日本には，さまざまな農産物が世界中から運ばれてくる．そのような状況の中で，マメハモグリバエやミカンキイロアザミウマのような外国からの新規侵入害虫や，病原菌が増加する可能性が高い．これらの病害虫に効果のある化学農薬や生物農薬などの開発には年月がかかるため，汎用的な効果のある物理的防除 (physical control) 法はこれからますます重要となるであろう．病害虫効果が期待される被覆資材の分類を表4.3[10]に示した．

a. ネットによる防除

最も古くから実用化され，また汎用性のある物理的防除法としてあげられるのが，ネット被覆による害虫防除である．簡易な方法で，害虫のハウスやトンネルへの進入を防ぐことができるため，開口部やサイドに展張したハウスや雨除け栽

表 4.3 病害虫防除効果が期待される被覆資材（島地ほか，1999[10] を改変）

資材分類		資材種類系統	素材（材質）	用途	効果害虫種類
直接的防除 侵入防止		ネット系	寒冷紗 ポリエステル	外張り トンネル べたがけ	全般
		不織布系	割繊維		
病害虫忌避	近紫外線 カット資材	フィルム系	塩化ビニル	外張り 内張り トンネル	スリップス アブラムシ ダニ
		ネット系	ポリエステル 塩化ビニル	外張り	アブラムシ スリップス
	光反射資材 （近紫外線 反射素材）	フィルム系	ポリエチレン	マルチ	スリップス ダニ アブラムシ ウリハムシ
		ネット系	アルミ蒸着フィルム ポリエチレン		アブラムシ
	光拡散資材	フィルム系		外張り トンネル	

表 4.4 害虫侵入防止のためのネット目合いの目安 [8, 11]

目合い (mm)	害虫の種類
5	モンシロチョウ, ハスモンヨトウ, キンウワバ
4	タバコガ類, ヨトウムシ類
2	ウリノメイガ, ハイマダラノメイガ
1	コナガ, アオムシ, カブラハバチ, ヨトウムシ類
0.8	ハモグリバエ類
0.5	アザミウマ類
0.4	コナジラミ類

培, トンネル栽培での栽培試験が行われ, 利用されている. 目合いを変えて, どの害虫に進入防止効果があるか, 作物への食害程度がどれくらい減少するかの栽培試験が, 公立試験研究機関を中心として実施されている (表4.4)[8, 11].

b. 光による防除

光を利用した害虫防除としては, 誘蛾灯が古くから実用化しており, 近年ではランプの光質や, 無電源地域への導入などの検討が進められているが, ここでは施設における「光環境調節資材」の利用について述べる. これまでに防除効果が確認され実用化している素材としては, 380～390 nm 以下の紫外線・近紫外線カット素材によるハウスへの被覆資材, 光反射素材によるマルチ被覆資材があげられる.

昆虫類の多くの種類は, 太陽光の中の紫外線に感応して活動の方向性を決めるといわれている. アザミウマ類, アブラムシ類, ダニ類などは[12], 近紫外線の遮断された環境下では活動しにくいことから, これらの昆虫が媒介するウイルス病の発生が減少する[13]. また, 紫外線カットフィルムは野菜類や花卉類の多くの病害の防除に有効であるとされている. これは, 植物病原糸状菌の胞子形成反応の多くが紫外線によって誘起あるいは促進されることから[14], 紫外線カット素材の被覆により胞子形成量が少なくなる[15〜19], あるいは子嚢盤の形成が抑止される[20]ためとされる.

光反射素材では, アルミ混入ポリエチレンフィルムによる反射マルチが, 一般に用いられている. 銀白色や銀白色の筋の入ったフィルムを活用して病害虫の飛来を防止したり, 黄色粘着テープを利用して誘殺したりする[21]などの方法により, トマト, レタス, ダイコンなどのウイルス病の防除が実施されている. これ

は，空以外の方向から紫外線が来ることにより，方向性を失うという性質や，黄色に集まるという性質を利用したものである．

c. 抗菌・殺菌資材による防除

銀，ヨウ素，酸化チタンなどの鉱物系資材を利用して，被服資材に抗菌・殺菌性を付加しようという研究がみられる．既に，銀を蒸着したシートが，養液栽培の培養液殺菌用資材として市販されている[22, 23]．光触媒として注目を集めている酸化チタンは，農業資材に添加することで抗菌性をもたせることができるため，水耕廃液の殺菌など農業での利用拡大が有望視されている[24, 25]．

これ以外の物理的防除としては，太陽エネルギーあるいは蒸気などの熱を利用した土壌消毒の効率化や，作物体への送風による害虫防除が考案されている[26, 27]．

4.4.3 電解水による植物病害防除

a. 植物病害防除効果のある電解水

環境保全型農業の確立，食品安全性の向上，農作業の安全・快適性の向上，有機農産物生産技術の確立などに向けて，農薬の代替物となりうる，あるいは農薬使用量低減に寄与しうる物質・資材が求められている．水あるいは水溶液を電気分解して得られる電解水（electrolyzed water（solution））の中には植物病害防除用農薬（殺菌剤：bactericide, fungicide）の代替物質・資材となりうるものがあり，その代表的なものとして電解強酸性水（electrolyzed strong acidic water（solution））がある．電解強酸性水は，果菜類の一部糸状菌病害の防除[28, 29]やイネ種籾の表面殺菌[30, 31]にある程度の効果のあることが報告されており，他方，カット野菜などの食品や食品加工厨房器材の殺菌・洗浄には既に利用されている．最近では，水を直接電気分解して生成される電解オゾン水（electrolytically ozonated water）もまた，植物病害防除用農薬の部分的代替物となりうることが報告[32]されている．

b. 電解強酸性水

塩化カリウムや塩化ナトリウムなどのイオン結合塩化物の希薄水溶液に2本（枚）の電極を入れ，その電極間に数V以上の電圧をかけると，その水溶液の電気分解が起こる．そのとき，陽極側では酸素のほかに塩素（Cl_2，水溶液中では溶存塩素）が発生する．その塩素のうちのある割合は水溶液の中で次亜塩素酸

(HClO)と次亜塩素酸イオン（ClO⁻）になる．溶存塩素，次亜塩素酸および次亜塩素酸イオンは遊離型有効塩素（以後，有効塩素）と呼ばれ，それぞれ程度は異なるが殺菌力を有し[33]，またそれらの存在比率は水溶液の pH に依存する[34]ことが知られている．このようにして，陽極側では有効塩素を含む pH の低い水溶液が得られる．この陽極側で得られる水溶液のうち pH が 2.7 以下のものは，電解強酸性水（または電解強酸性次亜塩素酸水；以後，強酸性水）と呼ばれている．この強酸性水は，植物病害を引き起こす糸状菌や細菌を短時間の接触で殺菌・失活させることが試験管内殺菌試験で確認されている[35]．栽培植物への散布には，塩化カリウムの希薄水溶液（一般に 0.01 mol/l 以下）を電解して得られる強酸性水が用いられ，医療・食品加工現場での手指消毒・器材殺菌には塩化ナトリウムの希薄水溶液を電解して得られる強酸性水が用いられている．

他方，陰極側では pH の高い水溶液が得られる．この陰極側で得られる水溶液のうち pH が 11.3 以上のものは，電解強アルカリ性水（electrolyzed strong alkaline water（solution）；以後，強アルカリ性水）と呼ばれている．主成分は，電解質が塩化カリウムであれば水酸化カリウム，塩化ナトリウムであれば水酸化ナトリウムとなる．一般に，強アルカリ性水が単独で植物に散布されることは少なく，強酸性水の散布後あるいは散布前に，強酸性水散布により発生する生理障害や，おもに生育初期に認められる成長抑制

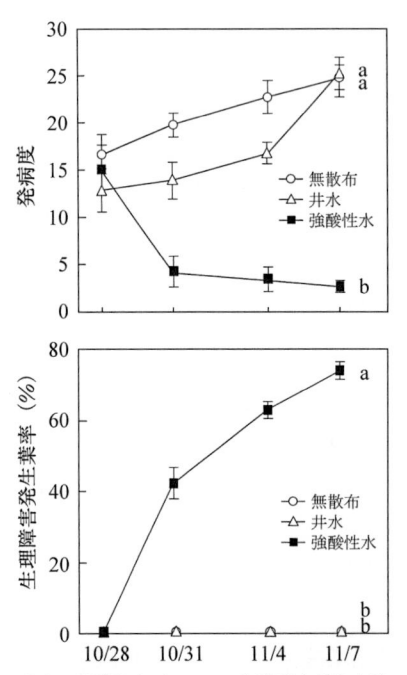

井水，強酸性水（pH2.7，遊離型有効塩素濃度 32 mg/l）を，3 回（10/28, 10/31, 11/4）にわたり散布（1株当たり 0.1 l）．バーは標準誤差，異なる英小文字間に危険率 1％レベルで有意差あり．供試株数は試験区当たり 12 株（10/28 の葉数 6～8 枚）．

図 4.7 電解強酸性水散布がキュウリうどんこ病発病度および生理障害発生葉率の経日変化に及ぼす影響[29]

の緩和を目的として散布される[36)].

強酸性水には，キュウリべと病の発病を予防あるいは遅延させる効果[28)]や，キュウリうどんこ病の発病度を低下させる効果[29)]がある一方，負の効果として部分的黄化などの葉やけ様生理障害を生じる[28, 29)]ことが知られている（図4.7）．また，病害防除効果および生理障害発生に影響を及ぼす性状は有効塩素濃度とpHであり，トマトうどんこ病防除には，2.7以下のpHではpHが低いほど有効で，2.5のpHと20 mg/l以上の有効塩素濃度の組み合わせでは高い有効塩素濃度との組み合わせほど有効である[37)]．また，トマト葉に生理障害を発生させるのは2.7以下のpHと20 mg/l以上の有効塩素濃度であり，pHが低いほど生理障害を発生させる[37)]．

c. 電解オゾン水

強力な酸化剤であるオゾンガスを溶解したオゾン水が強い殺菌力を有していることは広く知られており，強酸性水が使用される以前から食品や食品加工厨房器材の殺菌・洗浄に利用されてきた．近年，水道水から直接高濃度のオゾン水が得られ，かつ生成後のオゾン水からのオゾンガスの気散が少ないという利点をもつ直接電解方式が開発された．この方式により生成された電解オゾン水（溶存オゾン濃度4 mg/l）のキュウリ株への散布は，生理障害発生，成長抑制，葉の純光合成速度低下などを伴わずに，キュウリうどんこ病の発病を抑制できる（図4.8）ことが示されている[32)]．

オゾンガスを水耕栽培用養液に直接溶解させることによる土壌伝染性病害（soil-born disease）の防除には，一定の効果のあることが認められている[38～40)]．これに対して，電解オゾン水による土壌殺菌（soil disinfection）は，12 mg/l以上の高溶存オゾン濃度のオゾン水を熱水土壌殺菌に要する水

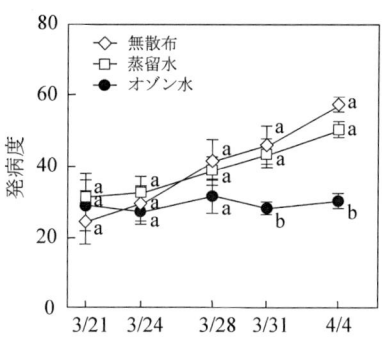

蒸留水または電解オゾン水（溶存オゾン濃度4 mg/l）を，4回（3/21, 3/24, 3/28, 3/31）にわたり散布（1株当たり0.15 l）．バーは標準誤差，同日の異なる英小文字間に危険率1％レベルで有意差あり．供試株数は試験区当たり6株（3/21の葉数2～4枚）．

図4.8 電解オゾン水散布がキュウリうどんこ病発病度の経日変化に及ぼす影響[32)]

量以上に使用しなければ，熱水土壌殺菌に迫る効果を得るのは困難であるとされている[36]．

d. 電解水利用上の留意点

電解水の重要な性状である pH，有効塩素濃度，溶存オゾン濃度などは，電解条件によって異なり，また生成直後や散布前の性状は植物体到達時の性状とは異なる．散布前と植物体到達時との性状の差は，おもに散布機の種類，散布粒径，散布距離などに影響される[41, 42]．

電解水による病害防除を行う場合には，従来の農薬使用による病害防除を行う場合よりも，病害発生予兆の見知，初期病徴の発見などにいっそう敏感になることが求められる．強力な殺菌力を有する電解強酸性水および電解オゾン水も，現時点ではその病害防除効果は既存の農薬には及ばないため，できるだけ病害発生初期に散布することが望ましいからである．

4.5 施設野菜・薬用植物・ハーブの特徴と栽培管理

4.5.1 施設果菜類

施設で栽培される果菜類は多様なものがあるが，トマトを例に取りあげて特徴と栽培管理法などについて概説する．また，ウリ科の代表としてメロン，バラ科作物のイチゴについても簡単に説明する．

a. トマト *Lycopersicon esculentum* Mill.

1) 生育過程 一般に播種後約 60 日程度育苗し，本葉が 8～9 枚展開して第 1 果房が開花する直前の苗を定植する．通常の栽培では，すべての脇芽は摘除して主枝 1 本仕立てとすることが多い．第 1 花房は第 8 節から 9 節に着生するが，その後は 3 節ごとに着生する．これを作型により通常 6～20 数花房繰り返した後に 2 葉程度残して摘心する．品種にもよるが，果実は開花・受粉後 4～5 日頃から肥大し，30 日頃まで肥大を続け，開花後 40～60 日程度で着色・成熟する．これらの過程は，温度に依存し，積算気温に比例して進行することから，冬期低温条件では成熟までに開花後 70～100 日程度要するのが一般的である．

2) 生理生態的特徴 トマトは，ナス科 1 年生植物であるが，温度条件さえ整えば多年草化する．

温度特性については，発芽適温が 25 ～ 28℃，生育適温は昼温 20 ～ 25℃，夜温 10 ～ 15℃ で，地温は 20 ～ 25℃ 程度である．30℃ 以上の高温，8℃ 以下の低温では生育速度が遅くなり，35℃ 以上の高温や 3℃ 以下の低温条件が続けば枯死するが，これらの値は品種や栽培前歴等により大きく異なる．また，花粉発芽の適温は 20 ～ 30℃ で，13℃ 以下あるいは 32℃ 以上では着果に問題が生じる場合がある．

光に対する反応は，トマトは野菜の中でも強い光を好む作物で，光合成の光飽和点は 1400 $\mu mol \cdot m^{-2} \cdot s^{-1}$（照度で 80 klx）と高く，高日射条件では節間が短く，茎葉が充実した草姿になり，着花，着果も順調に進む．逆に光が不足すると，徒長，着果数の減少，落花，果実の発育不良などを招く．オランダなどでトマトに補光をするのはこのためである．

湿度に関しては，低湿度を好み，多雨は好まない．ただし，空中湿度の好適値は 65 ～ 85% 程度といわれ，過湿と同時に過度の乾燥も良くない．

花芽分化と着果習性については，トマトは本来短日性の植物であるが，現在の栽培品種はほとんど日長に関係なく開花する．一方，温度の影響は受ける．前述のように，適温条件では 8 節程度に着生する第 1 花房が，高夜温条件では 10 節以上に上昇する．花芽分化を植物学的にみると，まず個々の茎は伸長して茎頂が花芽に分化した時点で分化が停止する．次に，分化した花芽の脇に新しい栄養茎頂ができて花芽を片側に押しのけながら伸長し，3 枚の葉を分化した後に再び花芽をつけて分化を停止することを繰り返す．このため，いわゆる仮軸を形成して，あたかも 1 本の茎に 3 葉ごとに花房を着生するように見えるのである．花房直下の側枝の成長が際だっているのも，このように毎回花芽が分化すると成長点が止まり，頂芽優勢が打破されるからである．なお，各々の側枝については，最初 5 葉程度葉を分化した後に花房を着生し，以後は主枝と同様に 3 葉ごとに花房を着生するのが一般的で，トマトは葉 3 枚で 1 果房の果実生産を行うことになる．

トマトの根系は深く幅広く分布するため，生育盛期には好適気象条件下では株当たり 1 日に 1 *l* 以上の水を吸水するので，灌水は十分行う必要がある．また，定植直後は灌水を控えるのが一般的で，根系を深く発達させるためには，第 1 果房肥大期まで灌水をまったく行わないこともある．

トマトの栽培には，比較的簡易な施設である雨よけ施設（左）から最新型の高軒高のフェンロー温室（右）まで，多様な施設が用いられる．

図 4.9　トマト雨よけ施設とフェンロー温室

3) 作　型　トマトは，最も作型が分化している作物の1つであるが，近年は施設環境の改善などにより逆に作型が減少する傾向にあり，経済的には露地栽培などはほとんどなくなっている．

雨よけ栽培は，夏季が冷涼な高冷地を中心に近年発達した作型で，パイプハウスの天井部に被覆資材を展張しただけの雨よけ施設を設置して栽培する作型である．雨よけ施設は冬期の積雪時には被覆資材を除去することが多いが，春・秋にはサイドにもフィルムを展張し保温も可能であることから，定植期，収穫期はかなり弾力的に変更が可能である．品種には環境変動に耐える草勢・耐病性や，高温期でも糖度が上がることなどが求められる．

半促成栽培は，加温半促成栽培と無加温半促成栽培に分かれるが，これは栽培時期に加温をするか否かによる．加温をする場合でも，ハウス占有期間の半分程度の期間の加温ですむことから，この名前が付けられた．加温半促成栽培の場合，播種期は9〜11月で定植は11〜1月に行い，2月あるいは3月以降の収穫が可能である．主たる果実肥大期が長日・温暖な気候にあたるので，促成栽培に比べても栽培経費が少ない．また，無加温半促成の場合は，温暖地で3月中の定植が可能であれば，5月から収穫が可能になる．

促成栽培は，定植から収穫期の大半を加温して栽培する作型で，従来は暖地での栽培が主体であった．しかし，近年は施設環境が良好になるとともに品種改良も進み，関東あたりまで栽培地が拡大している．8月播種，9月定植，12月以降

の収穫が標準である．収穫は半促成栽培の出荷が増加する4月までは続けるが，栽培の終了時期は後作や草勢により変わり多様である．6～7月まで長期間収穫を続ける場合は促成長期栽培となる．品種に求められる特性は，低温伸長性，葉が小型で採光性が良いことなどで，接ぎ木の台木としては，主として低温時の根腐萎ちょう病，褐色根腐病などに対する抵抗性が要求される．

抑制栽培は，高温期から低温期にかけて栽培する作型で，特に育苗期の高温が問題になりやすい．接ぎ木栽培が基本であるが，台木には青枯病，萎ちょう病などの高温性病害に対する抵抗性が求められる．無加温ハウスの場合，通常6月播種で1ヶ月程度の短期間の育苗の後，7月中に定植すれば9月から11月または12月頃までの収穫が可能である．11月以降には加温が必要になることが多い．品種には，高温期の育苗で徒長しにくく，低節位に確実に着花することなどの特性が要求される．

促成長期栽培は，促成栽培の変形した作型であるので，ほぼ促成栽培と同様な栽培体系，品種特性が求められる．促成栽培と異なる点は，収穫を6～7月頃まで続ける点である．施設内環境が不良な時期まで栽培することから，草勢維持が課題になるが，その点では草勢の制御が容易なロックウール栽培などの養液栽培が有利である．フェンロー型ハウスなどで栽培例の多いハイワイヤーシステムもこの作型に分類される．

4） 栽培管理 播種については，25～30℃の地温を目標とする．特に高温期の育苗は，風通しの良いハウスで行い，発芽までは必要に応じて寒冷紗等で培地を覆い地温が30℃を越えないようにする．高温環境下では，花房着生節位が上昇するので，可能であれば高冷地育苗苗を購入するか，夜冷育苗装置や閉鎖型の育苗システムなどの育苗装置で育苗することが望ましい．

定植時期は上記のように第1花房の開花前後が望ましい．この時期に定植すると，活着後十分な肥料・水を吸収し始めた頃に第1果房の肥大が始まるため，栄養成長と生殖成長のバランスが自然にとれるからである．より早いステージで定植すると，過剰な養水分吸収が栄養成長を促進し，栄養成長型の草姿になりやすく，これに第1段花房の着果不良などが重なるとますます栄養成長の方向に傾く．反対に，定植時期が遅くいわゆる老化苗になると，定植後根系の発達が不十分で徐々に草勢が低下し，十分な収量を得ることが困難になる．この傾向は，育

苗鉢のサイズや育苗方法，定植後の施肥・灌水管理法にも大きく影響される．

5) **個別栽培技術**　これまでに述べてきたように，トマトの栽培には施設栽培に限っても種々の栽培技術が大きくかかわっている．以下には，これまで解説しなかった重要個別栽培技術について簡単に説明する．

着果促進：トマト栽培では，特に第1花房の着果の成否はその後の草勢を大きく左右するため，これを確実に着果させる必要がある．着果を人為的に補助するために合成オーキシン（トマトトーン・トマトラン）を花房散布する方法があり，これまでわが国では低温期，高温期を中心に広く採用されてきた．近年人件費の高騰などに伴い，これに替わる方法として，セイヨウマルハナバチの利用が急速に広まっている．セイヨウマルハナバチは，バンブルビーとも呼ばれ，トマトの花粉を収集する際に受粉を行う．きわめて効率的であるが，農薬散布の制限があることや花粉が出ることが前提であるので，施設の高温管理が必要であることなどが課題である．また，日本固有のマルハナバチの生態への影響も危惧されている．さらに省力的で，安定した方法として単為結果性のトマト品種の導入も始まっている．

接ぎ木：前述のように土壌病害が発生するリスクの高い施設では，接ぎ木栽培するのが一般的である．接ぎ木方法としては，割り接ぎ法や幼苗接ぎ木法（チューブ接ぎ法）が一般的であるが，いずれの接ぎ木法を用いても注意を要するのは接ぎ木不親和の問題である．トマトの場合，台木は各種病害対

トマトの着果にはセイヨウマルハナバチの利用が進んでいる．受粉に昆虫を利用する際には，天敵などを利用した害虫制御システムの使用が望ましい．

図 4.10　マルハナバチと天敵の利用

表 4.5　トマトの接ぎ木栽培における穂木，台木のTMV抵抗性遺伝子型の組み合わせの適否（伊東正監修：新版そ菜園芸，p.255，全国農業改良普及協会，2003）

穂 木	+/+ または Tm	+/+ または Tm-2	Tm-2^a または Tm-2	Tm-2^a または Tm-2
台 木	+/+ または Tm	+/+ または Tm	Tm-2^a または Tm-2	Tm-2^a または Tm-2
適 否	○	△	×	○

注　+/+：感受性

策用の専用台木品種（耐病性のトマト）であり，同じトマトであることから接ぎ木親和性も高いと考えがちであるが，台木を選択する際にはタバコモザイクウイルス（TMV）抵抗性遺伝子型の違いに注意する必要がある．TMVには病原性を異にする4種類のストレインが知られており，TMV抵抗性遺伝子としてはTm，Tm-2，Tm-2aの3種類がある．これらの組み合わせのうち，不適合な組み合わせの場合，急性の壊疽斑を生じる著しい不親和症状を呈するのである．不親和現象を回避するために，表4.5のように穂木と台木の遺伝子型をそろえて接ぎ木する必要がある．

生理障害：トマトの生理障害で最も問題となるのは尻腐れ果である．尻腐れ果は，果実の頂部が油浸状になり，その後黒色に変色して陥没する．高温や土壌の乾燥，窒素肥料特にアンモニア肥料の施用過多などにより発生するが，直接的には肥大中の果実組織のカルシウム欠乏が原因であることがわかっている．しかし，土壌や培養液中にカルシウムが多く存在している状態でも，尻腐れ果はしばしば発生する．重要な点は，栽培培地中のカルシウム濃度ではなく，カルシウムの吸収速度ならびに果実への移動速度と果実の肥大速度のバランスである．果実の肥大に必要な量のカルシウムが不足した場合に尻腐れ果が発生する．尻腐れ果の発生を完全に防止することは現状では不可能であるが，十分な灌水を行い，ア

表4.6　農薬登録されている天敵昆虫製剤一覧（野菜類(施設)用）

農薬名	有効成分（天敵名）	適用害虫名	使用量
マイネックス	ハモグリコマユバチ成虫 125 頭 イサエアヒメコバチ成虫 125 頭/ボトル	ハモグリバエ類	250～500 頭/10 a
マイネックス 91	ハモグリコマユバチ成虫 225 頭 イサエアヒメコバチ成虫 25 頭/ボトル	ハモグリバエ類	500～1000 頭/10 a
ヒメコバチ DI	イサエアヒメコバチ成虫 100 頭/ボトル	ハモグリバエ類	100～200 頭/10 a
ヒメトップ	イサエアヒメコバチ成虫 100 頭/ボトル	ハモグリバエ類	200～800 頭/10 a
エンストリップ	オンシツツヤコバチマミー 50 頭/カード 50 カード/箱	コナジラミ類	1 カード/25～30 株
ツヤコバチ EF30	オンシツツヤコバチマミー 30 頭/カード 40 カード/箱	コナジラミ類	2 箱(80 カード)/10 a
ツヤトップ	オンシツツヤコバチマミー 50 頭/カード 45 カード/箱	オンシツコナジラミ	1 カード/25～30 株
エルカード	サバクツヤコバチマミー 3000 頭/箱	コナジラミ類	1 箱/10 a
アフィパール	コレマンアブラバチ成虫 500 頭/ボトル	アブラムシ類	1000 頭/10 a
アブラバチ AC	コレマンアブラバチ成虫 250 頭/ボトル	アブラムシ類	1000～2000 頭/10 a

ンモニア，カリなどの施用を制限してカルシウムの吸収を促すとよい．

このほかのトマト生理障害としては，窓あき果・チャック果，空洞果，乱形果，すじ腐れ果などがあるが，それぞれ特有の発生条件が判明しているので，それらの条件を回避する．

病害虫防除：受粉用マルハナバチの導入に伴い，化学殺虫剤の使用を極力低減することが望まれている．この動きは，減農薬，無農薬の動きとも一致するが，ヨーロッパでは多種類の天敵昆虫が開発・実用化されているので比較的容易に実現可能であるが，わが国では，使用できる天敵の種類が限定されているため，粘着板の利用や非散布型農薬ラノテープ，マルチや黄色蛍光灯など種々の方法を組み合わせて農薬使用量を抑制している．

高糖度トマト：果実糖度（Brix）が8以上である高糖度トマトは，植物体に塩類ストレスや水分ストレスをかけて栽培する方法で生産する．通常，果実糖度と収量は反比例することがわかっており，糖度の高い果実を得るためには，果実収量が犠牲になる．

ハイワイヤー栽培：オランダで開発された整枝誘引システムで，軒高3.5 m以上の高さのフェンロー型ガラス温室などで使用される．ハイワイヤーとは，温室内の3 m程度の高さに設置された誘引用ワイヤーで，このワイヤーに特殊な誘引用糸巻きを架けてトマトの茎を垂直に誘引するシステムである．ハイワイヤー

図4.11 ロックウール栽培を前提にしたハイワイヤー栽培（左）および 1～3段程度の低段で高密度で栽培する低段密植栽培（右）

システムでは，収穫しやすい高さになるように順次誘引ヒモを繰り出して，茎を横方向にずらしながら「つるおろし誘引」し，収穫果房の高さを調節する．誘引作業は，高い位置で行う必要があるので，専用の電動台車を温湯管などの上を走行させて作業を行う．また，収穫果房付近の葉は順次摘葉し，収穫作業の効率を向上させるのが一般的である．通常は，主枝1本仕立てで，最終的な収穫段数は30段以上にも達するが，オランダなどでは，光が弱い定植時には比較的株間を広くとり，光環境が良好になった段階で適当な密度で側枝を伸張させて誘引する方法を採用している．

低段密植栽培：わが国で開発された低段密植栽培は，ハイワイヤー栽培とは異なり，大幅に密植（10 a 当たり 5,000 〜 10,000 株程度）し，1 〜 3 果房程度で摘心して収穫する栽培法である．通常，年に 3 〜 4 作の栽培を行い，周年的栽培とする．栽培管理が単純で，整枝・誘引作業が大幅に簡略化され，草丈が低く高設栽培により作業姿勢が改善できる．また，定植・収穫・片づけなどの作業が年間を通じ平準化され，労働負荷が安定するため，雇用労働力を導入しやすい利点がある．課題は，大量の苗が必要なこと，苗の優劣が栽培を大きく左右すること，密植で栽培する際に徒長・過繁茂を制御するのが困難であることなどである．

b. メロン *Cucumis melo* L.

1) 生育過程　メロンは直播きではなく，育苗して栽培するのが一般的である．播種後約 10 日程度育苗し，子葉が展開した頃に 12 cm 程度の鉢に移植する．播種後，35 日，本葉 3 〜 4 枚で定植する（立ち栽培では 15 〜 20 日程度の若苗で定植する）．地這い栽培では，本葉が 4 枚時に摘心し，各節から側枝子蔓を伸張させ，30 cm 程度になった時点でそろった側枝 2 本を選んで残りを摘除し，一定方向に誘引する．誘引した 2 本の子蔓は下位節の側枝をすべて摘除し，11 〜 14 節の側枝を伸ばして着果させる．子蔓は 25 節前後で摘心する．品種によるところが大きいが，1 蔓 2 果，1 株 4 果着果させ，着果後 55 〜 60 日前後で収穫する．

2) 生理生態的特徴　わが国には古くからマクワウリ，シロウリなどの東洋メロンが存在したが，明治以降種々の西洋メロンが導入され，アールスフェボリット（いわゆる温室メロン）や多くのハウスメロン，露地メロンが栽培されるようになっている．温室メロンの栽培は特殊なスリークォーター（three quarter）

温室で行われるが，多くのハウスメロンはトンネル栽培やパイプハウスで栽培されることが多い．

温度特性については，発芽適温が 28～30℃，生育適温は昼温 25～30℃，夜温 12～20℃ で，開花期には 20℃ 以上の温度が必要である．適温域のなかでも，温室メロンはより高温で，ハウスメロンは低温で管理することが多い．

光に対する反応は，光合成の光飽和点は 700 $\mu mol\cdot m^{-2}\cdot s^{-1}$（照度で 40 klx），補償点 7 $\mu mol\cdot m^{-2}\cdot s^{-1}$ とやや弱光に適応可能な植物である．弱光下では生育，収量，品質などに影響を受ける．

花芽分化と着果習性については，メロン類の花には両性花（雌花）と雄花があり，同一株に着生する．雄花は，親蔓の各節に着生するが，雌花は 5～6 節以上子蔓の第 1 節に 1 個着生する．早期に親蔓を摘心して，子蔓を伸ばす場合には，両生花は孫蔓に着生することになる．雌花の分化は，本葉 1～2 枚頃の育苗温度の影響が大きい．特に夜間の低温が強く影響するとされている．雌花の分化は，低温，短日で促進され，高温，長日で抑制される．通常本葉 3～5 枚頃までに子蔓の 10～12 節の雌花が分化する．開花後の結実は手交配やミツバチなどを利用した人工交配によって行い，自然状態の単為結果はほとんどみられない．

メロンの根系は浅根性であるが，数本の太根から多数の細根が発生し発達す

専用のスリーウォーター温室に隔離ベッドを設置して，きわめて集約的に行われる．

図 4.12 温室メロン栽培

る．乾燥を好むが，耐乾性はあまり強くない．耕土が深く有機質に富む圃場では，根張りが深くなるが，地下水位が高い水田や作土の浅い圃場での根張りはごく浅く弱い．開花から果実肥大期に水分が不足すると果実肥大が悪くなり，成熟期に土壌水分が多いと糖度が上がらず果実裂果が多くなることから，基本的に根群を深くし，生育後期の灌水は避ける．つる枯れ病なども多発しやすいので，土壌水分が多いところでの栽培は避ける．

3）作　型　メロンは温室メロンとハウスメロン，露地メロンで大きく作型が異なる．前者は，品種もきわめて限定されており，アールスフェボリットの限定された系統を隔離ベッドを用いて栽培する精密栽培であり，後者は，パイプハウス，トンネルなどを用いた比較的粗放的な栽培であるが，品種の分化が著しく，栽培方法は品種ごとに決定される面も大きい．

温室メロン栽培：温室メロンと呼ばれる特殊なジャンルのメロンの栽培は，まず品種アールスフェボリットの維持と種子生産から始まる．固定種アールスフェボリットは，もともと遺伝的に完全固定したものではなく，個体毎に微妙な変化がみられたことから，篤農家の系統分離によって両性花の出現様式などが異なるいくつかの系統に分けることが可能で，アールス春系，夏系，秋系，冬系という季節別各系統がつくられた．さらに，それらの系統の中でも，微妙な形質の違いから春系1号，2号というように系統が分離され，それらが栽培組合で維持管理されるとともに，交配採種が行われている．栽培農家は，温室メロン専用温室を7〜14棟程度保有し，年間4〜4.5回転させて周年生産している．栽培には特殊な隔離ベッドが使われ，蒸気消毒を栽培体系に組み入れ長期連作を行っている．整枝法は着果節位の下7枚，上10枚の葉を残す方法がとられている．栽培は，品種の選定から施肥，灌水など詳細な指針があるが，それらではカバーできない細かな温度管理や灌水，換気などの管理が重要で，自宅周辺に温室を配置して常に天候に応じた管理を行っている．

ハウス・露地メロン栽培：これらのメロンの範疇に入るものはきわめて多様で，毎年多くの新品種も発表されている．品種毎に標準的な管理方法も異なるため，実際には多様な作型が存在することになるが，いずれの作型も，栽培期間が比較的短期間であること，使用施設もパイプハウスやトンネルが主体であることを前提にしたものになっている．

ハウスメロンは，従来春から夏の期間の消費が多かったが，近年徐々に周年化しつつあり，生産者はいくつかの作型を組み合わせて出荷期間を延長するとともに，産地が九州から北海道まで南北に移動することにより需要に対応している．栽培方式の大半は地這い方式であるが，早期に収穫するものでは内部カーテンや，トンネル，べたがけなど多重被覆を行っている．近年品種改良による収量の増加や品質向上が期待されているが，大型施設化，受粉昆虫の利用などによるいっそうの省力化・軽労化も望まれている．

c. イチゴ *Fragaria* × *ananassa* DUCH.

1) 生育過程 イチゴはわが国では，1年生的栄養繁殖性果菜として扱われる特異な作物である．栽培は，4月に親株を定植し，発生した子苗を7月にポットに鉢上げして育苗する．育苗した苗を8月中旬頃から窒素を制限し（必要ならば夜冷装置などの花芽分化促進操作を行って），花芽分化を確認した後に9月中旬に本圃に定植する．定植時は本圃に被覆資材を展張しない状態で行い，10月下旬から被覆を行って保温を開始する．保温開始後の10月下旬から開花が始まり，開花後35日～40日で着色し，頂花房の収穫が始まる．頂花房の分化後は腋芽が発生し，通常葉を4～5枚程度分化した後に第一次腋花房を分化する．同様に，第二次，第三次腋花房と順次花房分化が進行していく．その結果，12月か

イチゴ栽培では，収穫作業が容易になる高設ベッドを利用した養液栽培が近年普及している．養液栽培システムは，ピート，バークなどを用いた固形培地耕が主体である．

図 4.13 イチゴ高設栽培

ら5月頃までの6ヶ月間連続的に収穫が可能になる．

2) 生理生態的特徴　イチゴ属の植物には多くの種があるが，現在の栽培種は，北米起源のバージニア種（*Fragaria virginiana*）と南米のチリに自生するチリ種（*F. chiloensis*）がヨーロッパに渡ってオランダでできた種間雑種から生まれたものであるとされている．種間雑種ができたのが18世紀中葉であり，比較的歴史の浅い作物である．前述のように，わが国ではイチゴを野菜として取り扱うが，植物学的にみても利用の面からみてもきわめて果樹的な野菜であるといえ，バラ科の果樹であるモモやサクランボ，リンゴとよく似た花成・休眠様式を有している．つまり，低温・短日となる秋に花芽分化を開始し，その後休眠に入り，翌春花芽分化を再開すると同時に花芽が発達して開花・結実するのである．このように，イチゴは多年草草本として考えた方が理解しやすい点もあるが，四季に応じて茎頂の機能を変化させながら栄養成長と生殖成長のバランスをとって生育している．

温度特性については，生育適温は昼温15～20℃で果菜類の中では低温性の作物に属する．露地では9～10月と5～6月が最も生育が盛んになる．耐寒性は比較的強いが，-8～-10℃では，クラウンのずいの部分が褐変し，枯死に至る．施設栽培では，保温開始前後から生育が旺盛になり，保温開始から開花期までは昼温25℃，夜温15℃程度，果実肥大期以降は，昼温25℃，夜温6～8℃が適温とされる．ランナーについては気温10℃以上で日長が12時間以上になると発生するが，発生適温は気温23℃，日長16時間程度である．花については，35℃以上あるいは10℃以下で花粉の発芽不良がみられる．開花期には20℃程度以上の昼湿が必要である．

光に対する反応では，個葉の光合成の光飽和点は350～550 μmol·m^{-2}·s^{-1}程度（照度で20～30 klx）とされ，比較的弱光に適応可能な作物である．日長反応は，短日条件で花芽分化が誘導され，長日で花芽の発育・開花や茎葉の成長が促進される．これを利用して，花芽分化促進のための夜冷短日処理や厳寒期の生育促進のための電照処理など人為的な日長操作が行われている．

花芽分化と着果習性については，イチゴは若干複雑である．まず，一季成性品種と四季成性品種で大きく花芽分化に対する環境条件が異なる．わが国ではほとんどの品種が一季成性品種であるが，それらの品種では，17℃以下の低温，11

〜12時間以下の短日条件に遭遇すると花芽が分化する．温度と日長の条件が同一であれば，体内の窒素濃度の低い苗から花芽分化が始まる．それらの反応は品種によってもかなり異なるが，自然条件では，9月中旬〜10月上旬には大半の品種で頂花房が分化する．分化後の花芽の発育は高温，長日で促進され，そのような条件では開花が早まる．さらに，開花から果実の成熟までの日数は6℃以上の温度では，高温ほど短くなり，温度が高い時期には30〜40日で収穫可能であるが，低温期には50日以上を要することもある．

休眠は，花芽分化後，さらに短日，低温になるとその体制に入る．休眠した株は葉が小型化し，葉柄の伸長も抑制されロゼット状になる．いったん休眠体制にはいると，一定の低温期間を経過しないと，適温条件に戻しても正常に生育しない．必要な低温期間は品種により異なるが，その値を低温要求量と呼び，5℃以下の低温遭遇時間で表す．

3) 作 型 イチゴの栽培面積の90%を占める促成栽培は，4月に親株を定植し，7月上旬に採苗する．その後ある程度育苗した後に，山上げまたは夜冷育苗して9月上中旬定植する．保温開始は10月上旬で休眠させない．10下旬〜11月中旬から収穫が始まるが，その時期は品種や花芽促進処理によるところが大きい．一般に5月までに収穫・出荷を終えるが，収穫の終わりは後作や価格などにより決定される．

4.5.2 施設葉菜類

葉菜類は単価が安く一見施設栽培に向かないような気がするが，生産性が向上する程度は葉菜類の方が高い可能性がある．実際に施設内で栽培されている葉菜類は驚くほど多種類に及んでいるが，そのうちわが国で現在，養液栽培で栽培されているものだけでもミツバ，サラダナ，ホウレンソウ，ネギ，コマツナ，チンゲンサイ，セルリーなどきわめて多彩で，その優位性がよくわかる．一般に，葉菜類を施設の中で栽培するのはいくつかの理由がある．葉菜を栽培していて施設化した方が有利であると判断する場合や，逆に施設を保有していて葉菜類が経営的に有利であると判断することもある．実際には，種々の理由が複雑に関係し合っていることも少なくないが，以下ではそれらについて概観する．

4.5 施設野菜・薬用植物・ハーブの特徴と栽培管理

葉菜類の施設栽培は，固定した施設内で周年的に行われることが多い．養液栽培は連作障害回避の目的でも利用されることが多く，DFTやNFT等固形培地を用いない水耕栽培が普及している．

図 4.14 サラダナ（左）・ホウレンソウ（右）のNFT栽培

a. 計画生産・安定生産・周年生産

葉菜類は，比較的栽培期間が短く，天候さえ良ければ栽培は比較的容易である．葉菜類の生産で重要なことは，安定計画生産で，経営的にもきわめて有利になる．しかし，露地栽培では降雨などの影響で計画的な栽培は困難である．栽培期間も気象環境の影響を受け，長短に大きく変動し，播種を定期的に行っても収穫が重なることや，逆に間隔が空いてしまうことがある．安定計画生産には，施設化は欠かせない．これを突き詰めると植物工場になるが，比較的簡易な施設を導入し，灌水や施肥を制御するだけでも安定性は大幅に向上する．逆に，施設化により連作を余儀なくされ，連作障害が生じて生産が不安定になる場合もあり得るので十分な対策が不可欠である．

b. 高品質化

葉菜類を露地生産すると，降雨などにより野菜が汚れ，品質が大きく低下することがある．また，夏季のホウレンソウ栽培など露地では生産自体が不安定になる場合もある．そのような場合でも，施設内で生産することにより，降雨を防いだり遮光したりすることで高品質な葉菜類生産が可能になることがある．また，施設化することにより日長や温度制御が可能になり，花成や抽だいについても制御することができるようになる．

c. 作業の効率化・平準化・快適化

雇用労力中心の経営の場合，播種・間引き・収穫・調整の各作業を効率化することは経営的にみてもきわめて重要な要因である．また，それぞれの作業を快適化することや，周年的に作業負荷を平準化し，雇用環境を安定化させることも雇用中心の経営では重要な要因である．それらに対しては，天候にあまり左右されずに計画生産が可能で，施設内で作業を行う生産が有利になる．

d. 特殊栽培

減農薬や無農薬栽培などの特殊栽培や，超促成栽培や露地では栽培が困難な熱帯・亜熱帯野菜や，新たに導入した葉菜類の生産には，施設栽培が欠かせない．施設により，防虫ネットや誘蛾灯など種々の防虫設備も利用も可能になり，将来的には天敵昆虫の利用も可能性がある．また，特別な葉菜類の生産には温度，日長，灌水や施肥などの制御が必要不可欠であるが，それには施設栽培が前提になる．

上記のように，葉菜類を施設生産するには種々の目的と長所がある．実際には，個々の作物により多様な栽培技術とそれに対応する種々の施設・設備が開発され実用化しているが，本稿では紙幅の都合上，それらのうち重要個別栽培技術についてのみ，簡単に説明する．

ベビーリーフ栽培：ベビーリーフとは，ターサイ，ミズナ，リーフレタスなどの幼葉だけを 10 cm 内外の大きさで摘み取り収穫したものを意味している．播種後短期間で収穫が可能で，計画生産が容易な栽培形態であることなどが注目されているが，播種量が膨大になることや，収穫・調整に多大な労力が必要であることが課題としてあげられている．販売・利用面では，カット野菜的にサラダに利用されることがほとんどであるが，カット野菜と比べても収穫物の切断面が小さいため日持ち性が高く，衛生的にみても有利であることから注目されている．ベビーリーフは施設生産が前提であるが，機械収穫や養液栽培での生産も試みられている．

カイワレまたはスプラウトの生産：ダイコンの芽生えはカイワレダイコンと呼ばれ，古くから（一説によると平安時代から）利用されてきた食材であるが，現在では工場的に計画生産されている．同様にブロッコリーやマスタード，ソバなどの芽生えはスプラウトと呼ばれ，生産・販売が進められているが，これらの生

産はすべて施設内で行われ，養液栽培の技術が応用されている．また，芽生えであることから，種々の種子処理や，種子の精選技術もかかわっている．これらの栽培はごく一部の企業により行われているのが現状であるが，種子の入手や付帯設備などがあれば比較的栽培は容易であると思われる．

植物工場における生産：前述のように葉菜類の施設生産は，計画安定生産や高品質野菜生産，作業の効率化・平準化・快適化などの目的で行うことが多いが，これを追求すると，天候に左右されず，きわめて安定的・効率的に計画生産が可能で，労働負荷も安定している植物工場での生産が視野に入ってくる．現状では，施設のコストが高額で，ごく一部に限定されているが，現段階でも完全制御型，太陽光併用型施設など全国に 20 以上の施設が稼働中である．栽培作物の種類はかなり限定されており，リーフレタス，サラダナ，ホウレンソウ，ハーブ類などが主体である．光源については，高圧ナトリウムランプを使用するものがほとんどで，蛍光灯利用の施設は現状では少ない．植物工場では，栽培は養液栽培で行うのが前提になっているが，一般養液栽培と比較しても収穫物に付着する微生物数もかなり少ないことがわかっており，衛生面でもきわめて高品質の野菜生産が可能である．課題は，イニシャルコスト，ランニングコストであるが，近年蛍光灯などの照明装置や空調装置の効率は格段に向上しており，それらの利用によりコストは大幅に圧縮され，新たな展開を迎えようとしている．特に，業務用の野菜生産では安定供給，計画供給が強く求められており，気象災害や，異常気象の影響を受けない植物工場への期待が高まると思われる．

低硝酸葉菜類の生産：ヨーロッパでは，野菜等に含まれる硝酸塩の含有量のガイドラインが定められており，季節毎に上限値が決まっている．体内に取り込まれた硝酸塩は一部亜硝酸に還元され，その亜硝酸が血液中のヘモグロビンと結合すると酸素の輸送能力のないメトヘモグロビンになり，メトヘモグロビン血症が発生することがある．また，亜硝酸が一級アミンと結合して発癌性のあるニトロソアミンに変わることも指摘されている．硝酸塩がニトロソアミンに変わるしくみは複雑で，現状ではどのくらいの量で影響するか明確ではないが，諸外国の動きもあり，野菜中の硝酸塩を低下させる取り組みが進められている．硝酸塩の低減には施設栽培により施肥・灌水を制御することも有効であることから，養液栽培による低硝酸葉菜類生産も含めて高付加価値野菜生産という意味でも注目され

ている．

4.5.2 ハーブ・山菜・薬用植物

　果菜類，葉菜類以外の野菜類として，各種のハーブ類，軟化野菜，薬用植物の生産も施設で行われている．これは，これらの作物が施設栽培により高い付加価値が得られることが背景にあるが，これらの作物は生産量が比較的少なく，需要や流通も限定的であることから不明な点も多い．しかし，いくつかのハーブ類では，比較的安定した生産体系が整えられ，流通経路も整備されてきた．以下にはいくつかの作物をあげて栽培の概要と特徴を述べる．

a. ハーブの生産

　ハーブという範疇に入れられる作物はきわめて多様である．アオジソ（オオバ）なども日本産のハーブと考えることも可能であるが，通常は，外国産の香りのある植物の総称である．現在生鮮野菜として流通している上位8種類のハーブはスイートバジル，ペパーミント，スペアミント，タイム，セージ，チャービルなどである．いずれの作物も F_1 品種ではなく，固定種であり，かなりのばらつきがある．現状では，種子はヨーロッパやアメリカからの輸入品である．また，一部のミント類は栄養繁殖により増殖されている．栽培方法，栽培施設については，それぞれの作物によって大きく異なっているが，基本的には原産地の栽培環境に近い環境で栽培することが良好な生育につながるため，施設栽培が前提である．養液栽培を導入して，安定生産を実現している栽培事例も多い．また，原産地の気象条件に近づける目的で，植物工場でハーブを生産し，高品質の生産に特化している施設もある．いずれも品種は前述のように固定種であるので，変異も多く，種子の入手先によってもその特性が変化する．栽培面積が増加するに伴い，栽培地，作型に適合した品種の選抜が欠かせない．一部の作物では，不時抽だいなどで周年生産が困難な場合があるが，系統選抜や有望系統の導入により栽培は大幅に安定することから，早期の取り組みが望まれる．

b. 山菜の生産

　栄養繁殖性の山菜に分類されるフキ（キク科），ミョウガ（ショウガ科），タラノキ（ウコギ科）やその他の山菜類も施設栽培されることが多い．これらのものは，作型と関連する生理生態的特性としては休眠が最も重要な要素になってお

4.5 施設野菜・薬用植物・ハーブの特徴と栽培管理

薬用作物なども施設で栽培されることがある．中でもオタネニンジンは，専用の施設で5～6年間かけて栽培される．
図 4.15 オタネニンジンの栽培

り，休眠性の異なるいくつかの系統なども分離されている．また，これらの作物についてはわが国を含む温帯起源の植物で，冬に休眠し，休眠覚醒後に気温が上昇すると，休眠時に活動を停止していた芽が急速に発育するので，この若芽や蕾を利用するものである．もともと春に萌芽する特性を有しているので，萌芽の適温は15℃程度のものが多い．したがって，自然の状態では，ほぼ同じ時期に収穫を迎えることになるが，産業としては，早どりや，遅どりをする必要があることから，施設を用い休眠打破や被覆などの処理を行ってそれらを調節するのである．それぞれの栽培法は，作物ごとに独自の方法が考案され，一部の作物については公的機関によるウイルスフリー苗の配布などが行われている．

c. 薬用作物の生産

朝鮮人参（オタネニンジン）の栽培は，現在，島根県，長野県，福島県などの限定された地域で行われているが，多くは契約栽培である．これらの生産地ではいずれもきわめて特殊な栽培を行っており，伝統的な栽培方法，栽培施設を利用することが多い．今後，海外からの輸入が制限されることなどがあれば，国内生産が見直され，新たな生産体系，生産施設の研究開発が必要になってくる．また，一部の産地では，比較的短期間で収穫し，薬膳料理などの食用材料として出荷されているが，今後このような形態の栽培は増加するものと思われる．その他

の薬用作物の栽培についても，現状では，需要が限られていることから海外生産が主体であるが，新たな需要を開発すると同時に栽培方法の研究開発が望まれている．

4.6 施設花卉・施設果樹

4.6.1 施設花卉

花卉類は，他の園芸作物に比べると施設栽培の比重が高い．特にガラス室は，ラン類など高級鉢物を中心とした栽培が多くみられる．1965年から1999年までの栽培面積は増加しており，他の作物と同様にハウスがその大部分の面積を占めていることがわかる（図4.16）[43]．1996年から2001年の切花と鉢物の栽培面積

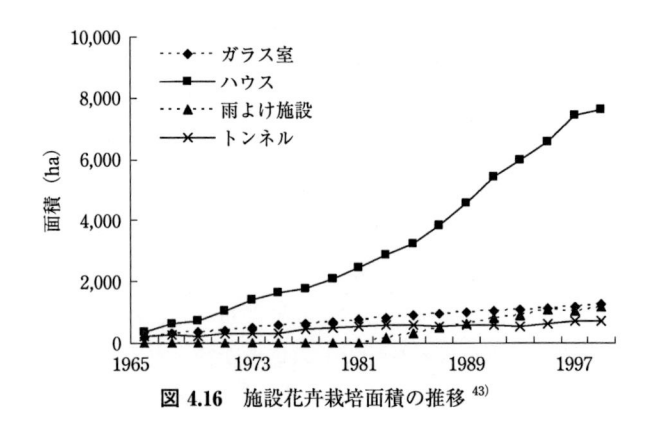

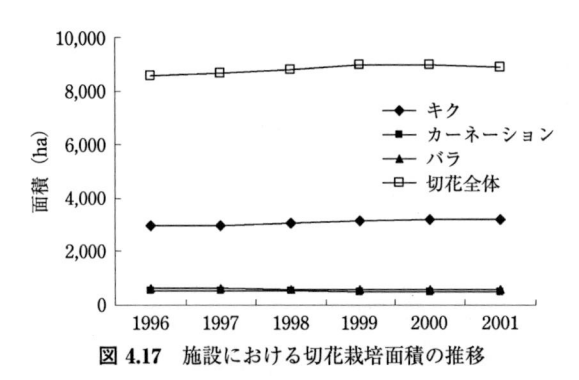

図 4.16 施設花卉栽培面積の推移 [43]

図 4.17 施設における切花栽培面積の推移

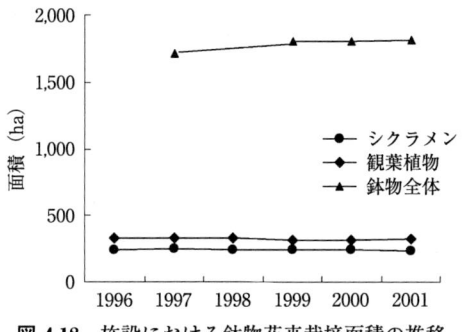

図 4.18 施設における鉢物花卉栽培面積の推移

の推移を図 4.17, 図 4.18 に示した. この期間における栽培面積の変化は, いずれの作目でも小さかった. 主要な切花はキク, バラ, カーネーションで, 施設栽培の割合はキクで約 50% に, バラとカーネーションはほぼ 100% になっている. 主要な鉢物はシクラメン, 観葉植物, 花木類などで, 施設栽培の割合はシクラメンで 100%, 観葉植物で約 90%, 花木類で約 60% になっている. 花壇用苗ものの栽培は約 80% が施設で行われており, その 23% がパンジー, 約 8% がペチュニアとなっている. 花卉の施設栽培でも, 環境負荷の小さい栽培方法が求められているということから, 施肥・灌水方法の検討が進んできている. また, 施設栽培の特性を活かした栽培方法の開発や, 基礎研究もみられる. その中のいくつかを紹介する. なお, 花卉の生理・生態, 栽培方法については, 専門書を参照されたい[44, 45].

a. 施肥・灌水方法の検討

切花栽培では大型ハウスを利用した周年栽培が多く, 塩類集積を招きやすい. また, 環境負荷を小さくするという観点から, 系外への肥料成分の流出を最小限にするような施肥・灌水方法が検討されている. 養液栽培は, 点滴灌水型であれば廃液の再利用などを工夫することで, 養液循環型であれば養液の連続利用を検討することで, 肥料成分による環境負荷は最も小さい. しかしながら, 施設コストが高いことなどから切花での導入はまだバラなどに限られている. 多くみられるのは, 肥料を液肥として水と一緒に点滴チューブで少量ずつ施用する養液土耕である. 最適な施肥・灌水のタイミングは, キク, バラ, カーネーションなどで現在も検討されているが, 基本的には生育ステージに応じた施肥, 切花収量で推

定した生育量に応じた施肥のプログラムが検討されている[46〜48]．切花は野菜類と異なり，1つのハウス内で多品種を同時に栽培するため，複数制御系統を設けて品種毎の施肥管理を可能とする必要がある．また，低コストで肥料利用効率を上げるという目的で，被覆肥料（緩効性肥料）を栽培床や培地に混ぜた切花や花壇苗栽培が行われている．

b. バラの整枝方法の開発

バラのロックウールを培地とした養液栽培では整枝・剪定方法が検討され，施設内のベンチ栽培に適したアーチング栽培法が開発された（図4.19）[49]．この方法は，幅の狭いベンチ上にロックウールスラブを置き，その上に苗のキューブを並べる．栽植密度は，$1\,m^2$ 当たり 6〜10 本とする．定植後 1〜2 ヶ月間は発生するシュートをすべて折り曲げる．この折り曲げたシュートの葉が光合成を行う．その後，発生するベーサルシュートは，弱い枝以外すべて基部から収穫する．この方法は，これまでの切り上げ法などに比べて，①採花を開始するまでの期間が短くなる，②収穫位置が常に基部なので作業効率がよい，③樹高が高くならないので剪定やネットが不要になる，④収穫枝以外の枝は伸ばさないので光利用率が高くなる，⑤高い部分の枝の密度が低いので均一な温湿度環境を維持できる，など，施設栽培ではさまざまな利点がある．現在は，品種に応じて

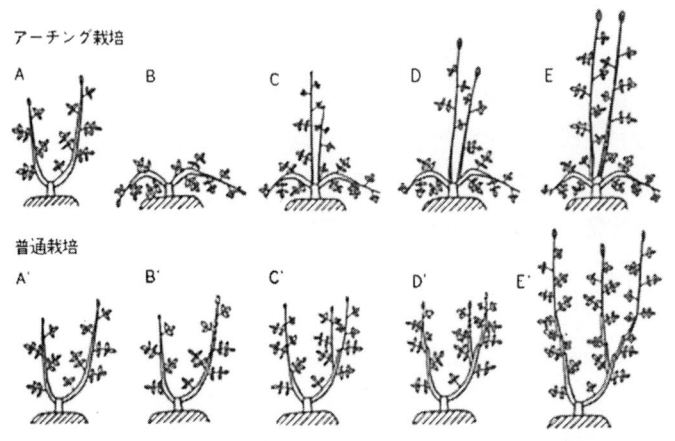

図4.19 バラのアーチング栽培と普通栽培の比較（末松：養液栽培マニュアル21[49] より転載）

改良を加えた，いくつかの方式が開発されている．

c. 夏期の高温対策

施設を周年効率的に利用するために，日本の夏期の高温対策は，いずれの作物にとっても重要である．これまでも，ラン類など特殊な種類では冷凍機やエアコンを用いた冷房やスポット冷房（植物体の周りだけを冷やす）が利用されてきた．切花や鉢物など他の花卉類栽培では，現在唯一の経済的で汎用的な冷房法は細霧冷房といわれている[50]．噴霧量や噴霧間隔など，その効率的な運転方法については現在も検討中である．自然換気温室のシクラメン栽培での試験では，細霧冷房により葉温が2〜4℃低下し，高温による生育抑制が抑えられた[51]．細霧冷房は，水の気化熱により温度を下げるため施設内湿度が高まる，植物体が濡れるなど，エアコンでの冷房とは異なる特徴があることから，各種の花卉に対する運転プログラムの開発が待たれる．

大型の施設内全体の温度を下げることは上記のように難しいが，定植前のポット苗あるいはセル成型苗の段階では，小スペースで冷房処理を行うことができる．夏季に育苗を行うパンジーなど10品目の花壇苗では，冷房育苗により発芽率や成苗率が向上する[52]．また，高温でロゼット化するトルコキキョウでは，種子や苗の低温処理，夜冷処理によりロゼット化を防げる，また高温期の乾燥はロゼット化を促進する，という報告もある[53]．今後，研究結果が出てくると，冷房の育苗への適用も広がるものと思われる．

d. 環境調節による生育・開花調節

施設栽培では温度などの環境を調節できる利点がある．多くの鉢物や花壇苗，宿根草において，DIF（昼温と夜温の差）が草丈の調節に利用されてきた[54,55]．昼温が夜温より高い状態（正のDIF）は草丈を高くし，昼温と夜温が等しい状態（ゼロDIF）または昼温が夜温より低い状態（負のDIF）は草丈を低くする．光により生育や開花を調節することも可能であり，一部は利用されている．花芽分化は日長や温度が影響しており，種類によって条件は異なる．短日植物の栽培では，夜間電照や暗期中断による開花調節が行われている．また，光質によって草丈の調節が可能である．植物の茎の伸長は，遠赤色光により促進される．赤色光（R）／遠赤外光（FR）の比率を人為的に変えることで，草丈を調節することが可能である．日長処理の電照で一般的に使われているランプは白熱灯である．白熱

灯の光は茎の伸長を促進する遠赤外光を多く含んでおり，白色蛍光灯，メタルハライドランプなどに比べて，植物の草丈が高くなりやすい．遠赤色光域抑制フィルムを利用して開花を遅らせることが可能だとする報告もあり，今後の有効利用が期待される[55]．青色光（B）／赤色光（R）も生育や形態形成に影響を与えることがわかっている．B／R比を変えるフィルムが既に実用化されており，開花調節に有効と思われる[56]．

4.6.2 施 設 果 樹

　果樹の施設栽培は，欧州系ブドウである'マスカット・オブ・アレキサンドリア'のガラス室栽培から本格的に行われるようになった．現在みられる施設栽培はガラス室，ハウス，雨よけ栽培で，いずれも面積が増加している（図 4.20)[43]．面積的には，ハウス栽培，雨よけ栽培が多く，また周年被覆より低温期被覆が多い．

　施設果樹の中心は，現在もブドウであり，施設面積は最も多い．栽培の多い品種は，ガラス室ではマスカット・オブ・アレキサンドリア，ハウスではデラウェア，巨峰，キャンベル・アーリーである．次いで多いのがウンシュウミカンである．カンキツ類ではネーブルオレンジ，不知火（デコポン），清見オレンジ，キンカン，他にはモモ，ビワ，オウトウ，イチジク，ナシ，カキの施設栽培が多くみられる．これら果樹の生理・生態，露地での栽培方法については，専門書を参照されたい[57]．

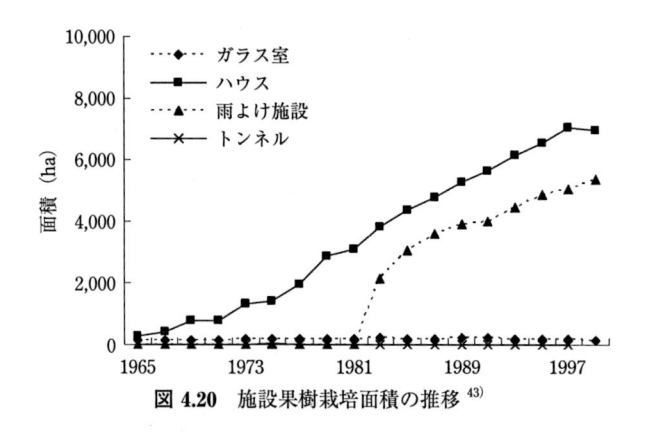

図 4.20　施設果樹栽培面積の推移 [43]

表 4.7 地域別施設果樹栽培面積（1998 年 7 月～1999 年 6 月）[43]

	ぶどう計	温州みかん	他果樹＊	果樹全体
北海道	46	—	—	58
東北	758	—	0	870
関東	600	72	4	840
北陸	187	—	0	194
東海	57	175	0	287
近畿	368	55	4	501
中国四国	1121	298	9	1698
九州	657	712	59	2248
沖縄	—	—	240	240
全国	3797	1312	316	6937

＊かんきつ類，ブドウ，ニホンナシ，モモ，オウトウ，ビワ，カキ，イチジクを除いた果樹類

表4.7に平成10～11年の地域別施設果樹栽培面積を示した[43]．施設面積で最も多いのは九州地区である．近年，強度が増加し，風速70 mにも耐えられる構造の施設ができたことから，台風常襲地帯である九州・沖縄での施設栽培が増加している．また沖縄では，消費者の嗜好の多様化，輸送方法の改善などを背景として，統計分類では「他果樹」であるマンゴー，パパイヤなど熱帯果樹の施設栽培が増加している．

a. 技術開発の動向

果樹の施設栽培では，その主目的が品質の向上・病気の予防などの雨よけと，収穫時期を早めるための冬季の加温とに分けられる．ブドウの場合は前者の目的で，ウンシュウミカンの場合は後者の目的で，施設化が始まった．年々施設果樹栽培が増加している背景には，① 早期出荷や高品質により生産物に付加価値をつけて高値で販売する，② 出荷時期を調整して，労力の集中を避ける，③ 農薬を軽減した栽培を可能にする，④ 養水分供給や温度を調節して肥料や水の効率的利用をはかり環境負荷を小さくする，などの理由があると思われる．これらを可能にするために，栽培技術と施設・設備の両面からの研究が行われ，一部は実際栽培が始まっている．

果樹では，育種に時間がかかり，作物体が大きいこと，消費者は品種名で購入する傾向があることから，施設栽培用の品種開発がこれまでなかなか進まなかっ

表 4.8 暖房ハウス栽培における樹種別温度管理[58]

		被覆〜暖房開始	暖房開始〜萌芽期	萌芽期	開花期	果実肥大期	成熟期
ニホンナシ	昼温	18〜22	22〜26	23〜28	20〜25	27〜30	27〜30
	夜温	2〜5	5〜10	8〜12	8〜15	12〜18	15〜20
カキ	昼温	28〜30	25〜28	23〜25	23〜28	28〜30	28〜30
	夜温	3〜5	5〜7	8〜10	12〜15	15〜18	18〜20
モモ	昼温	20	20〜25	20〜25	20〜23	25〜28	25〜30
	夜温	5	5〜10	5〜10	10〜15	12〜16	16〜18
オウトウ	昼温	18〜22	22〜25	22〜25	20〜22	22〜25	22〜25
	夜温	1〜5	5〜7	5〜7	7〜8	10〜12	12〜15
イチジク	昼温	20〜25	30	27〜28	—	30	外気温
	夜温	10	15	12〜13	—	15	外気温
ウンシュウミカン	昼温	23〜25	25〜30	25〜28	23	28〜30	外気温
	夜温	12〜16	15〜20	15〜18	15〜18	20〜22	外気温

た．永年性とはいえない果樹であるパパイヤでは，施設栽培に適した品種選択が行われ，組織培養で苗木が生産されている．

b. 温度管理

果樹の施設栽培では，花芽分化や果実肥大に大きく影響を与える温度制御が重要となる．好適温度は昼温・夜温それぞれ，樹種，品種，生育ステージによって異なるためである．面積的にも多い低温期のみ被覆し，加温設備のあるハウス栽培における温度管理マニュアルを表4.8に示した[58]．落葉果樹は自発休眠があり，樹種や品種に応じて一定量の低温に遭遇しないと休眠が打破されない．このため，被覆開始時期や暖房開始時期の決定が重要となる．

これまでは主として冬期の暖房温度の検討が行われてきたが，周年被覆された施設が増えてきたこと，暖地における施設果樹栽培が拡大してきたこと，休眠の浅いイチジクや熱帯性果樹の導入が増えてきたことなどから，夏期の温度管理プログラムの検討が必要となってきた．現在主流なのは，換気と遮光による気温低下であるが，将来的には細霧冷房の導入も拡大すると思われる．

また，暖房期間中のハウス内は，二酸化炭素濃度が低下して果樹の光合成速度が低下していることが明らかになってきたため，二酸化炭素施肥も検討されている[59]．

c. 栽培法

作物体が大きいこと，苗木の生産・移植に時間と労力がかかることがあり，果樹の施設栽培はハウス内に植える土耕が主流であった．現在では，150 l 以上の大型プラスチックポットが栽培に利用できるようになったこと，不織布・分解性プラスチックなどを資材とした，さまざまな大きさのポットによる育苗や，ポットごとの移植が可能となったことなどから，いろいろな果樹で土耕以外の栽培方法が試みられている．また，ポット育苗は初期成育が早いこと，移植後の植え傷みが少ないため大苗での定植が可能なことから，施設内での果樹園用苗木生産もみられるようになった．このような苗木生産体制が進んできたことにより，定植～収穫までの年数が短縮され，適正な改植が容易になることが考えられる[60]．

d. 灌水・施肥方法の検討

永年作物である果樹の施設栽培では，周年の管理が必要となる．施設栽培における灌水は，果実の肥大や品質，花芽分化に影響を与えるとされ，各樹種の生育相によって制御する必要があり，さまざまな樹種で検討されている．一般に，萌芽時期には多湿状態に，新梢生長が盛んな時期には灌水を控え，開花期には乾燥状態に，果実肥大期には多湿状態にするとよいとされる．果樹においても施肥による環境負荷を小さくするという観点から，肥料成分の系外への流出を最小限にすると同時に，効率的に利用するような栽培方法が検討されている．この点で効果が期待される養液栽培であるが，導入は施設コストが高いことなどから，ブドウ，オウトウ，イチジクなどごく一部の果樹に限られている．

近年，一部の果樹で養液土耕がみられ，それぞれの樹種での，灌液プログラムの検討が行われている．2004年7月にパパイヤの養液土耕栽培で石垣市が特許を取得した（図4.21）．矮性種の茎頂培養苗を用い，土壌容積80 l 程度のポット，金網ベンチで根域制限栽培を行う．

図4.21　パパイヤの養液土耕栽培

培地は通気性の良いものを使用して，EC 0.45 〜 0.6 の培養液を灌液する．灌液量は生育ステージと季節により調節しているが，マニュアル化には至っていない．

e. 管理作業

剪定・誘引方法を変えて，空間利用効率を高めると同時に，作業の省力化を図ろうという研究もオウトウ，ナシなどでみられる[61]．また，夏期を中心としたハウス内の高温は，果樹にとっても作業者にとっても負担が大きい．この高温対策のための研究も進んでいる[62]．一方，施設で栽培される果樹には，自家受精するブドウ・ビワ，単為結果するウンシュウミカン・イチジク，自家不和合性を示すニホンナシ・オウトウ，品種により花粉のないモモ・スモモと，さまざまな樹種があるため，結実のためにはそれぞれに応じた対応が必要である．自家不和合性，花粉のない樹種では，施設内に受粉樹を混植し，ミツバチやマメコバチなどの訪花昆虫を放飼する必要がある．しかしながら，施設内の気温は日較差が大きく，訪花昆虫にとって不適な環境であるため，安定生産のためには人工受粉が必要である．

今後，高品質果実生産，環境負荷の低減，亜熱帯〜熱帯性果樹栽培の拡大などを考えると，施設果樹栽培は増加していく可能性が大きい．果樹における，施設の環境に適した栽培管理マニュアルの確立，新しい品種の開発が進んでいくと思われる．

文 献

1) 環境保全型農業研究会（2000）：環境保全型農業研究連絡会ニュース，No. 132, 2000. 3. 22.
2) 農耕と園芸編集部（2004）：農耕と園芸，5月号：pp. 35-38.
3) 宗 和弘（2003）：農耕と園芸，4月号：pp. 67-70.
4) 大島泰臣（1989）：農林水産研究文献改題（インターネット版），No. 15：1（1）
5) 矢野栄二（2003）：天敵—生態と利用技術，p. 296, 養賢堂．
6) マーレン・マイラスほか（1995）：天敵利用の基礎知識，p. 116, 農文協．
7) 独立行政法人農薬検査所ホームページ
8) 松尾尚典（2003）：農耕と園芸，9月号：pp. 45-47.

9) 小寺孝司（2004）：園芸新技術シンポジウム資料集，S2-3：pp. 1-11.
10) 島地英夫ら（1999）：今月の農業，2月号：pp. 22-51.
11) 小寺孝治ら（2003）：東京都農試成果情報，pp. 49-52.
12) 野中耕次・永井清文（1985）：農業および園芸，**60**：323-326.
13) 石井正義（1989）：農業および園芸，**64**：189-193.
14) 本田雄一（1979）：植物防疫，**33**：430-438.
15) 本田雄一・柚木利文（1975）：北日本病虫研報，**26**：40.
16) Honda, Y. *et al.* (1977): *Plant Dis. Reptr.*, **61**: 1041-1044.
17) 本田雄一ほか（1990）：日植病報，**56**：126.
18) 倉田宗良（1986）：高知農技研報，**18**：1-7.
19) 竹内妙子・長井雄治（1977）：日植病報，**43**：319.
20) Honda, Y. and T. Yunoki (1977): *Plant Dis. Reptr.*, **61**: 1036-1040.
21) 都崎芳久・十河和博（1978）：農業および園芸，**53**：673-678.
22) 草刈眞一ら（1998）：日植病報，**64**：50-56.
23) 草刈眞一ら（2003）：植物防疫，**57**：325-330.
24) 深山陽子ら（2001）：農業環境工学関連4学会2001年合同大会講演要旨集，p. 235.
25) 深山陽子・橋本和仁（2004）：園芸新技術シンポジウム資料集，S4-2：pp. 1-9.
26) 佐藤展之（2004）：農業及び園芸，**79**：277-284.
27) 井出　治（2004）：農耕と園芸，5月号：pp. 47-50.
28) 富士原和宏ほか（1998）：生物環境調節，**36**：245-249.
29) 富士原和宏ほか（2000a）：生物環境調節，**38**：33-38.
30) 玉置雅彦ほか（2001）：生物環境調節，**39**：95-101.
31) 吉田恭一郎ほか（2003）：農業施設，**33**：247-253.
32) Fujiwara, K., Fujii, T. (2002): *Ozone Sci. Eng.*, **24**: 463-469.
33) 丹保憲二，小笠原紘一（1985）：浄水の技術，pp. 101-104，技報堂.
34) Palin, A. T. (1975): Disinfection: Water and waste water (ed. by Jonson, J. D.), Ann Arbor, Michigan, pp. 67-89, Ann Arbor Sci. Publ.
35) Buck, J. W., *et al.* (2002): *Plant Disease*, **86**: 278-281.
36) 富士原和宏（2004）：水の特性と新しい利用技術—農業・食品・医療分野への応用，pp. 69-78，エヌ・ティ・エス.
37) 富士原和宏ほか（2000b）：生物環境調節，**38**：263-271.
38) Yamamoto, H., *et al.* (1990): *Ann. Phytopath. Soc. Jpn.*, **56**: 250-251.
39) 草刈眞一（2000）：植物防疫，**54**：363-368.
40) 寺添　斉（2001）：電力中央研究所報告 No. U00020, pp. 20.
41) 藤井琢哉ほか（2001）：農業機械，**63**：138-140.
42) Fujiwara, K., Fujii, T. (2004): *Ozone Sci. Eng.*, **26**: 511-516.
43) 日本施設園芸協会（2000）：園芸用ガラス室・ハウス等の設置状況，p. 209, 日本施設園芸協会.

44) 今西英雄ほか（2000）：花卉園芸学，p. 244，川島書店.
45) 阿部定夫ほか（1986）：花卉園芸の辞典，p. 808，朝倉書店.
46) 高沢　慎（2004）：農耕と園芸，7月号：pp. 47-49.
47) 山中正仁（2004）：農耕と園芸，7月号：pp. 50-53.
48) 土居典秀（2004）：農耕と園芸，7月号：pp. 54-57.
49) 末松　優（1998）：養液栽培マニュアル21（伊東　正ほか），pp. 124-125，誠文堂新光社.
50) 林　真紀夫（2003）：施設と園芸，**123**：8-13.
51) 片岡圭子（2003）：施設と園芸，**123**：18-21.
52) 和歌山農総セ（2001）：平成13年度成果情報（インターネット版）.
53) 竹崎あかねほか（2003）：園学研，**2**：89-92.
54) アーサー・キャメロンほか（2000）：宿根草の開花調節（Greenhouse Grower編），pp. 16-24，農文協.
55) ロイヤル・ハインズほか（2000）：宿根草の開花調節（Greenhouse Grower編），pp. 42-49，農文協.
56) 後藤英司（2004）：園芸新技術シンポジウム，S6-3：pp. 1-10，日本施設園芸協会.
57) 水谷房雄ほか（2002）：最新果樹園芸学，p. 238，朝倉書店.
58) 松井弘之（1992）：新施設園芸学（古在豊樹ほか），pp. 151-159，朝倉書店.
59) 藤本錦司（1997）：和歌山果樹園芸試験場ニュース（インターネット版），50
60) 河田道子ら（2004）：農耕と園芸，9月号：pp. 150-165.
61) 山梨果樹試（2001）：平成13年度研究成果情報（インターネット版）
62) 石井雅久（2004）：農業及び園芸，**79**：31-37.
63) 板木利隆（2004）：第4回千葉大学環境健康ビジネスフォーラム資料，千葉大学環境健康都市園芸フィールド科学教育研究センター.

5 施設園芸学における新領域

5.1 はじめに

　近年，施設園芸技術が，農林業および露地園芸にも応用されている．例えば，ハクサイ，キャベツ，ホウレンソウ，コマツナなど従来の露地野菜の一部やモモ，ナシ，ビワなどの果樹のかなりの部分が施設で生産されるようになり，病害抑制，労働軽減，不時栽培などに貢献している．林業・緑化用苗生産でも施設利用が進んでおり，諸外国ではさらにそうした苗を，平坦地に密植して適正管理することにより，植林から伐採（収穫）までの期間が数十年であったのを，10年前後に短縮し，面積当たり，年間当たりの収穫量を増大させている．他方，香水，医薬品，化粧品，食品添加物などの原料として用いる香料植物（キンモクセイ，ユーカリなど）の密植と毎年の新梢収穫による園芸植物化が中国などで進みつつある．

　温室などの半閉鎖空間施設において園芸植物を生育させる技術は，近年，農林業以外でも，多方面で応用展開されつつある．すなわち，① 光源を太陽光に限定しない植物生産あるいは省資源・省スペース，省力，環境保全を達成するための植物生産技術として利用する，② 栽培支援に情報技術（IT）を積極的に利用する，③ 植物生産ではなく，生産の過程そのものが人間に与える幸福感などに注目して，その機能を利用する，④ 植物生産の場所を地球上に限定しない技術として利用する，⑤ 人工環境下における植物遺伝子の発現とその応用に関する研究に利用する，⑥ 植物バイテクの研究成果を利用するための技術・施設として利用する，⑦ 市民農園，家庭園芸，環境教育，食育教育および自然教育における技術・施設として利用する，⑧ 園芸植物だけでなく，薬用植物の生産，植林用樹木，露地野菜の苗生産に利用する，などである．本章では，上記①〜⑧

にかかわる最近の動向について解説する．

5.2 閉鎖型植物生産システム

21世紀の地球規模的問題である，環境汚染，食料不足，資源不足の三すくみ問題を解決するには，植物バイオマスの生産と持続的利用をいっそう推進する必要がある．また，都市の環境改善，防災，生活の質の向上には，都市における緑と花をより豊かにすることが不可欠である．

植物バイオマスを省資源的，環境保全的に地球規模で増やし，かつ持続的に利用し，また都市の緑化を推進するには，環境ストレスに強い良質な苗が，多くの植物種について大量に必要とされる．環境ストレスに強い苗を用いれば，定植後の苗の初期成育が早く，またその後も少ない農薬使用量と栽培管理作業量で良好な成長が見込まれる．したがって，良質な苗を，省資源的，環境保全的，省力的，省スペース的に計画生産するシステムの開発と利用は，21世紀における重要課題となる．

5.2.1 開放型生産システムと閉鎖型生産システム

従来，農業生産システムに限らず，生産システム一般の主流は開放型生産システムすなわち一方向型生産システムであった（図5.1 (a)）．開放型生産システムは，一般に，投入資源を浪費し，その結果，環境汚染を引き起こすことが20世紀後半から問題になった．そこで，最近では，開放型植物生産システムから排出される副産物を再利用，二次利用するためのシステム，および環境汚染物質の無害化処理をするためのシステムが開放型生産システムに併置されつつある（図5.1 (b)）．

他方，理想的な生産システムとは，システム外での再利用や無害化処理すべき副産物がなく，投入資源がすべて製品となる生産システムであり，閉鎖型生産システムと呼ばれる（図5.1 (c)）．投入資源の内部循環的な再利用，二次利用は，その生産システム内ですべて行われる．

閉鎖型生産システムでは，投入資源が最小となり，また環境汚染物質の処理が不要になり，さらに，それらに関連して作業量が減少するので，必然的に生産コ

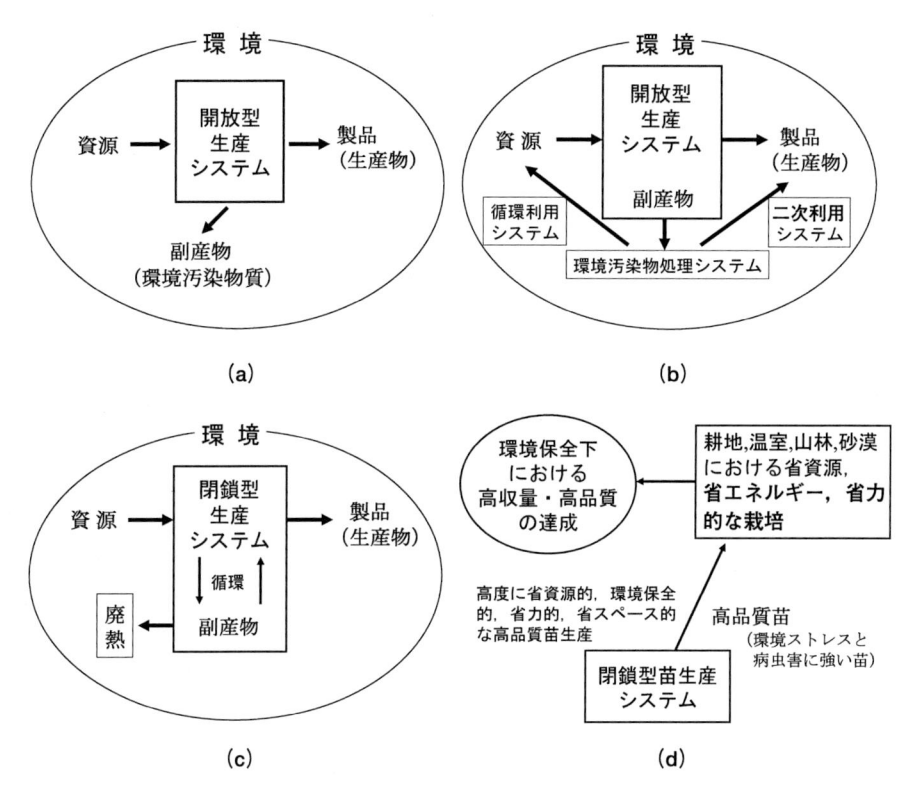

(a) 開放型(一方向型)生産システム
(b) 閉鎖型生産システム
(c) 開放型システムに併置された副産物再利用，二次利用システム，および環境汚染物質の無害化処理システム
(d) 高品質苗の利用による，省資源，省エネルギー，省力の実現，ならびに高品質生産物の高収量と環境保全の両立を示す模式図

図5.1 開放型および閉鎖型生産システムの概念図

ストが低下する．

以下では，閉鎖型生産システムの考え方を植物生産，特に苗生産システムに取り入れた例を述べる．

5.2.2 閉鎖型植物生産システム

植物生産システムに投入する石油資源の量を節減し，かつそれら資源を有効に利用するには，植物生産システムそのものを，種々の規模，種々の側面において

閉鎖的にすることが好ましい.

　従来の植物生産システム，すなわち田畑は，開放型生産システムである．自然光を利用した温室の換気窓は夏には常時開放され，冬でも適宜開放されるので，その意味では開放型である．

　他方，最近，草丈の低い植物，例えば苗や葉物野菜のような植物を，人工光を利用した閉鎖型植物生産システム（以下，閉鎖型システムと略称）によって，省資源的，環境保全的，省力的に計画生産する実用化システムが開発され，一部で普及しはじめている．閉鎖型システムを用いて環境ストレスや病害虫に強い苗が生産できれば，田畑における農薬使用量や栽培管理作業量が節減されことになる．

　閉鎖型システムの定義を表 5.1 に示し，その概略図を図 5.2 に，内側の写真を図 5.3 に示す．また閉鎖型システムの構成要素を温室と比較して表 5.2 に示す．

表 5.1 閉鎖型植物生産システムの定義

番号	事　項
1	放射（日射）に不透明な断熱壁で囲われた（断熱倉庫状の）空間であり，壁を通しての熱エネルギー交換が最小に維持されている.
2	換気によるシステム内外の物質（空気など）と熱エネルギーの交換が最小に抑制または制御されている（設定室温が外気より高くても，設定室温維持にはエアコンを用い，換気によらない）.
3	植物を成長させるのに必要な光はランプだけから与えられる.
4	苗などの草丈の短い植物には，棚ごとにランプを備えた多段棚を用いる.

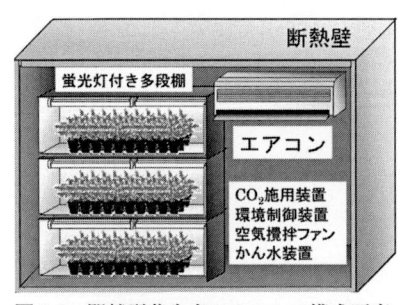

図 5.2 閉鎖型苗生産システムの構成要素

5.2 閉鎖型植物生産システム

苗はトマト，床面積約 22 m²．4 段の格段の各棚に 6 本 40 W 蛍光ランプが取り付けられている．手前の樋とパイプは灌水用．各棚（幅約 70 cm）は 4 区画に仕切られ，各区画にはトレイ（幅約 30 cm，長さ約 60 cm）が 4 枚並べられる．写真に写っている側に，64 枚（＝ 4 × 4 × 4）のトレイがあり，その反対側に，通路を挟んで 48 枚のトレイが収容される 4 段棚がある．1 室当たりの棚数は 7 で，トレイ数は 112 である．200 セルのトレイを用いるすると，112 枚のトレイで，1 回に 22,400（＝ 112 × 200）本，年間 18 回の育苗で約 40 万（＝ 22,400 × 18）本のトマト苗を生産できる

図 5.3 閉鎖型苗生産システムの内側（大洋興業(株)，商品名：苗テラス）

表 5.2 閉鎖型植物生産システムおよび室温のそれぞれに必要な施設・設備類

	閉鎖型植物生産システム	温室（開放型植物生産システム）
基本施設構造	光に不透明な断熱壁構造，床面積は温室の約 1/10	ガラス板または光透過プラスチックフィルムと骨組構造
基本付帯設備	蛍光ランプ付き多段棚	ベンチまたはベッド設備
基本環境調節設備	家庭用エアコン（外気が 0℃ 以下でも冷房運転可能なタイプ），空気攪拌ファン，CO_2 施用設備，養液供給・灌水設備，タイマー・クロック	暖房設備，保温カーテン設備，遮光設備，自然または強制換気設備，タイマー・クロック
付加環境設備		CO_2 施用設備，細霧冷房（気化冷却）設備，養液・灌水装置，複合環境制御装置，換気窓用防虫網窓，突風・強風・強雨・降雪検知装置，空気攪拌ファン

表 5.3 閉鎖型植物生産システムの温室に比較しての省資源，環境保全，省力，省スペース，安全，低コスト的特長

番号	要素	事 項
1	省資源	植物および培地から蒸発散した水の 95% 以上のエアコンの結露排水として捕捉でき，その水を灌水に再利用できるので，灌水必要量は温室の場合に 1/20 以下となる．
2	環境保全 省資源	培地への灌水の余剰水(肥料を含んでいる)が外に排出されることがない．同時に，肥料を 2/3～3/4 程度に節減できるので，環境保全に貢献する．
3	省資源	CO_2 濃度の 700～1000 $\mu mol \cdot mol^{-1}$(ppm) に維持した場合，施用した CO_2 の 85～90% が植物で吸収される (温室の場合，施用 CO_2 の吸収割合は 50% 程度ある)．
4	環境保全 省資源	原則的に，害虫が侵入しない構造なので，農薬使用量が 1/10 以下に減少する．少量の農薬を使用しても，それが外に漏れることがない．
5	省資源	厚さ 10 cm 程度の断熱壁で囲われ，また照明時には，ランプが熱源則となるので，寒地の冬期でも暖房なしで室温を維持できる．暗期でも空気攪拌ファンなどからの発熱で，寒地の冬期を除き，暖房は不要である．また，断熱壁はエアコンによる冷房コストを大幅節減し，冷房コストは電気コストの 15% 程度である (表 5.5)．換気はしないので，換気のための初期費用，運転費用はゼロである．
6	省資源	遮光，換気，保温カーテン，暖房，補光などの装置が不要である (温室の場合にしばしば必要である)．
	省資源 環境保全	構造部品 (エアコン，蛍光ランプ，空気攪拌ファン，断熱材，多段棚など) のリサイクルが容易であり，性能価格比が高い．
7	省スペース 省資源	床面積は温室に比して，約 1/10 程度である．また，必要な施設構造物と資材の量が少ない．さらに，日陰，荒地，建物屋上などに設置できる．
8	省力 快適労働	労働空間が 1/10 になれば，それだけ運搬作業が少なくなる．天候によらず快適環境下で作業ができる．灌水の自動化が容易なので，熟練を要する作業量が大幅節減される．外界気象が苗成長に及ぼす影響を心配する必要がないので，環境管理作業が少なくなり，また精神的負担が軽くなる．
9	安全	外壁構想が強固であり，強風，破壊行為などの物理的衝撃に強いので，商品の安全と秘密の保持がしやすい．真冬の夜中に停電が生じても室内気温はすぐには低下しない．真夏晴天の昼間に停電が生じても室内が超高温にならない．
10	低コスト	システム稼働率を高くしやすく，またシステム稼働率が高い場合は，苗当たりの初期コストおよび運転コストは温室に比較して低い．構成部品の大量購買による大幅な低価格可能・消費電力量は苗当たり 1 円程度で，生産コストの数 %．

閉鎖型システムは，温室に比較して，表 5.3 に示した点で，省資源的，環境保全的，省力的，省スペース的，安全，低コストであると考えられる．閉鎖型システムでは，温室に比較して，年間の苗生産数が 10 倍以上になりうる根拠が表 5.4 に示されている．表 5.5 には年間電気消費量に対する，照明，冷房，その他の電

表 5.4　閉鎖型植物生産システムにおける床面当たりの年間苗生産性の温室との比較例

番号	事　項	温室に対する比	累積比
1	多段棚を用いることによる床面積当たり育苗面積の増加	2～3（＝1.6/0.8～2.4/0.8）	
2	トレイ面積当たりの育苗密度の増加	2	4～6（＝2×2～2×3）
3	好適環境維持による商品化率の向上	1.1	4.4～6.6
4	好適環境維持による育苗期間の短縮	1.3	5.7～8.6
5	年間システム稼働率の向上	1.3	6.8～10.3
6	良質苗の生産による商品価値向上	1.1	8.8～13.4（約10）

表 5.5　閉鎖型植物生産システムにおける年間電気消費量の内訳例（大山ら，2003）

機器	比率（％）	備　考
照明用ランプ	82	40W 高周波インバーター蛍光ランプ．
暖冷房エアコン	15	家庭用エアコン使用，冷房がほとんどで，暖房はほとんどない．
空気攪拌ファン，養液ポンプなど	3	空気攪拌ファンは棚内に均一な水平気流を生じさせるために使用．

表 5.6　苗生産において人工光を利用することの利点と妥当性

番号	項　目
1	最適光強度が比較的低い（200～300 μmol·m^{-2}·s^{-1}）ので，苗の上 20～30 cm 上に，例えば40W蛍光ランプ6本程度を設置することで最適光強度が安定的に得られる．
2	生育時期や栽植密度毎に異なる最適光強度に対応して，その光強度を維持できる．
3	明期と暗期を自由に制限できる．また，明暗周期（明期＋暗期）を 24 時間以外にも設定できる．
4	光合成と光形態形成に適した波長範囲（400～800 nm）の光だけを発するランプを用いることができる．また，その波長範囲の波長組成を有したランプを用いることができる．
5	光形態形成だけに影響する波長の光強度を光合成に適した波長の光とは独立に制御できる．
6	苗の栽植密度は，通常，1000～3000 本/m^2 と比較的高く，また育苗期間は 2～4 週間と比較的短く，前述のごとく，好適光強度が比較的低いので，苗1本当たりの消費電力が少ない（苗1本当たりの電力料金は1円程度）．
7	苗の価格は比較的高く（トマト，キュウリで 50～100 円程度），生産コストに対する電力コストの割合が数 ％ 以下．

気消費量の割合を示す．

　閉鎖型システムにおいては，価格 50～100 円の苗を生産するのにかかる電気コストは苗当たり1円程度と低い．これは，苗の段階では最適な光強度が低いこと，また育苗期間が2～4週間と短く，栽植密度が 1,000～3,000 本/m^2 と高い

こと，CO_2施用により苗の光利用効率が高いこと，さらにシステムの外壁が断熱されているので冷房コストが低く，暖房コストがほとんど不要なことなどが起因している（表5.6）．

5.2.3 閉鎖型植物生産システムによる高品質苗生産

閉鎖型システムでは通常の温室では得られない好適な環境を容易に実現できるので，より高品質な苗を生産できる（表5.7）．そのいくつかについて，以下に概略を述べ，写真を示す．

a．高密度育苗

閉鎖型システムでは，空気が各棚のトレイ面上を水平かつ棚の奥行き方向に気流速度毎秒数十cmで流れているので，苗群落内の水蒸気およびCO_2の拡散が促進される．したがって，群落内の相対湿度が低くなり，また明期の光合成が促進される．このことから，閉鎖型システムでは，育苗密度を温室の場合の2倍以上に高めても，温室と比較して苗が徒長せずに，また成長が促進される（図5.4,

| 温室（144穴） | 温室（144穴） | 閉鎖型（288穴） |
| 播種後17日 | 播種後13日 | 播種後12日 |

閉鎖型システム（閉鎖型）では温室の2倍の育苗密度で，良質の苗が5日早くできる．閉鎖型の苗は温室の苗に比較して，生育が進み，緑色が濃い

図5.4 水耕用ホウレンソウ

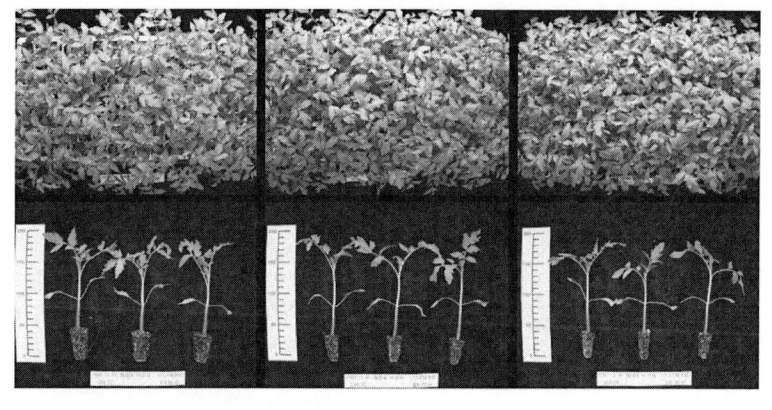

128 セル　　　　　　　　200 セル　　　　　　　　288 セル

トレイ当たりセル数が 200 または 288 でも，128 セルのトレイで育成した苗と同等の質の苗が生産できる．温室ではセル数が 72 または 128 のトレイを用いないと良質の苗が生産できにくい（200 セルのトレイを用いると，徒長して生育が悪い）．トマト実生苗を温室で生産するには冬季には 3 週間程度必要であるが，閉鎖型システムでは 2 週間で済む．
図 5.5　閉鎖型システムで生産された接ぎ木用のトマト穂木実生苗（播種後 14 日目）

図 5.5）．

b.　接ぎ木用苗

高品質な接ぎ木苗を作業性良く生産するには，穂木および台木の生育段階がそろう必要がある．また，接ぎ木後の穂木と台木の活着をすみやかにするには，接ぎ木後にしおれないような穂木を生産することが要求される．閉鎖型システムでは，苗の生育がそろい，草姿ががっしりして，接ぎ木後にもしおれない苗が得られる．このことは，穂木の生理状態が接ぎ木後の活着率に大きく影響するキュウリなどのウリ科作物にとっては，大きな利点である（図 5.6）．キュウリの場合，接ぎ木後の活着と順化に必要とされる期間が，閉鎖型システムでは温室よりも数日短くなる．図 5.7 はトマト接ぎ木苗であり，良好な草姿をしている．

c.　水耕用葉菜苗

水耕用の葉菜は，年間 10 回以上の回転で温室栽培されることが多く，年間の回転数を上げ，さらに高栽植密度で栽培することが収益を増やすことにつながる．他方，この方法では，大量の苗が年間を通して必要になる．閉鎖型システムを用いると，育苗期間だけでなく栽培期間も短縮される．さらには，閉鎖型シス

約3日で活着し,約6日以内に順化が完了する.
図 5.6 閉鎖型システムで生産された台木苗および穂木苗を用いて生産された,コンパクトでがっしりしたキュウリ接ぎ木苗（播種後19日）

図 5.7 閉鎖型システムで生産されたトマト接ぎ木苗の草姿例（播種後20日）

テムで生産されたコマツナ苗は,胚軸が太くかつ短く,草姿がコンパクトでがっしりしているので,定植作業が楽であるといわれている（図5.8）.

d. 花芽成長促進

トマトでは第1花房の着生葉位を8以下にすると,早期収量だけでなく全収量を増大しうるので,苗の商品価値が増す.夏の温室育苗では,高温のために,第1花房の着生葉位がしばしば10以上になる.第1花房の着生葉位は,育苗期間

5.2 閉鎖型植物生産システム

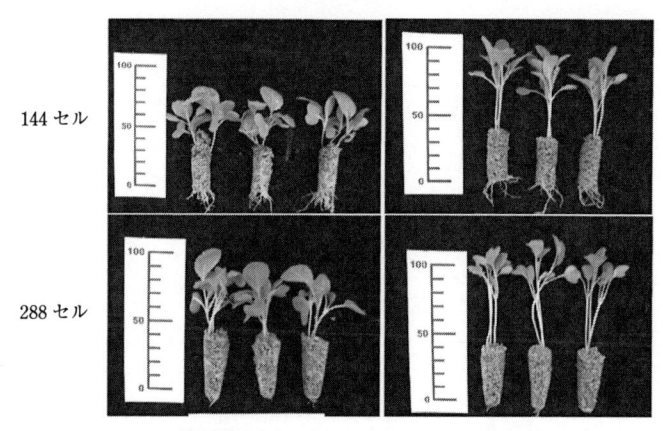

144 セル		
288 セル		
閉鎖型システム	温 室

閉鎖型システムで生産された苗は288セルでも良質であるのに対して，温室で生産された苗は，144セルでは徒長気味で，288セルで生産された苗は定植作業が大変になるほど徒長．

図 5.8 水耕用コマツナのセル成型苗（播種後11日）

品種：桃太郎ヨーク
草丈：107 mm，葉期：3.6 葉

品種：サンロード
草丈：102 mm，葉期：4.1 葉

(明期28℃/暗期18℃，明期16 h/暗期8 h，CO_2濃度 1,000 μmol·mol^{-1})

気温と明期の光強度を正確に制御した条件下で育苗されるので，第1花房の着生葉位を育苗時に8にそろえることができる．

図 5.9 閉鎖型システムで生産された，栽培温室への直接定植用のトマト苗(播種後20日)

生育が均一である．子葉から下の胚軸の長さが短く，太く，赤色を呈して，毛じ（うぶ毛）が生えている．
図 5.10 閉鎖型システムで生産されたトマト（ハウス桃太郎）実生苗（播種後 20 日目；呉德氏が育苗，撮影）

中の温度と光強度によってほぼ決まるので，閉鎖型システムでは，多くの品種について，第 1 花房の着生葉位を 8 にすることが可能である．

図 5.9 は閉鎖型システムで生産されたトマト苗であり，葉位 7～8 に第 1 花房が着生している．また，閉鎖型システムで生産されたトマト実生苗は，生育が均一であり，子葉から下の胚軸の長さが短く，太く，赤色を呈して，毛じ（うぶ毛）が生えている（図 5.10）．

e. 抽だい制御

東洋系のホウレンソウなどは，夏期の長日条件下では抽だい（花茎が伸びること）しやすい．抽だいすると食味が劣るので，抽だいを回避することが商品価値を高める．閉鎖型システムを利用してホウレンソウ苗の生産を閉鎖型システム内で明期 11 時間の短日条件下で行い，育苗中の抽だいを抑制すると，栽培時の抽だいが遅延し，収穫時における商品価値が低下しない．

チンゲンサイは育苗時に低温に遭遇すると花芽ができやすく，そのような低品質な苗を用いて栽培すると，たくさんの腋芽を生じた株となりやすい．他方，閉鎖型システムで育苗すると育苗中の花芽分化がおこらず，冬期における栽培でも正常な株が得られる．他にも，アブラナ科作物およびトルコキキョウなどの育苗では抽だい制御が重要になることがある．

f. 露地栽培用野菜苗

キャベツ，ハクサイ，結球レタスなどの露地栽培用の葉菜は，その栽培面積が広いので，畑への苗の定植に定植機を用いると，移植作業が大幅に省力になる．ところが，温室で育苗して胚軸が細長くなり，徒長した苗は，機械的強度が弱く，定植機での定植にはなじみにくい．また，定植機使用の有無によらず，徒長した苗は定植後に倒れやすく，いわゆる「ころび苗」となり，また定植後の活着や成長が遅れたり，商品価値が低下したりする．

閉鎖型システムで生産された苗は，胚軸が太くて短く，機械的強度が大であるので，定植機を利用しやすく，また「ころび苗」になりにくい．図5.11と図5.12の写真は，閉鎖型システムと温室で生産された結球レタスとキャベツの苗である．

g. その他の植物生産

現在，閉鎖型システムを植林用樹木，薬用植物，香料植物などの苗の大量生産に応用する研究が検討されている．今後，閉鎖型システムは，苗だけでなくこう

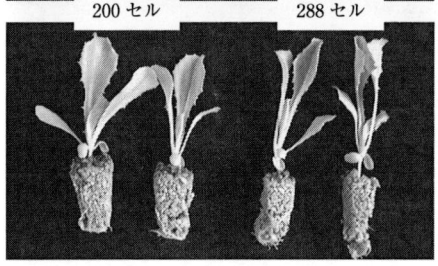

閉鎖型システムで生産された苗は葉が丸みをおびて，胚軸が太く，短い．温室で生産された苗は草姿が縦長で，288セルでは胚軸が細く，長い．

図5.11 200セルと288セルのトレイを用いて閉鎖型システムと温室で生産された結球レタス苗の草姿の比較（播種後16日）

閉鎖型システム

(明期22℃/暗期19℃・明期16 h)　　(明期28℃/暗期19℃・明期16 h)

温　室

閉鎖型システムを用いて，明期22℃，暗期19℃下で生産された苗は，良質である．同じ明期でも，明期温度が28℃と高いと，生育は早くなる．
図5.12　閉鎖型システムと温室で生産されたキャベツ苗の草姿の比較(播種後14日)

した薬用植物，葉菜，ハーブ，高級花卉などの，重量当たりの販売価格が高い植物の生産にも利用できると考えられる．ただし，草丈の高い植物，果菜類，穀類，イモ類などの栽培には適さない．

　農業では，省資源，環境保全に加えて，省力，低コスト，安全，高生産性，高品質などが重要である．本節では，まず生産システムに関する一般論から，省資源，環境保全などには閉鎖型システムが重要であることを示した．また，苗生産のような特別な場合は，自然光ではなく人工光を利用することが，結局は省資源的，環境保全的に高品質植物を計画生産することに貢献することを示した．とはいえ，本節で示した内容のいくつかは，単なる農家での実施例および開発研究途上の試験例であり，学術雑誌で学問的に認められたものではない．今後，より厳密な実験のもとで得られた，学術的に認められたより多くの研究成果が待たれる．本稿での研究内容の詳細については章末文献の1)～5)を参照されたい．

5.3　栽培支援ITシステム

　情報技術（IT）は，農業の低コスト化，生産の高効率化のキーテクノロジーである．計測技術をベースにした機械化，自動化，情報化，知能化技術は，圃場における作物生産，施設園芸，貯蔵，流通など多くの分野で期待されている．実際に情報を利用するには，データの収集，データの加工と解析，判断・診断，管理・制御という各プロセスにあった技術の開発が必要である．さらに得られた情報を効率的に運用するためには，情報のデータベース化および情報ネットワークの構築が不可欠である．

　施設園芸では，3章と4章で説明したように，物理環境調節および栽培システムの管理が生産性の向上に重要な役割を担っている．地上部の物理環境を好適に保つために，温湿度の制御，光強度の制御，換気，CO_2 施用を行う．地下部では，灌水量の調節や根圏温度の制御を行う．養液栽培では，培養液の pH の制御，培養液温度の制御などを行う．育苗システムや栽培システムでは，ベンチの移動，スペーシング，間引き，トレイの移動などを機械化する場合がある．

　これらの作業は，①センサーと調節器を用いる場合，②コンピューターを利用する場合，の二つがある．①は，調節器にセンサーと環境調節機器をつなげるもので，環境調節の基本形である．例えば，温度センサー，温度調節器，ヒーターを組み合わせて暖房する場合，CO_2 分析計，調節計，電磁弁付き CO_2 ガスボンベを組み合わせて CO_2 施用をする場合などがある．最近は，複雑な制御が可能な調節器が販売されている．②は，日射量に応じて遮光カーテンを開閉する場合，内気温に応じて天窓と側窓を開閉する場合などがある．

　コンピューターを利用する方法は，①環境データおよび制御状況の記録ができるため，過去の事例を参考にしたり，現在値に過去1日間や直前1時間のデータを加味して制御量を決定することが可能になる．②複雑な環境調節ができる．③多数の機器をコンピューター2台で制御できるため大規模経営ではスケールメリットが生まれる．④遠隔操作が可能になる．⑤栽培管理や生育診断に応用できる，という特長がある．

5.3.1 環境調節

a. データ収集

一般にセンサーや環境調節機器には記録機能はない．コンピューターを用いれば，センサーで測定した環境計測値，環境調節機器の動作状況を記録することができる．最近のセンサーはメモリー機能を有するものがあるが，平均値，最大値，最小値の計算やグラフ作成の機能はないため，そのような作業にはコンピューターが必要である．またコンピュータを用いれば，制御量を決める際に，過去の記録を参考にすることができる．さらに，作物の成長とその時期の環境の関係を調べることにより，最適な環境調節法を見いだすこともできる．

b. 複合環境制御

いくつかのセンサの出力を1台のコンピューターに集め，このコンピューターが，環境条件と温室の状態を複合的に判断して環境調節機器を合理的・効率的に制御し，温室の環境調節を総合的に行う方法を複合環境制御という[8]．例えば，内気温と日射量の2つの環境要素の値から蒸発散量を推定して灌水量を制御する場合，暖房のために換気窓を閉めてからヒーターを運転する場合，換気窓が閉まっている時間帯にCO_2施用を行う場合などがある（図5.13）．一般の園芸施設で行う複合環境制御は，それほど多くの環境要素と環境調節機器の組み合わせを必要としないため，市販されているマイクロコンピューターと制御アルゴリズムを内蔵した複合環境制御装置を利用することが多い．複合環境制御装置は，開発された1980年代当時は温室1棟につき1台の設置が前提であったが，最近は，多棟温室を1台で管理できる装置が一般的である．

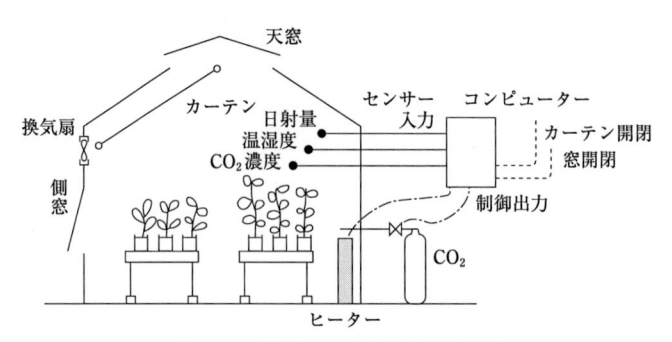

図 5.13 温室における複合環境制御

c. 大規模システムと遠隔操作

　コンピューターは，1つの温室内の多数のセンサーと環境調節機器を1台で制御できるだけでなく，複数の温室を1台で管理することが可能である．複数の多棟温室で構成する大規模施設では温室群の集中管理が可能になり，機器を削減してコストを節約できるため，スケールメリットが生まれる．コンピューターに警報システムを搭載すれば遠隔監視が容易になる．また，有線または無線のネットワークを導入して，遠隔地から設定値を変更したり，収集したデータを解析することができる（図 5.14）．

d. 自律分散型システム

　一般に複合環境制御では，1台の制御用コンピューターにその役割を持たせる．しかし 2000 年頃から，コンピューターの低価格化，高機能化および通信技術の進歩によって，センサーや環境調節機器にコンピューターを内蔵させて，それらをネットワークに接続して総合的に制御する自律分散型の環境制御システムが研究開発されている[6]．後述する植物生体情報計測と合わせて運用すれば，多棟温室を1台で管理するコンピューターシステムに比べて，より精度の高い環境調節が可能になろう（図 5.15）．

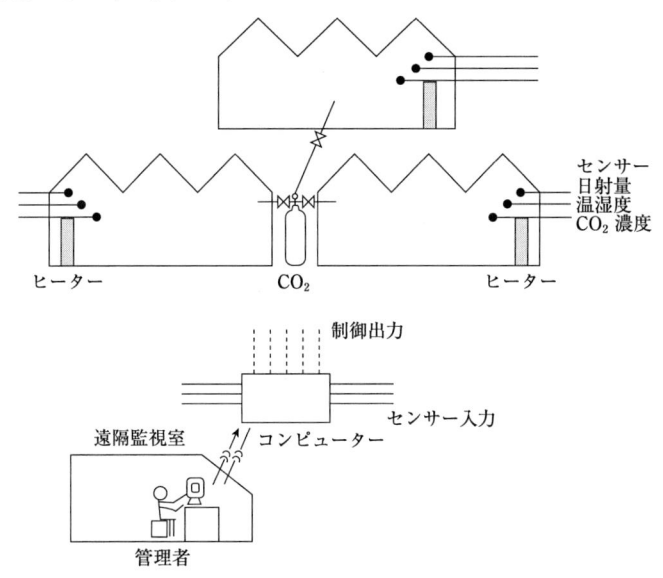

図 5.14 コンピューターを利用した温室の集中管理

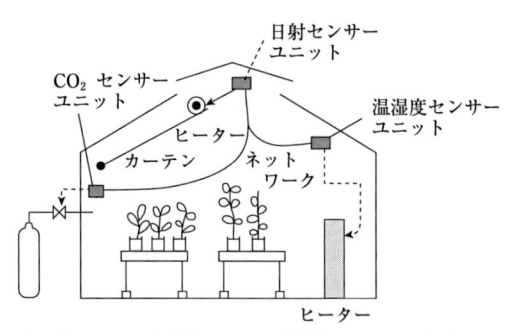

図 5.15 自律分散型の環境制御システム

5.3.2 栽培管理と生育診断

　計測技術と情報化技術を用いて植物の成長や生育状況を計測することを植物生体情報計測と呼ぶ．植物の状態変化は，目に見える外観形状や色の観察によるだけでなく，葉の反射特性，光合成，蒸散，葉温などの変化を解析することでより深く理解することができる．非破壊および遠隔計測の技術を導入すれば，植物体を傷めることなく生育状態を診断でき，追肥や移植などの栽培管理や防除作業が可能になる．また葉菜類では葉面積，果菜類では果実を計測すれば，収穫時期の決定や収穫量の推定などを行える．

　生体情報計測技術を用いて栽培管理や生育診断を行うためには，① 温室内に生体情報計測機器を設置し，コンピューターでデータ収集をする，② データを解析する，③ 栽培管理の方法を決定する，または ④ 生育診断を行う，という総合的なシステムを構築する（図 5.16）．

　作物の生体情報として，外観形状や色の観察には二次元・三次元の画像計測装置またはネットワークカメラ，葉の反射特性の計測には分光放射計，光合成機能の測定にはクロロフィル蛍光測定器，葉温の測定には放射温度計または熱画像解析装置などが使われる．これらの計測機器は高価なものが多く，機能を絞って低コスト化することが今後の課題である．計測装置を可動式台車などに搭載して移動すれば一組の装置で広い栽培面積での計測ができるため，栽培管理の機械化と合わせて実用化するのが望ましい．

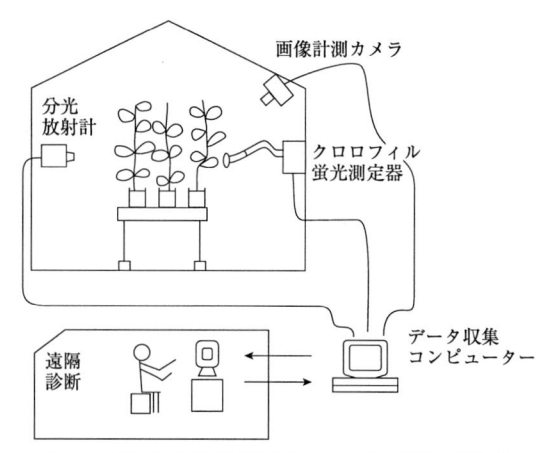

図 5.16 植物生体情報計測を用いた栽培管理，遠隔生育診断

　一次データである生体情報量の収集技術はほぼ確立しているが，データを整理・加工し解析して，栽培管理や生育診断に役立てる技術はまだ開発段階である．経験豊富な篤農家の判断はきわめて高度であり，コンピューターにその代役をさせるのは，現状では難しい．しかし，目的を絞れば，エキスパートシステムや各種の制御アルゴリズムの導入により実現する可能性はある．

5.3.3　トレーサビリティシステム

　収穫物の安全を確保するためには，生産，収穫後貯蔵，流通，販売，消費にいたる食品のライフサイクル全般にわたって，十分な管理技術を適用することが大切である．また，それらのプロセス間の情報的な隔絶をなくし，消費者側からの調査を可能にするだけでなく，生産者側からの追跡も可能にするトレーサビリティシステムの導入が期待されている[7]．

　収穫物にバーコードやICタグを付けて追跡を可能にする方法がある．消費者にとっては生産者の顔，生産地の情報，栽培方法や流通経路がわかることから，一部の野菜などではすでに実用化されている[9]．生産者，流通業者，販売店にとっては，収穫後の運搬経路，貯蔵中の環境条件などを把握できるため，品質管理に利用できる．

5.4 園芸福祉と園芸療法 —暮らしにおける園芸の活用—

植物の栽培を生業とする農耕・園耕が食べ物，繊維原料，薬用原料などを供給してきたことはよく知られている．しかしながら，農耕・園耕そのものおよびその生産物が，暮らしの中でさまざまな役割，例えば環境の創造と保全，教育，人格形成，社会生活の円滑化，心身の健康・ケア・リハビリのほか，その維持や増進などを果たしてきたことはほとんど注目されてこなかった．

このように，農耕・園耕およびその生産物である植物や景観などの多面的機能を解明し，われわれ人間生活の向上に活用していこうとするのが社会園芸学(sociohorticulture)と呼ばれる領域である．端的にいえば，従来の園芸の主題であった植物に中心をおいた経済的園芸生産（貯蔵・加工・保蔵・流通を含む）を除いたすべての園芸分野であり，園芸の中における人間的要素が絡む現象を解明するとともに，その意義や役割を明らかにし，さらにそれらのわれわれの暮らしへの活用を推進しようとするものである．

この社会園芸学が日本で取り上げられたのは1991年のことである[11]が，その中で，園芸のもつさまざまな効用（恩恵）を積極的に活用して心身だけでなく，社会的にもより健康で，より幸せな暮らしの実現をはかろうとするのが園芸福祉（学）である[12]．

5.4.1 園芸療法から園芸福祉へ

アメリカで発展してきたHorticultural therapyは1978年に「園芸による治療とリハビリテーション」という形で日本に紹介された[18]が，注目されるには至らなかった．1981～1982年頃，あらためて「園芸療法」という訳語で紹介されたが，これも関係者の関心を呼ぶには至らなかった[12]．

園芸療法が日本で注目を集めるようになったのは，1990年代に入ってからである．すなわち，1991年から1992年にかけて，アメリカのHorticultural therapyの紹介や世界の園芸療法の実態に関する報告書が相次いで出版された[11],[19]．これらをきっかけに，園芸療法への関心がにわかに高まり，講演会やシンポジウム（図5.17）などが開催されるとともに，園芸療法関係の資料が急増し（図

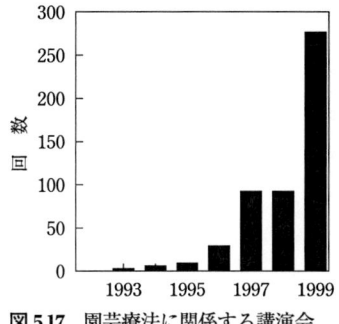

図 5.17 園芸療法に関係する講演会, セミナーなどの開催数（松尾原図, 2002）

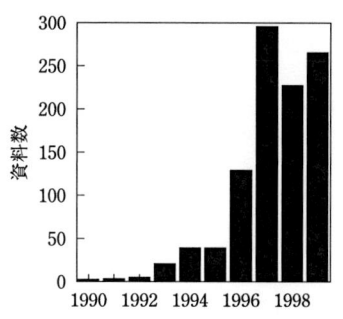

図 5.18 園芸療法に関係する資料数（松尾原図, 2002）

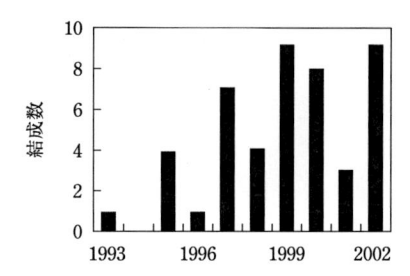

図 5.19 園芸療法, 園芸福祉などに関係する研究会やグループの結成状況

5.18），自主学習グループも結成されるようになった（図 5.19）．

これらの資料や学習グループにみる園芸療法の解釈はさまざまであり（表 5.8），その違いが用語の違いにも表現されている[12]．一般的な流れとしては，治療やリハビリテーションから生活の質（quality of life ; QOL）の向上へと拡大解釈されてきた．

このような園芸療法についての多様な解釈は，当然のことながら，園芸療法とは何かよくわからないという混乱を，一般市民だけでなく関係者の間にももたらすことになった．また，1990年代半ばには高齢者対策に悩む地方自治体でも園芸療法への関心が高まってきたが，元気高齢者への対策としては，イメージの面からなじみにくいという声も高まってきた．

そして一方では，園芸療法士の資格制度を要望する声が高くなってきた．この

表 5.8 園芸療法の説明にみられる園芸の内容，対象となる人，ねらい

年	園芸の内容	対象となる人	ねらい
1982	園芸活動	肉体や精神に障害をもつ人	治療やリハビリ
1991	植物と園芸活動	?	健康回復
1992	植物や園芸活動	?	治療
1992	植物とこれに関する諸々の活動	障害者，高齢者	療法，生活の質（QOL）の向上
1993	植物や園芸活動	特定の難局をもつ人	可能性を増進
1994	園芸活動やその生産物	ハンディキャップをもつ人	健康回復，社会参加の介助
1995	栽培や庭仕事	傷害をもつ人	可能性の拡大
1995	植物や園芸活動	?	可能性の拡大，改良
1996	植物あるいはこれに関する諸々の活動	?	療法
1996	植物や園芸活動	障害や問題をもつ人々	心身をより良い方向に導く
1997	植物を中心とした自然界との触れあい	従来の定義では，障害や不都合さに重きがありすぎる	癒しと治療をめざす

松尾，1998を一部改変．

ような資格制度の確立には，園芸療法の厳密な定義が求められ，専門家のかかわる仕事の範囲が明確に規定されなければならない．

以上のような背景から，園芸療法の位置付けを明確にするために提案された言葉が，「園芸福祉」（horticultural well-being）である．

園芸は，われわれの身体，心，社会にさまざまな効用（恩恵）をもたらしてくれる．それらの効用を活かして，より人間らしい幸せな暮らしを増進しようというのが園芸福祉である[12]．この園芸福祉活動はすべての市民を対象とするもので，治療，リハビリテーション，介護・ケアなど療法的かかわりが必要なものから，健康の維持・増進，教育・文化活動，まちづくり，あるいはQOLの向上まで，多岐にわたる（図5.20）．ところが，市民の中にはその園芸福祉を享受するためには，心身の面で療法的専門家の支援を必要とする人もいる．そのような市民の園芸福祉を支援する実践活動が園芸療法であり，その専門家が園芸療法士である[15]．

園芸福祉という言葉は，直接的には療法的なかかわりを要しない，例えば元気高齢者を対象とする自治体の健康増進，生きがいづくり，市民のまちづくりなどの諸事業に受け入れられるところとなり，爆発的に広がることになった．1998年に提唱された「園芸福祉」は，1999年には三重県園芸福祉研究協議会に取り

5.4 園芸福祉と園芸療法

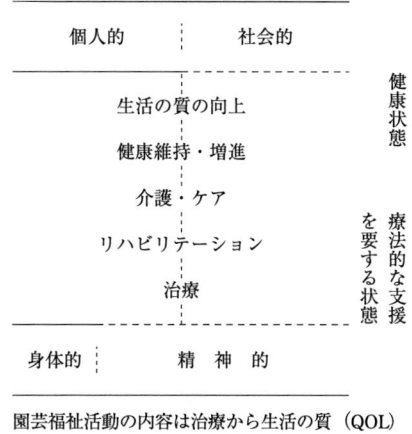

```
           個人的      社会的
         ┌─────────┼─────────┐   ┐
         │  生活の質の向上   │   │ 健
         │                    │   │ 康
         │  健康維持・増進    │   │ 状
         │                    │   │ 態
         │   介護・ケア       │   ┤     ┐
         │                    │   │ 療   │
         │ リハビリテーション │   │ 法を  │
         │                    │   │ 的要  │
         │      治療          │   │ なす  │
         └─────────┼─────────┘   │ 支る  │
                                  │ 援状  │
           身体的      精神的      │   態 ┘
```

園芸福祉活動の内容は治療から生活の質（QOL）の向上まで多岐にわたる。

図 5.20 園芸福祉活動の内容 [11]

上げられ，三重県は活発にその啓発・普及に取り組み，2000年の第1回三重県園芸福祉大会，2001年には「園芸福祉全国大会in三重」を開催するに至った．

この間，2001年には日本園芸福祉普及協会が結成され，2002年度に同協会は園芸福祉士認定の資格制度を発足させた．この園芸福祉士は，園芸にかかわるそのほかの各種資格者，例えば家庭園芸士，生活園芸士，グリーンアドバイザーなど[14]と同様に，園芸の普及，まちづくりなどに活躍している．

5.4.2 園芸療法とは

園芸療法は，園芸福祉の中でも，対象者が療法的かかわりを要する人に限定される点で特化される．園芸療法において求められるかかわり方，技術，心構えとしては次のようなものがあげられる．

① 専門家の関与が必要であること．
② 療法的かかわりを必要とする人を対象とすること．
③ 対象者のどこを，どうすべきか，という目標，目的がはっきりしていること．
④ その改善のための手段，方法が明確であること．
⑤ その結果を評価すること．

このような手段，手法として園芸が用いられるときに「園芸療法」と呼ばれる．

　なぜ療法的専門家のかかわりが必要かといえば，療法として園芸を活用するためには，対象者の心身の状態を理解したうえでかかわらないと悪い結果をもたらす危険性もあるからである．つまり，園芸療法では，対象者の心理，身体の状態を把握し，その対象者にかなった園芸作業を選択して適用しながら，より良い方向に導いていくための，専門的知識と高度な技術が欠かせない．また，その責任を自覚する必要がある[15]．

　園芸療法士の資格認定は，2002年以降いくつかの団体・機関で行われている[14]．しかし，その内容・レベルはさまざまであり，園芸療法士に対する社会的評価の形成にマイナス要因となることが懸念される．このようなことから，日本における園芸療法士の基準を明確にするために，人間・植物関係学会が2005年度発足を目指して資格試験制度の整備を検討しており，その大筋が2005年3月に学会雑誌に発表された．これによって，教育体制の整備目安ができ，園芸療法士の養成が円滑化するものと期待される．

5.4.3　園芸療法士の仕事内容と園芸福祉士などのそれとの比較

　これまでに，各種団体・協会などによって，園芸に関する資格制度がいくつもつくられている[14]．これらに加えて福祉や療法に関係する園芸福祉士や園芸療法士の資格ができることによって，これらの間にはどのような違いがあり，どのように仕事のすみ分けをするのかが，わかりにくくなってきた．

　これらの資格はおおまかに2つのグループに分けられる．1つは療法的かかわりを要する市民の園芸福祉を増進しようというもので，園芸療法士がこれにあたる．もう1つは一般市民を対象とした園芸福祉，およびそれに関連して園芸の推進・普及を目的とするもので，園芸療法士以外の資格がこれに入る．これら2つのグループのおもな対象者および活動内容をまとめたものが図5.21である．

　園芸療法士と園芸福祉士はいずれも市民の園芸福祉を推進するという目的では同じである．しかし，その対象者が異なる．したがって，その活動内容に少し違いが出てくる．

　まず，園芸療法士が対象とするのは，療法的なかかわりを要する市民であり，

5.4 園芸福祉と園芸療法

被対象者 (活動の性格)		健常者 (レクリエーション的)		療法的かかわり を要する市民 (療法的)	
活動の内容 (◎主活動 ○補助的)		園芸 福祉士	園芸 療法士	園芸 福祉士	園芸 療法士
生活の質の向上		◎	○	○	◎
健康維持・増進		◎	○	○	◎
介護・ケア				○	◎
リハビリテーション				○	◎
治療				○	◎

園芸療法士は療法的支援を必要とする市民の生活全般にわたる福祉活動にかかわる.

図 5.21 園芸福祉士と園芸療法士のおもな活動領域と対象者[11]

その市民の治療から QOL の向上に至るまですべての福祉活動にかかわる．これに対して，園芸福祉士などの場合には，おもな対象者は健康な市民である．これら対象者の健康の維持・増進や生活の質の向上がおもな活動内容である．言い換えれば，園芸の啓発・普及と考えることもできる．もちろん，個人活動でも団体活動でもよい．園芸を通してのまちづくりなどは後者に入る．

5.4.4 園芸療法領域における活動の場や補助器材・装置

療法的かかわりを必要とする市民の園芸福祉を推進するにあたっては，さまざまな工夫を要する．肝心なことは，安全への配慮と，園芸作業をしやすくする工夫である．それらを解決するために，園芸の場やそこへの通路，作業を助けるための補助器具の工夫などが欠かせない．

例えば車椅子の必要な市民の場合には，地面での移動を容易にするために，広くて滑らかな，傾斜のない通路が必要である．作業の現場では，車椅子がひとりでに動き出さないような平坦地であることが望ましく，また，車椅子のままで作業できる高床式ベッド (raised bed) が必要となる．その高さも人によって違うので，それに合わせたいくつかの違った高さのベッドの設置が望ましい（図 5.22）．さらに，天候や体調に応じて雨避け，日除けのできる場所も欠かせない．

園芸作業には手を使うことが多いので，手の不自由な市民の場合には，その部

図 5.22 高さの異なる高床花壇（raised bed）の例
（D. レルフ博士提供）

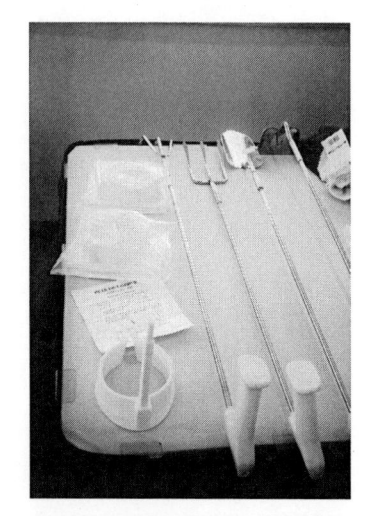

図 5.23 園芸療法用に工夫された補助器具（シカゴ植物園, 2000）

位やその強弱の程度によって異なるが，作業を助けるさまざまな補助器具を用いることによって園芸が容易になる（図5.23）．対象者によって症状は異なるので，すべての人に適合する補助器具はないと考えたほうがよい．つまり，対象者の状態に応じた補助器具を考案することが大切である．また，ある授産施設では，力がなくてもボタン1つで操作できるようなオートメーション化した装置を活用する試みが行われている．

園芸のもつさまざまな効用を活用して，より幸せな人間生活を推進しようとするのが園芸福祉である．その中で，心身の面で療法的支援が必要な市民の園芸福祉を実現しようとする実践活動が園芸療法である．その園芸療法を推進するには，人間と園芸との両分野をよく理解した専門家（園芸療法士）のかかわりが欠かせない．その園芸療法士の活動を円滑にし，対象となる市民が園芸を楽しむためには，作業を安全かつ容易に進めるための補助具や施設に関してさまざまな工夫が必要である．このような補助器具や施設の設計，製作にあたっては，工学的知識をもつ専門家の協力が欠かせない．

5.5 宇宙農場

5.5.1 閉鎖生態系生命維持システム

　宇宙開発において，人間が長期にわたって宇宙船，宇宙ステーション，あるいは月や火星の基地などに滞在するときに，人間の生存に不可欠な食料生産，空気や水の浄化，物質リサイクルなどを閉鎖環境下で行う装置を閉鎖生態系生命維持システム（controlled ecological life support system；CELSS（セルス））と呼ぶ．CELSS は自己完結型であり，また物質循環型である．ただし，運転に必要なエネルギーは外部から供給する．

　図 5.24 は NASA の試算による，成人男性1人が通常の生活を行う場合の1日分のエネルギー（約 11.8 MJ）を摂取するために必要な食料，生理代謝に必要な水，呼吸に必要な酸素（O_2）の摂取量，および排出される物質の量を示す．1人が1日に体に取り込む物質の総量は約 4.5 kg であり，また排出する物質の総量も同じである．

　CELSS は，大きく分けて食料生産システム（宇宙農場）と環境維持システムからなる．食料生産システムは植物栽培，魚類飼育および家畜飼育システムからなり，環境維持システムはガス，水および廃棄物の処理システムからなる（図 5.25）．CELSS では基本的に，人間を含む動物の呼吸により排出される二酸化炭素（CO_2）は植物の光合成で固定され，そのときに発生する O_2 が動物の呼吸に利用される．また，動物の排泄物や植物の食用にならない部分は，酸化されて水

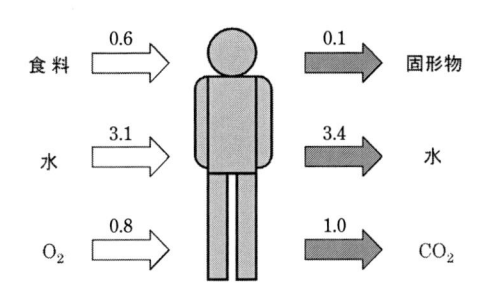

食糧および固形物は乾燥重量
図 5.24　ヒトの1人当たり平均代謝量（$kg \cdot d^{-1}$）

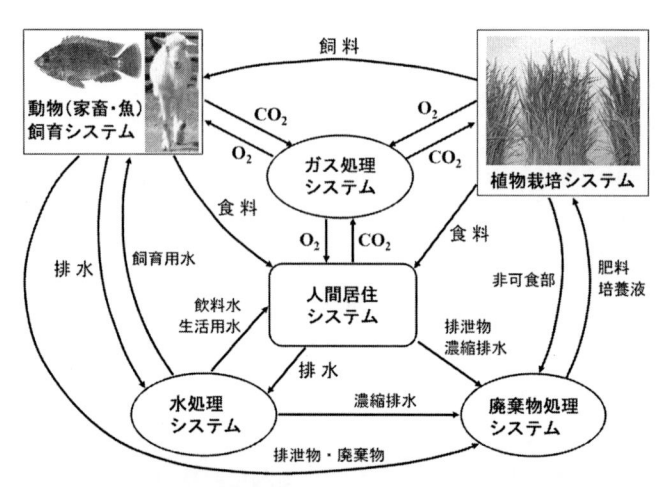

図 5.25 閉鎖生態系生命維持システム（CELSS）の構成要素，およびその中での物質の循環

とCO_2およびその他の無機物に変換されるので，その酸化に必要なO_2の供給および発生するCO_2の吸収も植物の光合成に依存することになる．したがってCELSSでは，食料生産機能に加えて，ガス処理機能をもつ植物栽培システム（宇宙農場）の構築が重要課題となる．

地球上の自然生態系では，独立栄養生物である植物が光合成により大気中から吸収するCO_2量と，従属栄養生物であるカビ，バクテリア，動物などの呼吸，および植物自身の呼吸で大気中に放出されるCO_2量はほぼつり合っている．それらの間に差が生じた場合，あるいは火山活動などにより大量のCO_2が大気中に放出された場合でも，ガス収支の一時的な変動は，巨大な容量の海洋や土壌などの緩衝作用により平滑化される．光合成により放出され，呼吸や物質の酸化で消費されるO_2についても同様である．そのため，地球大気中の成分ガスはほぼ一定であり，急激な変動は生じない．しかし限られた容積のCELSSでは，自然生態系のようにガス成分を平滑化する巨大な緩衝物を含めることは不可能である．したがって，光合成と呼吸の不つり合いによる大気成分の変動を抑えるためには，物理的，化学的な手法で，効率よく短期間にガスを処理するシステムが不可欠である．水処理および廃棄物処理についても，同様に物理的，化学的な手法で，効率よく短期間に処理しなければならない．

地球は，ほぼ完全な閉鎖環境であり，その中で独立栄養生物である植物に加えて，人間およびその他の従属栄養生物が共存している．したがって，CELSSは地球における物質循環システムのミニチュアと考えることができる．CELSSが構築できれば，長期有人宇宙活動の支援に貢献するのみならず，地球上の生態系における物質循環の中で起こっているさまざまな現象を実験的に再現することができ，不適切な人間活動により生じているCO_2濃度上昇や地球温暖化など，地球環境の将来予測や地球環境問題の解決方法を見いだすための実験装置となることが期待される．

5.5.2 宇宙農場での植物生産

CELSSでの栽培植物として，可食部に含まれる栄養素，栽培の容易さなどを考慮して，コムギ，ダイズ，ピーナッツ，サツマイモ，ジャガイモ，レタス，ニンジン，トマトなどが候補になっている．植物栽培システムには，微細藻類の培養システムも含まれ，クロレラ，スピルリナ，ユーグレナなどが候補になっている．CELSS内では空間容積，エネルギー使用量などが限られるので，植物密度を高め，同時に照明効率を高める必要がある．光源には，耐久性，安全性に優れた発光ダイオード（light emitting diode；LED）を用いる．CO_2濃度は，700〜1000 $\mu mol \cdot mol^{-1}$に制御する．

CELSSにおける効率的な植物生産を行うための環境調節技術を確立するためには，植物のガス交換および成長に対する物理的環境要素（光強度，明暗周期，光の波長，気温，湿度，CO_2濃度，気流など）の地上での影響に加えて，微小重力や低圧環境など宇宙特有の環境条件の影響についても検討しなければならない．

微小重力の植物影響については，地上において，茎を水平方向にして設置した植物を茎を中心として回転させて，重力の方向を攪乱させる装置（クリノスタット）を用いた模擬微小重力実験や，スペースシャトルを用いた重力屈性に関する植物生理学的研究が多く行われ，微小重力下でも植物は生育できることが示されている．また重力の方向を反対にした逆さ吊り下げ栽培試験により，重力方向が逆の場合でも，光強度 200 $\mu mol \cdot m^{-2} \cdot s^{-1}$以上であれば，光屈性により植物の成長方向を制御でき，正常に育成できることが示された（Kitaya *et al.*, 1992）[32]．最

近では，国際宇宙ステーションでの長期の栽培試験により，宇宙でも植物が栽培できることが実証されつつある．

　微小重力下では，熱対流（密度対流）が生じにくい．航空機の放物線飛行を用いた短時間の微小重力実験により，微小重力下での葉の熱およびガス交換の動態について検討した結果，強制空気流動がない場合，放物線飛行中に生じる20秒間の微小重力（0.01 G）でも，熱対流の抑制により植物葉と周辺空気との熱交換が抑制され，約2～3℃の葉温上昇が生じた（Kitaya et al., 2003）[33]．特に微小重力下では，蒸散抑制による潜熱交換の抑制が葉温上昇に大きく関与した．また微小重力下での対流の抑制により，葉面でのCO_2交換が抑制され，約20%の光合成抑制が引き起こされることが明らかとなった．したがって熱およびガス交換の観点から，宇宙での植物栽培において，気流制御による対流促進は不可欠である．

　表5.9は，地球，月，火星の諸特性を示す．月面はほぼ真空であるため0 kPaであり，火星表面は1 kPaである．宇宙ステーション内も，減圧することは容易である．このような低圧下では，植物栽培施設内も低圧にすることで，施設構造を簡易にできる．そこで宇宙農場では，低圧環境下での植物栽培技術の確立が重要な課題となる．地上での25 kPaの低圧下において，ホウレンソウが正常に育つことが報告されている（Goto et al., 1995）[34]．

　閉鎖環境では，さまざまな微量有害ガスが発生し，蓄積しうる．特にエチレン

表5.9　地球，月および火星の諸特性

	地球	月	火星
質量（10^{26} kg）	59.8	0.74	6.43
自転周期（日）	0.9973	27.32	1.026
公転周期（日）	365.26	27.32	687
太陽からの平均距離（10^6 km）	149.6	—	227.9
赤道直径（km）	12760	3476	6780
表面気圧（kPa）	約100	0	約1
表面温度（℃）	7	110（赤道付近の昼） −170（赤道付近の夜）	−93
大気組成	N_2 (78.1) O_2 (20.9) Ar (0.93) CO_2 (0.04)		N_2 (2.7) O_2 (0.13) Ar (1.6) CO_2 (95.32)

は植物成長調節物質であり，植物自らが発生源となる．一般に，空気中のエチレン濃度が 0.1 μmol·mol^{-1} 以上に上昇すると，植物に障害が生じる．閉鎖環境ではこのような微量有害ガスの除去システムが不可欠となる．

5.5.3 閉鎖生態系構築の試み

a. 第2の地球（バイオスフェア-2）

CELSS の実験例として，アメリカのアリゾナ州につくられた施設がある．この施設は，地球上の生物圏（biosphere, バイオスフェア）を模擬した第2の生物圏という意味で，バイオスフェア-2 と名付けられた．12,700 m^2 の敷地面積に，ガラスドームで覆われた密閉空間をつくり，その内部に地球の生態系をまねてさまざまな自然植生や農業生態系，海などを配置した大規模なものである（図5.26）．この閉鎖環境下で 1991 年から 1993 年までの 2 年間，男女 4 人ずつ計 8 人がコムギなどの食糧作物，トマトなどの野菜，バナナなどの果樹を栽培，ヤギを飼育し，自給自足の生活を行った．

最初，実験は順調であったが，1 年後，内部の O$_2$ 濃度が初期の 21% から低下して 14% の危険値になったため，実験は終了せざるを得なくなった．計画では，土壌微生物や他の生物の呼吸が植物の光合成とつり合って，O$_2$ 濃度および CO$_2$ 濃度は，初期値を維持できる予定であった．しかし，植物の成長を制御できなか

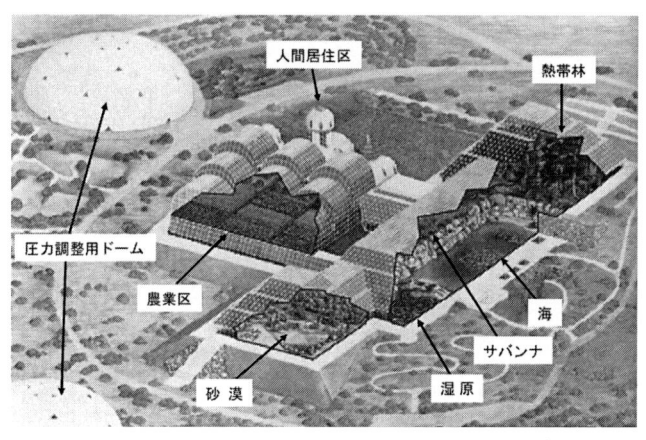

図 5.26 バイオスフェア-2 の概要（Allen, 1991）[35]

ったこと，閉鎖系内に持ち込んだ土壌の中で微生物が急激に増加したこと，構造材のコンクリートが CO_2 を吸収した（$Ca(OH)_2 + H_2O + CO_2 \rightarrow CaCO_3 + 2H_2O$）ことなどが原因となって，ガス収支が崩れてしまった．

b. 閉鎖生態系実験施設（バイオスフェア-J）

青森県にある閉鎖生態系実験施設は，地球上の模擬生態系を閉鎖空間内につくり，生態系内での物質循環の実験を行う施設であり，人間居住施設（123 m^2)，植物栽培施設（150 m^2），家畜飼育施設（54 m^2），物質循環処理施設から構成される[36]（図 5.27）．人間の食料や家畜の飼料は，植物から得て，植物栽培に必要な肥料は人間と家畜の排泄物からつくるなど，必要な物質はすべて内部でリサイクルされ，利用される．

植物栽培施設では，2人が自分たちの生存に必要な栄養を供給する植物（イネ，ダイズ，ジャガイモ，トマト，コマツナ，ピーナッツなど）を栽培する．人間の食用にならない部分の一部は家畜の飼料とし，その他は廃棄物として，酸化処理される．この植物栽培施設は，温度，湿度，CO_2 濃度，光強度などの栽培環境要素を最適値に制御して，限られた空間でより多くの食料を短時間に生産できる植物工場である．家畜飼育施設では，植物を飼料としてヤギを飼育する．糞尿は物理的，化学的に処理されて，植物栽培の肥料となる．物質循環処理施設は，人間居住施設，植物栽培施設，家畜飼育施設の間にあって，物理化学的処理によ

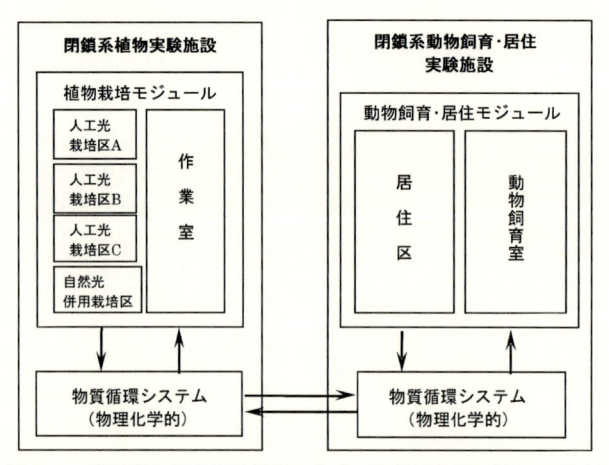

図 5.27 閉鎖型生態系実験施設の構成（矢印は物質の流れを示す）

り物質を循環させる．例えば，食料や飼料にならない植物の根や人間・家畜の排泄物を酸化処理を経て肥料に合成する．また廃水を浄化して，飲用水，生活用水，植物栽培用水などにする．居住施設の O_2 が不足する場合には，CO_2 を分解して発生させた O_2 を補給し，またエチレンなどの有害ガスを分解処理するなど，システム全体のガス環境を最適に維持する．

5.6 環境影響による遺伝子発現

遺伝子発現（gene expression）とは，遺伝子が転写，翻訳されてタンパク質を合成し，さまざまな遺伝形質（形，色，体質など）を作り出すことをいう．遺伝子とは遺伝物質（遺伝情報をもっている物質）のことで DNA と RNA を指す．植物細胞では，DNA は核と細胞内小器官（葉緑体，ミトコンドリア）に保存されている．DNA から RNA に情報が流れることを転写（transcription）と呼ぶ．RNA からアミノ酸がつくられてタンパク質が合成されることを翻訳（translation）と呼ぶ．タンパク質はアミノ酸が連結した生体内高分子物質であり，光などの刺激を感じる受容体タンパク質，細胞間のシグナル伝達を行うシグナルタンパク質，物質の合成や分解を助ける酵素などの機能タンパク質，細胞や組織の支持体となる構造タンパク質などに分類される．

生物がもつ遺伝子の完全な1セットのことをゲノム（genome）という．近年，シロイヌナズナ，イネなどの植物のゲノム解析が進み，植物の遺伝子は1万から数万種であり，人間を含む動物とは大差ないことが明らかにされている．植物体の組織・器官では，数千から数万種の遺伝子が，状況に応じて必要な数だけ転写されて，タンパク質を合成している．遺伝子には組織・器官や生育ステージに特異的に発現するものが多い．例えば，植物ホルモンを必要とする組織では，そのホルモンの合成を促す遺伝子が転写される．光合成器官では，光合成色素や光合成関連タンパク質の合成にかかわる遺伝子が転写される．生殖成長期には，成長点において花芽分化を誘導する遺伝子群が増加する．

5.6.1 環境変化に対する遺伝子レベルの応答

植物には，呼吸や細胞分裂などの恒常的な生理反応以外に，環境に応じて変化

する生理反応がある．そのため，制御環境下では人為的に環境を変化させて，目的の生理反応を誘導することが容易である．これは，矮化，茎を太くする，花成時期を調節する，花色を変える，有効成分の含有量を調節するなどの農業上有効な技術になりうる．このような植物の環境応答は必ず特徴的な遺伝子発現を伴っている．ここではいくつかの遺伝子発現について説明し，園芸における応用について述べる．

a. 光形態形成

植物が光を刺激として感受し，発芽，茎の伸長，花弁分化などの形態変化を引き起こすことを光形態形成と呼ぶ．植物には，光を感受する主要な光受容体として，赤色光および遠赤色光の受容体であるフィトクロム，青色光—UV-Aの受容体であるクリプトクロムおよびフォトトロピンがある．光受容体が感受するシグナルは，シグナル伝達物質を介して器官，組織に伝達され，遺伝子の発現を誘導する．光発芽を誘導するホルモンを生合成する酵素の遺伝子，茎の伸長にかかわるタンパク質や酵素を合成する遺伝子，日長感受性植物の花成を誘導するタンパク質を合成する遺伝子などがある．

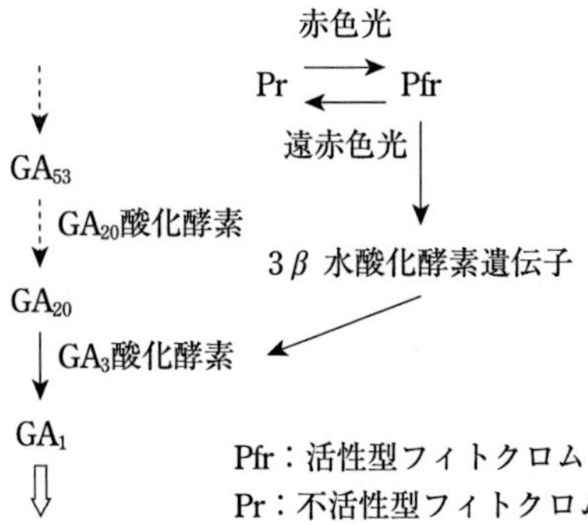

発芽に光照射を必要とする種子を，光発芽種子という．光発芽種子であるレタス種子に赤色光を与えると，フィトクロムが受容した光刺激が伝達されて，活性型ジベレリン GA_1 を生合成する酵素（GA_3 酸化酵素）を合成する遺伝子（3β 水酸化酵素遺伝子）の発現が誘導される．その結果，活性型ジベレリン量が増加し，種子の発芽が促進される（図5.28）．これはフィトクロム反応のうちの赤色光と遠赤色光の可逆性（赤/遠赤色光可逆性）を示す反応で，最後に照射した光によって反応が決定される現象である．

長日植物は限界日長よりも明期が長く

```
          赤色光
       Pr ⇄ Pfr
          遠赤色光
GA₅₃ ⇣
  ⇣ GA₂₀酸化酵素
GA₂₀         3β 水酸化酵素遺伝子
  ⇣ GA₃酸化酵素 ←
GA₁
  ⇩         Pfr：活性型フィトクロム
              Pr：不活性型フィトクロム
発芽
```

活性型ジベレリン GA_1 は GA_{20} から GA_3 酸化酵素により合成される．この酵素をつくる遺伝子が 3β 水酸化酵素遺伝子（*LsGA30x1*）で，活性型フィトクロム Pfr により発現が誘導される．

図 5.28 レタスの光発芽における活性型ジベレリンの生合成（Garcia-Martinez and Gil[21] をもとに作成）

5.6 環境影響による遺伝子発現

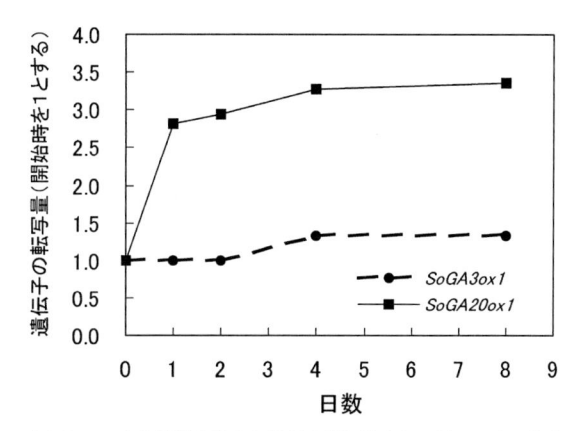

ホウレンソウを短日条件から長日条件に移すと、ジベレリン生合成経路において GA_{20} を合成する酵素（GA_{20} 酸化酵素）をつくる遺伝子 *SoGA20ox1* の転写量が急激に増加する。*SoGA3ox1* は GA_3 酸化酵素をつくる遺伝子（生合成経路は図 5.28 を参照）。

図 5.29 長日条件下のホウレンソウの成長点におけるジベレリン生合成酵素遺伝子の転写量の経日変化
(Lee and Zeevaart [20] をもとに作成)

なる（正確には，暗期が短くなる）と，花成が誘導される．花芽が分化し発達すると，花茎が伸びて，開花に至る．長日植物のホウレンソウの花茎伸長には，ジベレリンが関与する．長日条件では花茎の先端部において活性型ジベレリン GA_1 が増加し，細胞壁の伸長を促す酵素の働きが活発になる．これは，GA_{20} 酸化酵素を合成する遺伝子の発現が，暗期を測る物質のシグナル伝達の制御を受けるためと考えられる（図 5.29）．

b. 花芽形成

花芽形成はホルモンの影響だけでなく，温度や光などの環境要因の影響も受ける．日長感受性の植物において，花芽形成を促進する経路には，日長（光周性依存促進経路），温度（春化依存促進経路），ホルモン（ジベレリン依存促進経路），および内在性（自律的促進経路）などがあり，それぞれの経路では複数の遺伝子が関与する．ある遺伝子の発現が別の経路の遺伝子の発現に，促進または抑制に作用する場合もある．またこれらの経路の最下流の遺伝子発現を受けて最終的に花芽形成のシグナルを出す遺伝子の存在が示唆されている．

c. 植物ホルモンの生合成

オーキシン，サイトカイニン，ジベレリン，アブシジン酸，エチレンなどの植物ホルモンの生合成経路に作用する酵素を合成する遺伝子の中には，発現が環境変化の影響を受けやすいものがある．ホルモンは形態形成反応において重要な役割を果たしており，環境変化を受けて別の器官にその情報を伝えるシグナル伝達物質として働くこともある．

d. 二次代謝

葉色や花色を決める植物色素，および果実や葉の機能性成分などは二次代謝産物である．これらの生合成にかかわる酵素を合成する遺伝子の発現は，環境変化や栄養状態の影響を受けやすい．従来から花色を変える，野菜の機能性成分を増加させる，薬草の薬効成分を増加させる目的で栽培技術の改良がなされている．近年は，生合成経路にかかわる遺伝子の発現を制御して目的とする物質の生成量を増やす試みが行われている．

e. 環境ストレス

強光を受けたり，オゾンガスを吸収すると，体内で一次的，二次的に活性酸素が大量発生し，その影響で可視害や生長阻害が発生することがある．植物は活性酸素を無毒化するために活性酸素消去系を発達させている．消去系には6種類の酵素が関与し，その量と活性の調節により活性酸素障害に対抗する．これらの酵素を合成する遺伝子は，ストレスを感知すると短時間で発現量が増加することが知られている．

5.7　施設園芸におけるバイテク利用

1960年，Morelはシンビジウムの茎頂部を小さく採取すると病原ウイルスを除去することができ，さらに茎頂外植片から形成されるプロトコーム様球体（PLB：protocorm-like body）が大量増殖に利用できることを示した．これを契機として，組織培養苗生産が急速に広まった．農水省が1997年に実施した実態調査をみると，組織培養苗の普及面積（普及面積率）はサツマイモ10,042 ha（38％），イチゴ5,398 ha（69％），ブドウ5,387 ha（28％），キク1,096 ha（44％）に達している．また，集計40品目のうち普及面積率が80％を超えるのはフキ

(84%), カーネーション (82%), ガーベラ (95%), アルストロメリア (100%), ブバルディア (89%), アンスリウム (100%) の6品目である[22].

しかし, 従来からの培養苗生産は労働集約的で多くの問題を抱えていた. そこで, コスト低減と安定した工業的大量生産システムの構築をめざし1987年から4年間の共同プロジェクト「バイオナーサリーシステムの開発に関する研究」が農水省の研究機関と民間各社が参加して推進され, 大きな成果をあげた.

5.7.1 バイオナーサリーシステムの概要[23]

提案されたシステムは, ①優良形質・無病個体の選抜・作出, ②対象植物の無菌化 (初代培養), ③大量増殖, ④幼苗育成, ⑤成苗育成 (出荷段階) の5ステップからなる. ①では, 既存のものから目的に合った個体を選抜, または育種して獲得する. 従来の交配育種はもちろん, 遺伝子工学的手法により有用遺伝子を導入した形質転換体を創出するのも重要な手法の1つである. ②は対象植物から外植片 (explant) を調整し, 無菌植物を得る段階で, 材料植物の発育段階と採取部位, 殺菌法と培地・培養条件の選択が重要である. ③では, 高効率 (短期間に, 大量に) でクローン植物を増殖する (培養変異のない) 手法が求められる. ④では, 大量増殖後のシュート (茎, 葉, 茎頂分裂組織をもつもの) の伸長, 発根が図られる. システムによっては③から⑤のステップに直接入る場合もある. ⑤では, 培養苗に生産現場で利用できる機能を備えさせ, また弱毒ウイルスの接種など付加価値を高めることも行われる.

5.7.2 組織培養の基本的留意事項

a. 培養をスタートする植物 (母植物) の管理と前処理, 殺菌

一般に齢の若い組織の方が培養は容易で, 実験的には実生の子葉や胚軸などが利用される. しかし, クローン苗生産においては, 優良形質を確認後の成熟した個体を培養対象とすることが求められる. 成熟個体の組織をうまく培養するには, 微生物汚染回避のため母株を清浄に管理するのはもちろんであるが, ふせ込みや切り戻しの後に萌芽する若い枝を用いたり, 外植片採取部位への黄化処理を行うなど工夫を要することも多い.

殺菌にはエタノール, 次亜塩素酸塩水溶液, 過酸化水素水などが用いられ, 供

試材料に合わせて濃度と浸漬時間を調節する．特に微生物汚染が激しい場合は，硝酸銀水溶液への前浸漬が有効である[24]．

b. 培地の選択および培養環境条件

既に前例がある場合はそれに準じて培養すればよい．これまで発表されている植物組織培養用の培地組成は数千を数える[25]．個々の植物種の最適培地組成は本来その植物の無機イオン吸収量から決定されるべきであるが，多くの場合，前例の多い代表的な培地を数種適用し，良好な結果が得られた培地をさらに対象植物に合わせ一部修正して用いている．

培養環境条件は，通常の栽培条件に準じて決定する．例えば湧水地で栽培されるワサビは培養適温が15℃前後にあり，栽培適温が20℃前後のシクラメンではカルスからの不定芽形成は24℃では起こらず，20℃で誘導される．培養温度は一定に制御されるのが一般的である．数℃の差が培養結果に大きく影響することがあり，留意する必要がある．

また，成苗化段階の培養容器内環境は培養苗の苗質に大きく影響し，光合成能の高い葉，養水分吸収能の高い機能的な根系，徒長のないしまった草姿の苗とするには，光強度，培養容器の換気回数，容器内 CO_2 濃度などを適切に制御する必要がある[26]．

5.7.3 無病苗生産

現在，ウイルス病罹病株を完治する特効薬はない．最近，RNAi（RNA干渉）を利用したウイルス病治療法が提案され今後が期待されるものの，いまだ実用技術とはなっていない．現在は，ウイルスが組織内に存在しない茎頂頂端分裂組織を 0.2～0.3 mm のサイズで採取して培養（茎頂培養）することによりウイルス・フリー植物を得ている．除去率が低いときは，45℃前後の湯に数時間浸漬する温水処理や，38℃前後で数週間栽培する高温処理ののち茎頂培養を行うと除去率が高まる[27]．近年，キクではウイロイド（CSVd）が原因の矮化病が問題となっている．ウイロイドは茎頂を 0.2 mm で採芽するだけでは除去できず，葉原基を全く付けずにより小さく頂端分裂組織を採取し，キャベツ根に接ぐ手法が提案されている[28]．また，罹病株を4℃で6ヶ月間低温処理後，採芽する方法でもウイロイドが除去される[29]．

これは，低温下でのウイロイド増殖が不活発なことによるらしく，冬期に伸長する冬至芽茎頂のウイロイド存在密度が著しく低いことがそれを裏付けている．ウイルス，ウイロイド，その他の病原体も含め，それらの生態を把握したうえで，適切な手法を選択して病原体の除去を図ることが肝要である．

　ウイルス検定は，以前は指標植物に接種して特有の病徴から判定していたが，長時間を要するうえに結果が不安定なことから，ウイルスのモノクローナル抗体を作成し，抗原抗体反応を利用して検出する抗血清法（ELISA; enzyme-linked immunosolvent assay 法など）や，ウイルス DNA の特定領域を増幅することによりウイルス核酸を直接検出する遺伝子増幅法である PCR（polymelase chain reaction）法，LAMP（loop-mediated isothermal amplification）法などが用いられている．RNA ウイルスの場合は逆転写酵素で DNA にして増幅など，新手法の開発が進んでいる．

5.7.4　マイクロプロパゲーション（ミクロ繁殖）
a.　マイクロプロパゲーションの基本技術

　大澤[27]は営利的な培養増殖法として表 5.10 に示す 5 手法をあげている．培養増殖におけるポイントは変異発生率を抑えて増殖効率を高め，クローンを効率よく増殖することである．

　腋芽誘導法は増殖効率が低いにもかかわらず，営利生産でもっとも広く用いられているが，その最大の理由は変異発生が低いことによる．プロトコーム体誘導法，苗条原基法を加えた 3 手法は，いずれも茎頂または腋芽を外植片としており，本来の分裂組織を用いているので，変異発生が少ない．不定芽誘導法，不定胚誘導法の 2 手法は，増殖効率が高いが，組織の脱分化，再分化の過程で多発する変異が問題となる．この培養過程での変異多発の原因とその制御機構についてはいまだ明らかになっておらず，後者 2 つの方法を苗生産に用いるには変異発生の問題を克服する必要がある．

b.　中間増殖体の利用

　PLB，苗条原基，多芽体などが中間増殖体の代表的なもので，最終的な苗とは異なる形態を示す．例えば，PLB，苗条原基は球形で，ランダムに分割でき，継代時も植え付け方向を選ばないため，作業が非常に簡易化できる．安藤[31]は

表5.10 組織培養苗生産に利用される5つの増殖法の比較（大澤[27]より作成）

項目	腋芽誘導法 (axillary shoot)	プロトコーム体誘導法 (protocorm-like body)	苗条原基誘導法 (shoot primodium)	不定芽誘導法 (adventitious shoot)	不定胚誘導法 (adventive embryo)
培養部位	茎頂，腋芽を含む部位	茎頂 (0.2～0.5 mm)	茎頂 (0.2～0.5 mm)	外植片はどこでも可	外植片はどこでも可
外観と取り扱い方法	叢生タイプの多芽体．メスとピンセットで分割，切断して移植．最終的には個々のシュートにして発根を促す．	緑色球状の集塊．切片として液体回転培養すると多くの集塊に増殖．個体培地で静置培養すれば個体再生．	緑色，金平糖状の集塊．液体培地を用い，2 rpm で回転培養して増殖．一部を固体培地へ静置培養すれば個体再生．	組織中に直接または力ルスを経由して茎頂が不定的に形成．シュートと根は別個に形成．	組織または細胞（塊）から不定的に胚が形成．2極性でシュートと根が同時に形成．不定胚表面にさらに二次胚（accessory embryo）を形成．
主な培養法	寒天静置培養	液体振盪培養	液体回転培養	寒天静置培養	液体振盪培養
増殖効率	低	高	高	極めて高	極めて高
変異発生率	0.03～0.003 %	0.3～0.03 %	0.3～0.03 %	3～30 %	3～30 %
備考	カーネーション，サトイモ，フィカス類，サトイモ科観葉植物など植物一般に利用可能．	着生ラン（シンビジウム，カトレア等）の茎頂培養由来メリクロン苗の生産に利用．	ハプロパップス，メロンなどで確立．多くの草本植物で可能だが，研究段階のものも多い．	アンスリウム，フキなどでは低変異発生で手法確立．その他は変異多発が問題．	セロリー，シクラメンでは手法はほぼ確立．その他は研究段階で，変異回避の問題が未解決．

"みじん切り可能な「不定形苗」（PLB，菜条原基など），暗黒で葉身展開を抑えて節間を極端に伸ばした「ひも苗」（カーネーション，ジャガイモなど），ロゼット植物の節間を伸長させた「もやし苗」（アンスリウムなど）"をあげ，積極的な形態形成の制御が自動化を視野にいれた工業的苗生産システム構築のポイントになると指摘している．

c. 変異体の識別

腋芽誘導法であっても変異の発生は皆無ではないため，早期に変異体を識別し，増殖系から除外する必要がある．培養中の形態変化や再生植物体の外観的形質の差違から識別しているが，さらに早期に，短時間で識別する手法が求められる．変異をタンパク質レベルで検出するアイソザイム分析法，遺伝子レベルで検

出する RAPD (random amplified polymorphic DNA) 法などが提案され，技術的には確立しているが，検査コストが高いため一般化していない．

5.7.5 高付加価値化のための有用微生物の利用

前述の方法でウイルス・フリー化しても，その植物がウイルス抵抗性となったわけではなく，再感染は避けられない．病原性の著しく低下した弱毒ウイルス（自然界より選抜または変異誘発・核酸導入により作出）をあらかじめ感染させておくと干渉作用によって強毒ウイルスに感染しにくくなることが知られ，リンドウ（岩手県安代町）などで利用されている．同様に非病原性菌（病原性を失った同種菌による拮抗作用），病原菌拮抗微生物（抗菌物質産生，捕食などにより病原菌の密度低下）を接種して耐病性を高めたり，VA菌根菌（植物根圏で機能する共生菌）を接種して苗の初期成育の増進を図ることなどが試みられている．これら有用微生物の利用に関する研究は遅れており，今後の発展が待たれる分野である．

5.7.6 今後の課題

園芸作物の苗需要量は品目によって大きく異なり，クローン苗生産の場合はその品目の需要規模にかなったスケールのシステム開発が必要である．現在の培養苗生産体系では生産コストの低減には限界があり，低コスト化のための長期的課題として，①培養変異発生の機構解明とその制御，②低発熱，高発光効率の光源開発，③移植作業などの自動化に向けた植物形態制御法の開発，などがあげられる．

5.8 都市環境健康園芸学とその展開方向

5.8.1 都市環境健康園芸学とは

「都市」とは政治・経済・文化の中核をなす人口の集中地域を意味し，「環境」とは問題としている対象を取りまく外界のうち，対象に影響を与え，または与えられる外界部分を意味し，「園芸」とは囲われた比較的狭い空間における，果樹，花卉，野菜，景観樹などの栽培またはその技術を意味し，「健康」とは，健やか

な心身の状態を意味する用語である．

「園芸学」では従来，垣根，柵，施設などで囲われた，限定空間内における園芸植物の生産にかかわる諸事象をおもに取り扱ってきたが，近年では，園芸空間とその外界（環境）との相互作用の重要性が注目され，「園芸空間がその環境に及ぼす諸影響」をより意識した，「環境園芸（environmental horticulture）」なる分野が創出され，いくつかの大学の学科名などにも使用されている．さらに，最近では，農園芸作業そのものが，人間の心身の健康推進あるいは社会環境の安定性増大に及ぼす間接的効果が注目されている．

以上から，「都市環境園芸」とは，「都市における環境園芸」あるいは「都市環境における園芸」を意味することになり，さらに，「都市環境健康園芸学」は，「都市における環境と健康に関わる園芸学」ということになろう．本節では，現代の都市における環境健康園芸の意義とその展開方向について述べる．

5.8.2 現代都市におけるストレスの諸側面と人生における価値観

現代の都市は，世界的に，その住民と環境に種々のストレスを発生させ，その結果，多くの社会的問題を抱えている．例えば，ふれあい喪失，食の不安，生きがい喪失，犯罪増加，社会規範崩壊，自然喪失，廃棄物の増大，環境汚染，資源枯渇，少子高齢化，競争原理強化，医療費上昇などである．これらの社会的問題は複雑に絡まりあい，その解決にどこからどのように手をつけてよいのかがわかりにくくなっている．

このような社会的状況にあっては，問題の1つ1つに注意深く目を向けて観察すると同時に，それらの問題を発生させる共通的な社会現象を見いだして，その根本的原因をつきとめたうえで，その根本的原因を解決する社会的仕組みと科学的枠組みを構築することが大事である．ここでは，上述の問題を，人生における価値観という点から考えてみよう．

人間は，人生における2種類の価値を探しつつ，それらの価値観を指針として生活し，また進路を選択している．人間は，一方では，心の豊かさを指針に生活し，万物に生かされている，育んでいる，必要とされている，助け合っている，理解しあっている，いたわり合っている，いやされている，人間は自然の一部である，健康である，安らぐ，などと感じられる事象や行為に高い価値を与えてい

る．これらの，いわば，絶対的尺度にもとづく価値観は，「東洋思想とその文化あるいは東洋医学」と共通点が多く，共生思想，生きがい創出などと深く関連している．

他方では，人間は，金銭，宝物，土地，先端的技術・商品などに対する上昇的物欲，あるいは地位，名誉，権力などの社会的評価に対する競争的所有欲と自己保存願望にもとづいた，他人との相対的な位置付けにもとづく，数値化あるいは指標化しやすい価値観を指針に生活している．

現代社会のストレスは，前者の絶対的価値観より後者の相対的価値を重視したことの副産物であることが多いようである．そこで，最近では，後者より前者の価値観を重視した生活スタイルである LOHAS (lifestyles of health and sustainability)，すなわち健康と環境持続性を生活指針のモットーとする生き方が注目され，米国，欧州，日本などでは国民の 30 ～ 40% が LOHAS を重視した生活を送っているといわれている．以下では，都市における LOHAS に，環境健康園芸がどのような役割を演じられるのかについて述べる．

5.8.3 問題解決のキーワード

都市における上述のストレスを緩和し，LOHAS を進めるためのキーワードとして，まず「環境」と「健康」を選択する．さらに東洋思想・東洋医学に関連するキーワードとして，「共生」，「(絶対的な価値観にもとづく) 生きがい」，「心身一如 (心と体は一体である)」を選択する．また，環境健康園芸に関するキーワードして，「機能性植物」を選択する．

機能性植物は，「健康機能植物」と「環境機能植物」に大別される．健康機能植物には，薬用植物，野菜，果物，香草 (ハーブ)，香料植物 (キンモクセイなど) が含まれる．環境機能植物には景観植物，花卉，環境浄化植物などが含まれる (図 5.30)．

機能性植物は，健康機能を人間に提供し環境を改善する植物であり，デンプン・タンパク質源の供給を主とするコメ，ムギ，トウモロコシなどのように，人間の生存に必要な熱エネルギーを主に供給するエネルギー植物とは異なる．

図 5.30

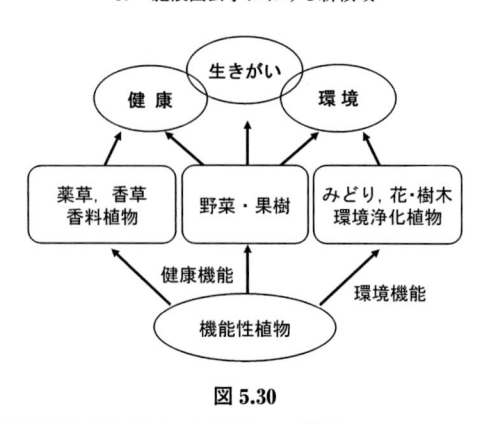

5.8.4 都市環境健康園芸の注目すべき新しい側面

　従来から，園芸産業は，物質的な園芸生産物を得ることだけでなく，安らぎ，健康，環境，生きがいなどのサービスを提供するための産業としての側面があったが，重要視はされてこなかった．しかし，今後の環境健康園芸では，上述の側面が，特に都市ではより強くなるであろう．言い換えれば，今後は，都市に田舎・地方ならびに東洋古来の文化・伝統の良い面をもっと取り入れて，園芸の上述の側面を取り入れた，新しいタイプの都市を築いていく方向に進むであろう（図 5.31）．

　上述のサービスは，園芸作業，緑空間，機能性植物およびその加工品（機能性食品，漢方薬など）を介して提供される．そして，これらのサービスを提供することを主目的とした園芸を「環境健康園芸」と呼ぶことができる．これらのサービスは，家庭園芸，市民農園，園芸療法，芳香療法（アロマセラピー），食農教育，環境教育，各種環境園芸ボランティア活動などとして個別的に発展していくと同時に，それらが統合されて，環境健康学，統合予防健康医学などとして発展的に成長していくであろう．

　農園芸作業などを通じて得られる上述のサービス機能は，ともすると忘れられがちであった．ところが，最近，都市におけるさまざまのストレス問題を解決しようとする試みの中で，農園芸作業ならびに身近な自然との交流が有するこれらの側面の重要性が，特に都市において，改めて注目され始めた．このように考えると，「都市環境健康園芸学」は「都市環境健康学」の一部門であり，「都市環境健康学」は「環境健康科学」の一分野として位置付けられる．そして，都市環境健

5.8 都市環境健康園芸学とその展開方向

☆ 現代都市に地方・田舎の良さと東洋の伝統文化技術を取り入れて，新しいタイプの環境健康都市に変えよう！

地方・田舎
里山・自然・みどり
ゆとり・園芸生産
農業・祭り・伝統
共同体・共生
食料生産

環境健康都市

東洋の思想と知恵

人間は自然の一部

図 5.31

健康　生きがい　環境

機能性植物
機能性食品
漢方薬，薬膳

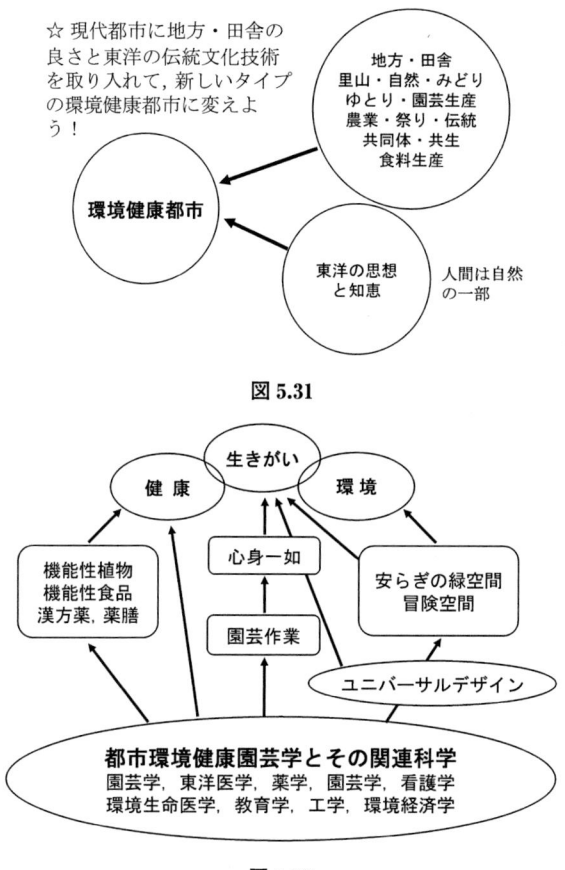

心身一如

園芸作業

安らぎの緑空間
冒険空間

ユニバーサルデザイン

都市環境健康園芸学とその関連科学
園芸学，東洋医学，薬学，園芸学，看護学
環境生命医学，教育学，工学，環境経済学

図 5.32

康園芸学は，図 5.32 に示した関連学問分野と融合しつつ，都市における健康，生きがい創出，環境改善の環境健康科学の一分野として発展していくこととなる．

　園芸作業などにおいては，従来，社会的弱者と見なされがちであった高齢者，知的あるいは身体的障害者，ストレス障害者が，高い感性と作業能力を発揮し，心身の健康を取り戻していくことは，園芸療法，園芸福祉にかかわる者が日常的に体験しているところである．他方，健常者は，園芸作業にたずさわることによって，前述の相対的価値観にとらわれすぎている自分に気付かされ，人生の価値観を考える機会を与えられることになろう．

園芸作業の効用は，最近，福祉行政や介護行政の中でも見直されつつある．従来，福祉や介護では，その対象者を「助ける」，「大事にする」，「楽にさせる」ことなどに重点がおかれてきた．その反面，彼らが「助け合う」，「社会に参加する」，「生産する」などに関する実感を得る配慮がおろそかになっていたともいえる．人間は，助けられているだけの生活は案外とつらい面があることを忘れがちであった，ともいえる．「生きがいをもつ」，「環境と健康の維持に努力する」，「自然の治癒力と物質循環を信じる」などの気持ちの一定部分は，「助け合う」，「社会に参加する」，「生産する」などの行動を通じて得られるものだからである．

園芸作業は，直接の対象は植物ではあるが，その作業は「育む」，「助ける」，「大事にする」などを実感させるものである．そして，その園芸作業が順調に進むにつれて，植物の環境にも配慮が必要なことを実感し，工夫し，さらには園芸生産の喜びを感じられるようになる．この過程がさらに進めば，園芸生産物を自身で食料や観賞用に利用し，それを隣人に分け与え，ついには経済的対価を得て，自身の経済的自律性を増すまでになることさえある．上述の考えにもとづき，従来の福祉や介護の行政やボランティア活動を見直すことは，今後の環境健康園芸学，環境健康学における重要な課題となるであろう．

上述の変化が生じれば，福祉や介護の従来の対象者は，その役割を半ば逆転して，より健康に，生きがいをもって，より自律的に社会に参加するようになるであろう．また，昨今の社会で大きな社会的問題となっている，前述した社会的ストレスを軽減する役割を演じるであろう．

5.8.5　植物資源の循環利用と石油資源節減

緑色植物は生きている限り光合成をし続ける一方で，植物残渣を生じる．街路樹，公園樹，庭樹からの剪定枝，落ち葉，枯れ枝など，また園芸生産物を収穫した後あるいは製材の後の植物残渣などである（図 5.33）．都市では，これらに加えて，大量の食品残渣（生ゴミ）などがある．

環境健康都市においては，これら残渣の排出をできる限り少なくし，かつ資源循環の考えにもとづいて，これら残渣を有効に循環利用する方法を確立するとことが重要である．この循環過程では，微生物による分解および有用代謝物生産が大きな役割を演ずる．さらには，5.2 節で述べられている「閉鎖型植物生産シス

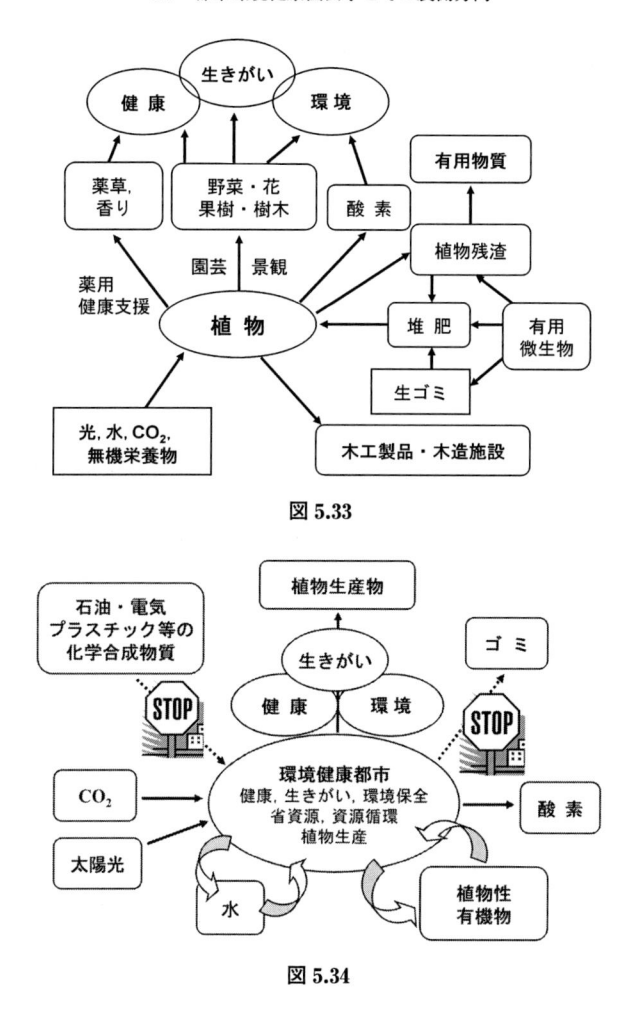

5.8 都市環境健康園芸学とその展開方向

図 5.33

図 5.34

テム」の概念と技術が大きな役割を演ずる．

環境健康都市においては，上記の植物資源循環利用そのものが，そのための作業を含めて，健康増進，環境改善，生きがい創出の実現と強く結びついていることが望ましく，両者の同時実現が都市環境健康園芸学の重要課題の1つとなる（図5.34）．この重要課題が達成されるにつれて，環境健康都市における石油資源の消費量が少なくなり，ゴミ・廃棄物の排出が少なくなり，同時に，それらにかかわる市民の生活意識がLOHAS的に変化し，前述の社会的な諸ストレスが徐々

に緩和されていくことになろう．

　近代の都市は，ほとんど例外なく，多量の石油資源を消費し，同時に多量のゴミを排出してきた．このことが，資源の枯渇，環境汚染・悪化を招いたばかりでなく，人間の心身の健康までも蝕んできたとの反省が，都市環境健康園芸学の原点となっている．

5.8.6　環境健康都市における植物生産の総合的役割

　環境健康都市において緑の総量（植物バイオマス）が増えることは，それ自体で，景観が改善され，都市内微気象が緩和され，都市防災上の効果がある．また，都市内で植物から食料が生産されれば，それだけ都市の食料自律性が増すことになる．さらに，植物資源の都市内循環利用が盛んになれば，都市における資源自律性も増すことになる．

　同時に，都市民の健康と環境にとって重要なのは，都市民自体が緑の総量を増やし，食料を部分的に生産し，環境・景観を改善する作業を通じて，自然循環，農園芸生産，環境保全などの全体像をより深く，体験的に理解することである．

　すべての動物（人間を含めて）と微生物の生存のための活動エネルギーは，植物の生産物に直接的あるいは間接的に依存している．さらに，植物の成長は，太陽光，水，空気中のCO_2および無機栄養物の，環境から植物への流れに依存している．これら物質の流れの全体像を理解することは，前述の絶対的価値を重視する人生観に結びついていく．実際に，これらの全体像は，植物を育てる，植物から食料，薬品，その他の生産物を得る，植物をエサとする動物，微生物を育てるなどの体験的作業によって総合的に理解される．そしてその体験と理解が，生命を実感し，その意味を理解することになり，生きがいを創出し，心身の健康を維持する基盤となる．

　植物が成長することに興味をもてば，植物とその環境に親しみを感じ，環境への理解が深まる．そして，植物環境に存在する昆虫，動物との関係に視野が広がり，それらに親しみと興味をもち，理解が深まることになる．さらには，それらの作業を共同で行うことによって，共生，生きがいなどをより深く実感することになる．これらの農園芸作業には，自然観察，自然理解が不可欠であり，作業そのものが総合的な問題発見能力および問題解決能力を高めていく．これらの全体

像は，近代の分析的研究方法論では理解できないので，総合的理解が得られるような，新たな研究方法論の開発をしていくことが必要になる．

従来，上述のような農園芸作業を通しての絶対的価値にもとづく人生の楽しさの実感，総合的理解，総合的問題解決能力などの向上は，都市民には体験しにくいものであった．また，それらの体験を希望すると市民は，週末や休暇を利用して，農村や自然を訪ねて，その疑似体験を楽しんでいた．しかし，そのような週末や休暇を楽しめる都市民は限られている．また，多人数による長距離の頻繁な往復移動は，社会的にも個人的にも，物質資源とエネルギー資源を消費することになる．

都市環境園芸学は，上記の楽しさを，都市内の居住地の直近で実現する方策を提供するための学問である．上述のような都市環境園芸学の発展と実践は，図5.33に示した，都市民の社会的ストレスを緩和することに貢献することは明らかなようにも思えるが，学問的にはまだ未解明，未証明であり，研究蓄積はきわめて少ないといわざるをえない．今後の都市環境園芸学の発展が望まれる．

都市民が「環境」と「健康」を重視する人生を送るようになれば，当然，都市環境園芸学と医学，特に予防医学，環境健康医学との関係が強まることになる．そこでは，東洋医学の「未病（病気ではないがその前段階の心身状態）」，「心身一如」，「医食同源」などの概念が重要になる．

5.8.7　都市環境健康学ならびに都市環境健康園芸学の研究課題例

上述の議論から，都市環境健康学は，人間を含む自然の治癒力・生命力を活かした健康，物質循環・省資源，環境保全，文化創造，生物生産ならびにそれらを体験する喜びを実現するための方法の研究，また高齢者・子供・弱者・次世代が健康になる環境の創造する方法の研究，心身一如の健康，福祉，介護，教育，生産を実現する共生社会の創造する方法の研究，さらには，それらを地域・産業との交流にもとづいて実現する，実践的方法の研究をする学問分野である．そして，都市環境健康園芸学は，環境健康学を園芸学の側面から研究する分野である．

上述のように考えると，都市環境健康学では，例えば以下に示すような研究課題例が考えられる（後記参考資料）．

① 東洋医学的治療・介護への植物・自然とのふれあい効果の導入ならびに健康

予防医学,環境教育,園芸療法の実践.
② 健康機能植物の増殖・生産・育成・活用.
③ 介護・リハビリ,植物生産などの施設・設備のユニバーサルデザインとその利用.
④ 作業者の生きがい創出と健康増進を重視した植物生産システムの開発.
⑤ 植物生産・資源循環を取り入れた環境園芸都市における省資源と環境保全.
⑥ 先端的技術も取り入れた省資源・環境保全的都市型環境園芸システムと植物品種の開発.
⑦ 環境政策,福祉・介護政策,環境会計.

また,都市環境健康園芸学では,以下に示すような研究課題例が考えられる(後記参考資料).

① 園芸療法,芳香療法の人体への作用機構の解明と利用に関する園芸学的研究.
② 東洋医学的治療・介護への植物・自然とのふれあい効果の導入ならびに予防介護.
③ 環境・園芸・自然教育,園芸療法の実践的プログラムの開発.
④ 薬用植物,香料植物,香草の増殖・生産・育成技術の開発と利用.
⑤ 園芸生産システムのユニバーサルデザイン.
⑥ 園芸作業者の生きがい創出と健康増進を重視した植物生産システムの開発.
⑦ 花き植物などを用いた,利用者参加型屋上緑化・建物緑化システムの開発.
⑧ 省資源・環境保全のための閉鎖型植物生産システムの開発と利用.
⑨ 都市における植物残渣および生ゴミの循環利用とゴミゼロエミッション.
⑩ 植物生産・資源循環を取り入れた環境園芸都市における省資源と環境保全.
⑪ 省資源・環境保全的都市型環境園芸システムと植物品種の開発.

なお,ユニバーサルデザインとは,能力,年齢あるいは身体的・精神的障害のレベルにかかわらず,最大限可能な限り,すべての人々に利用しやすいシステム,環境,空間,道具,装置,製品などのデザインを意味する.

今後,例えば東洋医学の中心的方法のひとつである漢方薬処方は,園芸療法などと結び付けられて,さらには介護・看護・予防医学などと連動し,都市環境健康学が展開することが期待される.また,薬用植物栽培における生産と作業は,

「薬膳（病気の予防と治療を目的とした漢方薬と食材を組合わせた料理）」と作業療法を含むに新たな展開を見せると考えられる．

5.8.8 都市環境園芸学と複雑系理論

以上に述べたように，都市環境健康園芸学の問題は，変数間の相互作用および因果関係が複雑である．したがって，仮説を立てて，その仮説を実験的に検証するための計画を立て，その計画を実行するという，近代科学的研究方法論を厳密には採用しにくい点がある．

実験による科学的検証のためには，各変数値が微小である多変数の入力が，人間の心と身体あるいは特定の社会に及ぼす多面的影響を検証するためのシステム論的なモデルが必要である．しかし，そのシステム内の変数間の関係は非線形で時間遅れがあり，かつそのシステム構造と内部変数値が時間的に変化するなどの特性があることが多い．このような特性をもつ複雑系は，近代科学の対象になりにくかったのである．その結果，この種の分野では，単なる事例集のような調査研究が多かったので，科学の分野では正当には受け入れられにくかった．

他方，このような複雑系を対象とする研究方法論こそが，21世紀における社会的問題を解析また解決するための重要な道具となることが最近知られてきた．ひるがえってみると，東洋医学における漢方薬の処方とその結果，さらには園芸療法，芳香療法（アロマセラピー），環境ホルモン（内分泌攪乱物質）アレルギー，機能性野菜・食品の効果，植物資源循環が人間の心身に及ぼす影響などの問題は，上述の意味で共通した複雑なシステム特性を有する（図5.35）．

これらのシステムを観察し，解析し，因果関係のおよそをつきとめ，さらには

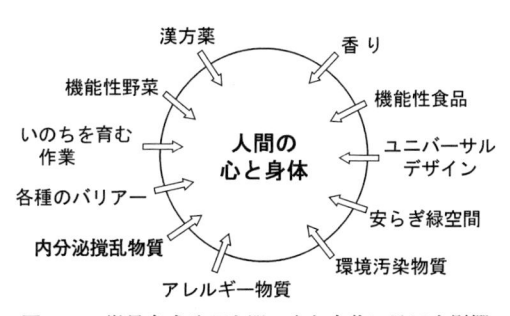

図 5.35 微量多成分が人間の心と身体に及ぼす影響

結果を推定または予測するには，今後，新しい研究方法論を構築していくことが必要であろう．

最近研究され，その応用が始まっている，あいまい理論（fuzzy theory），ニューラルネットワーク理論（neural network theory），カオス理論（khaos theory），非線形システム理論（non-linear system theory）などと上述の研究方法論との関係についても明らかにする必要がある．すなわち，都市環境健康園芸学の理論的発展には，各種複雑系理論の発展が必要であり，また複雑系理論の発展をうながすことになると思われる．すでに，本節に述べたような観点に立った先駆的な研究センターも設立されている．

千葉大学環境健康都市園芸フィールド科学教育研究センター・ウェッブサイト
http://www.h.chiba-u.jp/center/

文　献

1) 古在豊樹（1998）：植物組織培養の新段階—培養器環境から地球環境へ，p.172，農文協．
2) 古在豊樹編著（1999）：閉鎖型苗生産システムの開発と利用—食料・環境・エネルギ問題の解決を目指して，p.191，養賢堂．
3) 古在豊樹ほか（2000）：新たな苗生産システムの構築を目指して〔1〕，〔2〕—閉鎖型苗生産システムの提案．農業および園芸，75：371–377，75：453–458．
4) 古在豊樹（2002）：グリーンバイオ社会を実現する大規模植物生産技術．バイオサイエンスとインダストリー，60：758–761．
5) 古在豊樹，板木利隆，岡部勝美，大山克己（2005）：閉鎖型苗生産システムの実用化がはじまった，農業電化協会．
6) 星　岳彦（2002）自律分散制御に基づく環境制御システム．植物工場学会誌，14：157–164．
7) 星　岳彦（2005）トレーサビリティシステム．SHITA Report, No. 22, pp. 14–23.
8) 狩野　敦（1992）コンピュータ利用．新施設園芸学（古在豊樹他著），pp.205–206，朝倉書店．
9) 杉山純一（2003）トレーサビリティと青果ネットカタログ「SEICA」．農業および園芸，78：153–159．
10) 松尾英輔（1991a）：園芸治療—ホルトセラピーその1；2．グリーン情報，12：42–43；50–51．
11) 松尾英輔（1991b）：社会園芸学．グリーン情報，12：52–53．
12) 松尾英輔（1998）：園芸療法を探る—癒しと人間らしさを求めて（グリーン情報，名古屋），p.257, p.305.

13) 松尾英輔（2002a）：日本にも園芸療法の専門家養成教育と資格認定制度が発足—それらの認定規準．農業および園芸，**77**：1049-1053．
14) 松尾英輔（2002b）：日本における園芸療法—その発展と課題．日本における園芸療法の実際—30の事例を中心に（グリーン情報，名古屋），p.230．
15) 松尾英輔 2004：園芸福祉士と園芸療法士はどう違うか．農業および園芸，**79**：641-646．
16) 松尾英輔・林　良博・森　裕司・局　博一・宮田勝重・東　保之・深澤真悟・豊田正博・池田三佳・高砂裕子（2004）：生物活性（文部科学省検定済教科書，高等学校農業科用），pp.167-168，農文協．
17) 澤田みどり（1992）：園芸療法—ホーティセラピーその1，2．園芸新知識，**47**：9-14，**47**：25-29．
18) 塚本洋太郎（1978）：園芸の時代，p.264，日本放送出版協会．
19) 日本緑化センター（1992）：ホーティカルチュラル・セラピー〔園芸療法〕現状調査報告書，日本緑化センター．
20) Lee, D, L, & Zeevart, J. A. D.（2002）：*Plant Phsical.*, **130**：2085-2094
21) Garcia-Martinez, J. L. & Gil, J.（2002）：*J. Plant. growth Regul.*, **20**：354-368
22) 農林水産先端技術産業振興センター（1998）：ウイルス・フリー等のクローン苗の普及に関する実態調査報告書，pp.1-45．
23) 西村繁夫（1992）：SHITA Report, No.4, pp.1-6．
24) 森　源次郎ほか（1999）：生物環境調節，**37**：225-228．
25) Geroge, E.F. *et al.*(1987)：*Plant Culture Media*, Vol.1, pp.1-567, Exegetics.
26) 古在豊樹（1998）：植物組織培養の新段階，pp.55-102，農文協．
27) 大澤勝次（1988）：フーズバイオテクノロジー事典，pp.521-528，産業調査会．
28) 細川宗孝ほか（2004）：園芸学会雑誌，**73**（別2）：457．
29) 平田行正（2000）：農業技術大系花卉編第6巻追録，p.206の2-6，農文協．
30) 大澤勝次（1988）：農業および園芸，**63**：92-96．
31) 安藤敏夫（1992）：'92施設園芸新技術シンポジウム講演要旨集，S1-2-1～S1-2-9．
32) Kitaya, Y., *et al.*（1992）：*Acta Hort.*, **303**：79-84．
33) Kitaya, Y., *et al.*（2003）：*Plant, Cell and Environment*, **26**：497-503．
34) Goto, E., *et al.*（1995）：*J. Agric. Meteorol.*, **51**（2）：139-143．
35) Allen, J.（1991）：Biosphere 2, The human experiment, pp.156 ,Penguin Books Ltd.
36) 新田慶治・大桃洋一郎（1992）：CELSS研究会平成4年度年次学術講演会講演集：1-24．

巻末付録：湿り空気線図
（本文 3.2 節参照；3 章文献[3] より転載）

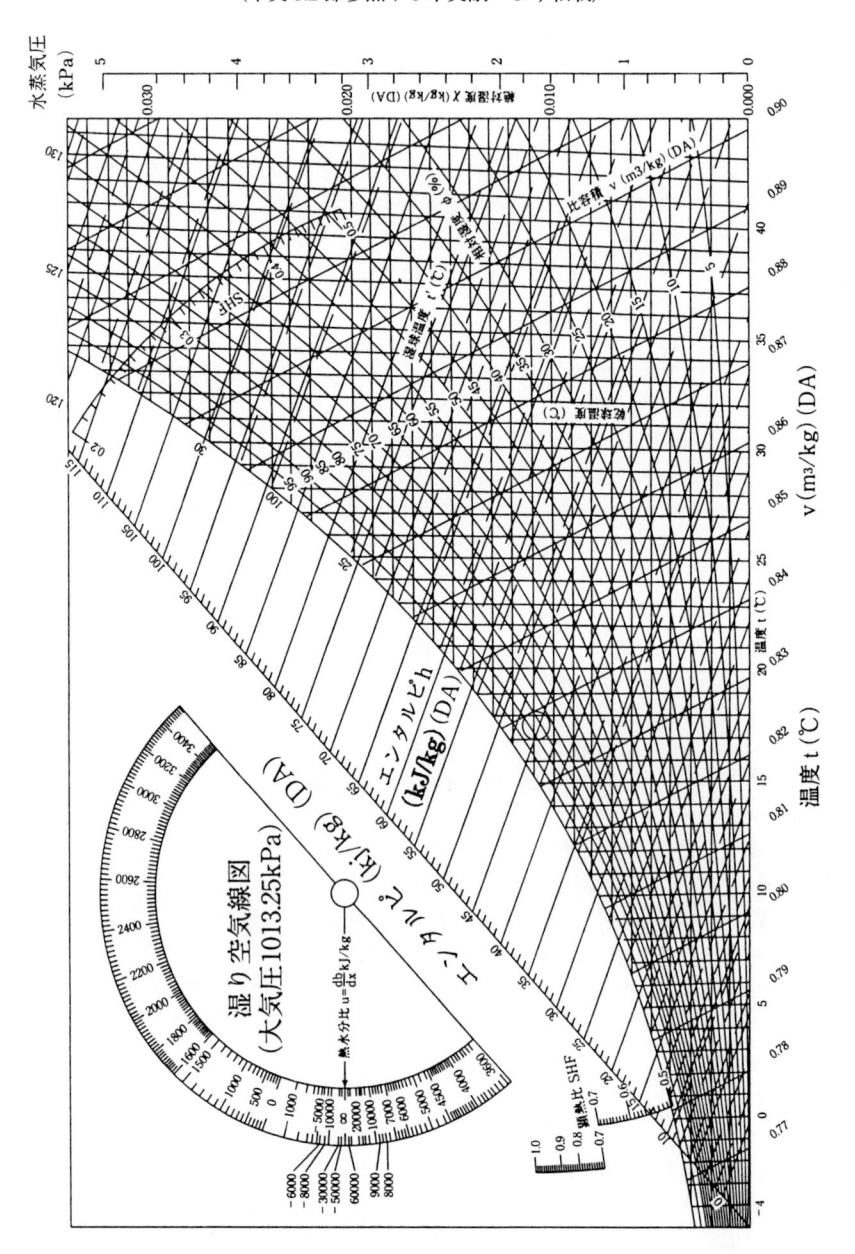

索　引

ア　行

アーチング栽培法　170
青色光受容体　42
圧力型換気扇　88
雨よけ　152
雨よけ施設　3
アロマセラピー　222
暗期中断　49
暗発芽種子　45

EC　37
育苗　127
維持呼吸　17
移植機　134
イチゴ　160
一季成性品種　161
遺伝子発現　211

ウイルス検定　217
ウォーターカーテン　77
浮きがけ　3
宇宙農場　205

栄養成長　32
栄養繁殖　52
NFT　139
MA貯蔵　122
園芸福祉　198
園芸療法　198, 201
遠赤放射　12
エンタルピー　61
塩類濃度障害　37

温室　3
温室メロン　159
温室面積　6
温周性　51
温水暖房（温湯暖房）　75, 76
温度　20
温度係数 Q_{10}　17

温度差換気（重力換気）　85
温風暖房　76

カ　行

開花　48
外面被覆　80
化学ポテンシャル　26
花芽形成　213
拡散性被覆材　98, 106
ガス拡散　23
ガス拡散係数　116
花成　46
花成誘導　48
活性酸素　214
株分け　52
ガラス室　3
乾き空気　59
換気　83, 110
換気回数　83, 88, 110
換気扇　87, 88
換気速度　83
換気窓　84
乾球温度　61
環境調節　8
環境保全型農業　143
換気率　83
換気量　83
乾湿球　64
灌水　169, 175
貫流伝熱量　71

気化冷却（蒸発冷却）　62, 89, 90
期間暖房負荷　73
気孔　27, 28
気孔開度　28
気孔蒸散　27, 28
気孔抵抗　23, 28, 29
機能性植物　221
休眠　46
強制換気　68, 84, 87

切花　168
気流速度　67

空気流動　65
クチクラ蒸散　27, 28, 29
クチクラ抵抗　29
クローン苗　215
クロロフィル　18

形状選別　142
形態形成　4
茎頂培養　216
ゲノム　211
減圧貯蔵　120, 123
限界日長　48, 49
顕熱　61

光化学系　18
光合成　18
光合成速度　19
光合成有効光量子束　12, 21
光合成有効放射　12
光周性　48
高糖度トマト　156
光量子　12
光量子束　12
コージェネレーションシステム　114
呼吸　16
呼吸基質　17
呼吸商　17
国際単位　9
固定多重被覆　79
コンテナ栽培　141

サ　行

最大暖房負荷　71
栽培施設　3
細胞間隙　27
細胞間隙抵抗　24
細霧冷房　91, 93, 171

作型　126, 151, 159, 161
作付面積　5
挿し木　52
挿し穂　53
サブストレート苗　130
山菜　166
散乱光透過率　105
散乱日射　96

CEC　36
CA貯蔵　121
CO_2交換速度　19, 21, 22
CO_2収支　109
CO_2施用　110, 112
CO_2濃度　22, 108, 110
紫外放射　12
じかがけ　4
四季成性品種　161
施設園芸　3
自然換気　68, 84
湿球　64
湿球温度　61
湿り空気　59
湿り空気線図　61
社会園芸学　198
弱光照射貯蔵　123
弱毒ウイルス　219
遮光　88
遮光材　98
重量選別　142
重力換気（温度差換気）　85
種子加工　134
種子精選　134
種子プライミング　134
出芽　45
春化　51
純光合成速度　15, 19, 67
蒸散　25, 30
蒸散速度　29, 30
蒸散流　34
照度　13
蒸発散速度　67
蒸発冷却（気化冷却）　62, 89, 90
正味光合成速度　14, 19
植物工場　165
植物ホルモン　214
尻腐れ果　155

シンク　33
人工光　185
浸透ポテンシャル　114
真の光合成速度　19

水蒸気　58
水蒸気圧　27
水蒸気濃度　26, 27
隙間換気伝熱係数　72, 73
隙間換気伝熱量　71
ステファンボルツマン定数　10
SPAC　25
スプラウト　164
スリークォーター温室　157

生育　4
整枝　170
生殖成長　32
生体情報　196
成長　4
成長呼吸　17
成長速度　15
生物的防除　143
生物農薬　144
セイヨウマルハナバチ　154
生理障害　41, 42, 155
生理的有効放射　12
赤外放射　12
絶対湿度　61
CELSS　205
セル成型苗　130, 132, 189
選別　141
選択性光透過資材　99
全天日射　96
潜熱　61

総光合成速度　19
相対湿度　26, 27, 60
相対成長速度　33
ソース　32
促成栽培　152
促成長期栽培　153
組織培養苗　214, 218

タ　行

台木　55
対抗植物　143

太陽放射　11
脱春化　51
ダッチライト型温室（フェンロー型温室）　76
タバコモザイクウイルス　155
多量要素　36
単位　9
短日植物　48
炭素同化系　18
短波放射　11
暖房　71
暖房負荷　71
暖房方式　75

地中冷却　94
チップバーン　66
着果促進　154
中性植物　49
抽だい　190
長日植物　49
長波放射　12, 82
直達日射　96
貯蔵　119

接ぎ木　52, 53, 54, 131, 154
接ぎ木苗　188

DIF　52, 171
DFT　140
低温障害　119
低温貯蔵　120
低段密植栽培　136, 157
電解オゾン水　147, 149
電解強アルカリ性水　148
電解強酸性水　147
電解水　147
電気伝導度　37
転写　211
天敵昆虫　143, 155
電熱温床　131
電熱暖房　77
転流　34

同化箱法　19, 21
透明被覆材　98
透明被覆材温室　106
登録農薬　144
特別栽培農産物　143

索　引

土壌呼吸　110, 116
トマト　150
トレーサーガス法　88
トレーサビリティ　197
トンネル　3

ナ　行

内部寄生菌　143
苗　119, 185

二次代謝　214
日暖房デグリアワー　73
日射　11, 12, 96
日量透過率　99
日長　48

熱貫流率　72, 73

ハ　行

ハーブ　166
バイオスフェア　209
ハイワイヤー栽培　156
ハウス　3
ハウスメロン　159
鉢物　169
波長　12
発育　4
発芽　43, 47
バッグカルチャー　141
発根　53
パッドアンドファン　93
バラ　170
半促成栽培　152

PAR　12
PLB　214, 217
ヒートポンプ　77, 94
PPF　13, 21
PPF計　13
光　12
光強度　21
光形態形成　42, 212
光受容体　42, 212
光中断　49
光発芽種子　212
光飽和点　21

光補償点　21
必須元素　36
必要換気率　83
病害防除　147
標準比視感度曲線　13
病虫害防除　156
微量要素　36

ファン　70
フィトクロム　42, 212
風量型換気扇　88
風力換気　85
フェンロー型温室（ダッチライト型温室）　76
複合環境制御　194
物理的防除　145
不定根　53
ブドウ　172
プラスチカルチャ　4
プラスチックハウス　3
分化　4
分球　55
分配　34

閉鎖型植物生産システム　181
閉鎖生態系　205
pH　148
ペーパーポット苗　130
VETH線図　91
べたがけ　3
ベビーリーフ　164
変温管理　74

飽差　61
放射　10
放射照度　12
放射束　10, 12
放射フラックス　12
飽和水蒸気圧　27, 59
飽和水蒸気濃度　26, 27
保温　78
保温カーテン　78, 80
保温被覆　79
穂木　55
ポット苗　130
翻訳　211

マ　行

マイクロプロパゲーション　217
マトリックポテンシャル　114
マルチング（マルチ）　4

見かけの光合成速度　19
実生苗　129
水ポテンシャル　25, 26, 114

無病苗　216

明発芽種子　45
メロン　157

ヤ　行

薬用作物　167
誘引　156
有性繁殖　52
遊離型有効塩素　148

陽イオン交換容量　36
養液栽培　114, 138
養液土耕　138, 140
葉温　20
葉肉細胞　27
葉肉抵抗　24
幼苗接ぎ木　154
養分欠乏症　40
葉面境界層　23, 29, 65
葉面境界層抵抗　23, 29
抑制栽培　153

ラ　行

Rubisco　18

冷房　89

LOHAS　221
ロックウール　138
露点温度　59

編著者略歴

古在豊樹
1943年 東京都に生まれる
1967年 千葉大学園芸学部卒業
現 在 千葉大学 学長
　　　　農学博士

後藤英司
1960年 福岡県に生まれる
1983年 東京大学農学部卒業
現 在 千葉大学園芸学部生物生産
　　　　科学科 教授
　　　　農学博士

富士原和宏
1961年 宮城県に生まれる
1984年 千葉大学園芸学部卒業
現 在 東京大学大学院農学生命科
　　　　学研究科 准教授
　　　　学術博士

最新施設園芸学　　　　　　定価はカバーに表示

2006年1月30日　初版第1刷
2020年3月25日　　　第10刷

編著者　古　在　豊　樹
　　　　後　藤　英　司
　　　　富　士　原　和　宏
発行者　朝　倉　誠　造
発行所　株式会社　朝　倉　書　店
　　　　東京都新宿区新小川町6-29
　　　　郵便番号 162-8707
　　　　電話 03(3260)0141
　　　　FAX 03(3260)0180
　　　　http://www.asakura.co.jp

〈検印省略〉

© 2006〈無断複写・転載を禁ず〉　　シナノ・渡辺製本

ISBN 978-4-254-41026-6　C3061　　Printed in Japan

JCOPY 〈出版者著作権管理機構 委託出版物〉
本書の無断複写は著作権法上での例外を除き禁じられています．複写される場合は，そのつど事前に，出版者著作権管理機構（電話 03-5244-5088, FAX 03-5244-5089, e-mail: info@jcopy.or.jp）の許諾を得てください．

好評の事典・辞典・ハンドブック

火山の事典（第2版）	下鶴大輔ほか 編	B5判 592頁
津波の事典	首藤伸夫ほか 編	A5判 368頁
気象ハンドブック（第3版）	新田 尚ほか 編	B5判 1032頁
恐竜イラスト百科事典	小畠郁生 監訳	A4判 260頁
古生物学事典（第2版）	日本古生物学会 編	B5判 584頁
地理情報技術ハンドブック	高阪宏行 著	A5判 512頁
地理情報科学事典	地理情報システム学会 編	A5判 548頁
微生物の事典	渡邉 信ほか 編	B5判 752頁
植物の百科事典	石井龍一ほか 編	B5判 560頁
生物の事典	石原勝敏ほか 編	B5判 560頁
環境緑化の事典	日本緑化工学会 編	B5判 496頁
環境化学の事典	指宿堯嗣ほか 編	A5判 468頁
野生動物保護の事典	野生生物保護学会 編	B5判 792頁
昆虫学大事典	三橋 淳 編	B5判 1220頁
植物栄養・肥料の事典	植物栄養・肥料の事典編集委員会 編	A5判 720頁
農芸化学の事典	鈴木昭憲ほか 編	B5判 904頁
木の大百科［解説編］・［写真編］	平井信二 著	B5判 1208頁
果実の事典	杉浦 明ほか 編	A5判 636頁
きのこハンドブック	衣川堅二郎ほか 編	A5判 472頁
森林の百科	鈴木和夫ほか 編	A5判 756頁
水産大百科事典	水産総合研究センター 編	B5判 808頁

価格・概要等は小社ホームページをご覧ください。